GEORG MÜLLER

Der Ersatz entwerteter Aufwendungen bei Vertragsstörungen

Schriften zum Bürgerlichen Recht

Band 138

Der Ersatz entwerteter Aufwendungen bei Vertragsstörungen

Von

Georg Müller

Duncker & Humblot · Berlin

Die Deutsche Bibliothek – CIP-Einheitsaufnahme

Müller, Georg:
Der Ersatz entwerteter Aufwendungen bei Vertragsstörungen /
von Georg Müller. – Berlin: Duncker und Humblot, 1991
(Schriften zum Bürgerlichen Recht; Bd. 138)
Zugl.: Köln, Univ., Diss., 1990
ISBN 3-428-07078-X
NE: GT

Fremddatenübernahme und Druck:
Berliner Buchdruckerei Union GmbH, Berlin 61
Printed in Germany

ISSN 0720-7387
ISBN 3-428-07078-X

Meinen Eltern
und
meiner Frau

Vorwort

Die Arbeit wurde im Sommersemester 1990 von der Rechtswissenschaftlichen Fakultät der Universität zu Köln als Dissertation angenommen. Rechtsprechung und Literatur sind bis Dezember 1990 berücksichtigt.

Zum Zeitpunkt des Erscheinens des Buches wird seit dem 1.1.1991 an die Stelle des Abzahlungsgesetzes das Verbraucherkreditgesetz (BGBl. 1990 Teil I, S. 2840 ff.) getreten sein. Eine entsprechende Ergänzung des Textes mußte jedoch unterbleiben. Dies erscheint vertretbar, da die verschiedentlich in Bezug genommene Regelung des § 2 Abs. 1 S. 1 AbzG durch § 13 Abs. 2 S. 2 VerbrkrG inhaltlich fortgeführt wurde; jeweils sind dem zurücktretenden Abzahlungsverkäufer bzw. Kreditgeber die „infolge des Vertrages gemachten Aufwendungen" zu ersetzen. Soweit also in der Arbeit § 2 Abs. 1 S. 1 AbzG als Vergleichs- oder Prüfungsmaßstab herangezogen (vgl. vor allem S. 169 und 191) oder dessen analoge Anwendung zugunsten des Rücktrittsberechtigten abgelehnt wurde (vgl. S. 133 ff.), sind diese Sachaussagen auf § 13 Abs. 2 S. 2 VerbrkrG zu übertragen.

Danken möchte ich an erster Stelle meinem Doktorvater Herrn Prof. Dr. Herbert Wiedemann. Er hat die Beschäftigung mit dem Themenkreis angeregt und die Arbeit durch wertvolle Hinweise beständig gefördert. Anlaß und Grund ihm zu danken habe ich außerdem für die — nicht nur (rechts-)wissenschaftliche — Förderung, die ich als Mitarbeiter am Institut für Arbeits- und Wirtschaftsrecht der Universität zu Köln von ihm bisher erfahren habe.

Die Rudolf Siedersleben'sche Otto-Wolff-Stiftung hat die Veröffentlichung der Untersuchung durch die Gewährung eines namhaften Druckkostenzuschusses wesentlich erleichtert; dafür bedanke ich mich.

Dem Verlag Duncker & Humblot danke ich für die Aufnahme meiner Arbeit in seine Schriftenreihe.

Düsseldorf, im Dezember 1990

Georg Müller

Inhaltsübersicht

Inhaltsverzeichnis

3. Teil

Der Ersatz entwerteter Aufwendungen als Rechtsfolge zu vertretender Vertragsstörungen

4. Teil

Der Ersatz entwerteter Aufwendungen als Rechtsfolge nicht zu vertretender Vertragsstörungen

5. Teil

Umfang des Aufwendungsersatzes

Abkürzungsverzeichnis

A.2d	Atlantic Reporter Second Series
a. A.	anderer Ansicht
a. a. O.	am angegebenen Ort
ABGB	(Österreichisches) Allgemeines Bürgerliches Gesetzbuch
AbzG	Gesetz betreffend die Abzahlungsgeschäfte (Abzahlungsgesetz)
A.C.	Appeal Cases
AcP	Archiv für civilistische Praxis
ADHGB	Allgemeines Deutsches Handelsgesetzbuch
a. E.	am Ende
aff'd	affirmed
AG	Die Aktiengesellschaft, Zeitschrift für das gesamte Aktienwesen
AGBG	Gesetz zur Regelung des Rechts der Allgemeinen Geschäftsbedingungen
AktG	Aktiengesetz
allg. A.	allgemeine Ansicht
Anh.	Anhang
Anm.	Anmerkung
Ann. Kgl. Sächs.	Annalen des Königlich Sächsischen OLG Dresden
AP	Arbeitsrechtliche Praxis (Nachschlagewerk des BAG)
ArchBürgR	Archiv für Bürgerliches Recht
arg.	argumentum
ARSP	Archiv für Rechts- und Sozialphilosophie
Art.	Artikel
AtomG	Gesetz über die friedliche Verwendung der Kernenergie und den Schutz gegen ihre Gefahren (Atomgesetz)
Aufl.	Auflage
BAG	Bundesarbeitsgericht
BB	Betriebsberater
BBiG	Berufsbildungsgesetz
Begr.	Begründer
BetrAVG	Gesetz über die betriebliche Altersversorgung
BGB	Bürgerliches Gesetzbuch
BGH	Bundesgerichtshof
BGHZ	Entscheidungen des Bundesgerichtshofes in Zivilsachen
BGSG	Gesetz über den Bundesgrenzschutz
BSeuchenG	Gesetz zur Verhütung und Bekämpfung übertragbarer Krankheiten beim Menschen (Bundes-Seuchengesetz)
BVerwGE	Entscheidungen des Bundesverwaltungsgerichts

bzw.	beziehungsweise
Calif. L. Rev.	California Law Review
cic	culpa in contrahendo
Colum. L. Rev.	Columbia Law Review
DAR	Deutsches Autorecht
DB	Der Betrieb
ders.	derselbe
d. h.	das heißt
DJZ	Deutsche Juristenzeitung
DR	Deutsches Recht
EKG	Einheitliches Gesetz über den internationalen Kauf beweglicher Sachen vom 17.7.1973
Eng. Rep.	English Reports (1307-1865)
ErbbauVO	Verordnung über das Erbbaurecht
EWiR	Entscheidungen zum Wirtschaftsrecht
EzA	Entscheidungssammlung zum Arbeitsrecht
Exch.	The Exchequer Reports (1874-1856)
F.	Federal Reporter
F.2d	Federal Reporter Second Series
f.	folgende
ff.	(mehrere) folgende
Fn.	Fußnote
früh.	früherer
F. Supp.	Federal Supplement
FVE	Fremdenverkehrsrechtliche Entscheidungen
GG	Grundgesetz für die Bundesrepublik Deutschland
GK-KR	Gemeinschaftskommentar zum Kündigungsschutzgesetz und zu sonstigen kündigungsschutzrechtlichen Vorschriften
GruchBeitr	Beiträge zur Erläuterung des Deutschen Rechts, begründet von J. A. Gruchot
GRUR	Gewerblicher Rechtsschutz und Urheberrecht
GS	Großer Senat
GWB	Gesetz gegen Wettbewerbsbeschränkungen
HGB	Handelsgesetzbuch
Hrsg.	Herausgeber
i. d. R.	in der Regel
i. S. d.	im Sinne des/der
JahrbdR	Jahrbuch des deutschen Rechts
JherJb	Jherings Jahrbücher für die Dogmatik des heutigen römischen und deutschen Privatrechts, herausgegeben von R. von Jhering u. a.
JR	Juristische Rundschau
JurA	Juristische Analysen
Jura	Juristische Ausbildung
JuS	Juristische Schulung
JW	Juristische Wochenschrift

JZ	Juristenzeitung
KL	Köplag
KO	Konkursordnung
kritVJSchr	Kritische Vierteljahresschrift
KSchG	Kündigungsschutzgesetz
LAG	Landesarbeitsgericht
L. Ed.	Lawyer's Edition of United States Supreme Court Reports
LG	Landgericht
LM	Lindenmaier-Möhring (Nachschlagewerk des Bundesgerichtshofs, in Zivilsachen herausgegeben von Lindenmaier, Möhring u. a.)
m. Anm.	mit Anmerkung von
MDR	Monatsschrift für Deutsches Recht
MHG	Gesetz zur Regelung der Miethöhe
MünchKomm	Münchener Kommentar zum Bürgerlichen Gesetzbuch
MuW	Markt und Wettbewerb
m. weit. Nachw.	mit weiteren Nachweisen
N.B.W.	Nieuw Burgerlijk Wetboek
N.E.2d	North Eastern Reporter Second Series
NJW	Neue Juristische Wochenschrift
NJW-RR	Neue Juristische Wochenschrift — Rechtsprechungsreport Zivilrecht
Nr.	Nummer
N.W.2d	North Western Reporter Second Series
NZA	Neue Zeitschrift für Arbeits- und Sozialrecht
OHG	Offene Handelsgesellschaft
OLG	Oberlandesgericht
OLGE	Die Rechtsprechung der Oberlandesgerichte auf dem Gebiete des Zivilrechts (1900-1928)
OLGZ	Entscheidungen der Oberlandesgerichte in Zivilsachen
P.2d	Pacific Reporter Second Series
pVV	positive Vertragsverletzung
pr. ALR	Allgemeines Landrecht für die preußischen Staaten von 1794
RabelsZ	Rabels Zeitschrift für ausländisches und internationales Privatrecht
Rdnr.	Randnummer
Recht	Das Recht
Rechtsw. Fak.	Rechtswissenschaftliche Fakultät
RG	Reichsgericht
RGRK	Das Bürgerliche Gesetzbuch mit besonderer Berücksichtigung der Rechtsprechung des Reichsgerichts und des Bundesgerichtshofs
RGZ	Entscheidungen des Reichsgerichts in Zivilsachen
RIW	Recht der internationalen Wirtschaft
Rspr.	Rechtsprechung
ROHGE	Entscheidungen des Reichsoberhandelsgerichts
S.	Seite

SAE	Sammlung arbeitsrechtlicher Entscheidungen
S.E.2d	South Eastern Reporter Second Series
SeemG	Seemannsgesetz
SeuffArch	J. A. Seufferts Archiv für Entscheidungen der obersten Gerichte in den deutschen Staaten
sogen.	sogenannte
Sp.	Spalte
Stan. L. Rev.	Stanford Law Review
StrEG	Gesetz über die Entschädigung für Strafverfolgungsmaßnahmen
S.W.2d	South Western Reporter Second Series
u. a.	und andere/unter anderem
UCC	Uniform Commercial Code
U.C.C. Rep. Serv.	Uniform Commercial Code Reporting Service
Uncitral	United Nations Commission on International Trade Law
UrhG	Gesetz über Urheberrecht und verwandte Schutzrechte
U.S.	United States Supreme Court Reports
usw.	und so weiter
UWG	Gesetz gegen den unlauteren Wettbewerb
v.	versus
VerglO	Vergleichsordnung
VerlG	Gesetz über das Verlagsrecht
VersR	Versicherungsrecht
vgl.	vergleiche
Vol.	Volume
Vorbem. v.	Vorbemerkung vor
Vorauf.	Vorauflage
VP	Versicherungspraxis
VVG	Gesetz über den Versicherungsvertrag
WarnR	Warneyers Jahrbuch der Entscheidungen des Reichsgerichts auf dem Gebiete des Zivilrechts, herausgegeben von Warneyer
W.L.R.	Weekly Law Reports
WM	Wertpapier-Mitteilungen
Yale L. J.	Yale Law Journal
z. B.	zum Beispiel
ZfS	Zeitschrift für Schadensrecht
ZHR	Zeitschrift für das gesamte Handels- und Wirtschaftsrecht
ZIP	Zeitschrift für Wirtschaftsrecht
zit.	zitiert
ZPO	Zivilprozeßordnung
ZSR	Zeitschrift für schweizerisches Recht
zust.	zustimmend

Einleitung

Die Behandlung von entwerteten oder — gängiger — frustrierten Aufwendungen gehörte vor allem in den siebziger Jahren zu den meistdiskutierten Problemen des allgemeinen Schadensrechts. Die Rechtsprechung hat sich nach anfänglichem Schwanken konsolidiert und weiß mittlererweile den größten Teil des wissenschaftlichen Schrifttums auf ihrer Seite. Seither stehen sich Befürworter und Kritiker dieser Form von Schadensersatz relativ unbeweglich gegenüber: jeder verharrt in bekannten Argumentationsmustern. Daher verwundert es nicht, wenn eine Grundsatzentscheidung des Bundesgerichtshofs vom Ende des Jahres 1986, die den geltenden Standard der Praxis weitgehend festgeschrieben hat, auf relativ geringes Echo gestoßen ist: es ist ruhig geworden um die sogenannte Frustrationslehre.

Mit der vorliegenden Arbeit wird der Versuch unternommen, die wissenschaftliche Diskussion wieder zu beleben; dies gilt auch und vor allem im Hinblick auf die anstehende Schuldrechtsreform. Die Untersuchung setzt daran an, daß der Ersatz entwerteter Aufwendungen an der Schnittstelle des allgemeinen Schadensrechts mit den haftungsbegründenden Tatbeständen angesiedelt ist. Rechtsprechung und Rechtswissenschaft haben das Problem demgegenüber vornehmlich unter schadensrechtlichem Blickwinkel betrachtet und die Frage des Haftungsgrundes vernachlässigt. Hinzukommt, daß weite Kreise in der Anspruchsgrundlagenunabhängigkeit des Schadensrechts ein maßgebliches Prinzip sehen, das es zu bewahren gilt. Dies führt dazu, daß Vertrags- und Deliktsrecht auch bezogen auf den Aufwendungsersatz gleichbehandelt werden, ohne daß die Wertungsgesichtspunkte immer auf ihre Tragfähigkeit in beiden Teilbereichen überprüft würden. Von beiden Thesen — der Ausblendung des haftungsbegründenden Tatbestands und der Gleichbehandlung von Vertragsstörung und unerlaubter Handlung — sollte für den Ersatz entwerteter Aufwendungen Abschied genommen werden.

Die Entwertung von Aufwendungen wird unter Berücksichtigung vertragsrechtlicher Besonderheiten beleuchtet und darauf aufbauend ein Lösungskonzept entwickelt. Daraus folgt, daß das Schadensrecht insoweit in den Hintergrund tritt, als es sich nach obligationsrechtlichen Vorgaben richten muß. Gleiches gilt für die Übertragung in das Deliktsrecht, die nur eingeschränkt möglich erscheint. Ein zweiter Schwerpunkt liegt in der Einordnung des Ersatzes entwerteter Aufwendungen in das System der Rechtsfolgen von *Vertrags*störungen. Das dem Geschädigten von der Rechtsordnung insoweit eingeräumte Wahlrecht erhält gegenüber der momentanen Praxis neue Züge und andere Gewichtungen. Vorvertragliche Pflichtverletzungen, die mit der culpa in contrahendo oder negatives Interesse gewährenden Schadensersatzansprüchen sanktioniert werden können, werden daher nur herangezogen, soweit vergleichbare Fragestellungen hier bereits beantwortet sind.

Ausgangspunkt des Lösungsansatzes ist die Ambivalenz schon des Aufwendungsbegriffes selbst, der eigen- und fremdnützige Aufwendungen erfaßt. Daran anknüpfend wird im Zuge der Darstellung des US-amerikanischen Rechts zwischen zwei Arten von eigennützigen Aufwendungen unterschieden und damit die Stellung des entwerteten Aufwands näher lokalisiert. Die Differenzierung ist im bundesdeutschen Recht ebenfalls nachzuweisen und auch bereits fruchtbar gemacht worden, wenn auch im täglichen Gebrauch noch wenig geläufig. Dies zeigt sich, wenn die zum Teil abseits liegenden Anwendungsbereiche angesprochen und bewertet werden (1. Teil).

Auf dieser Basis wird eine Einordnung der entwerteten Aufwendungen in das System des Schadensersatzes vorgenommen und die Ersatzfähigkeit im grundsätzlichen vertragsspezifisch begründet (2. Teil). Trotz dieses generalisierenden Ansatzes gibt es keinen umfassenden Aufwendungsersatzanspruch bei allen Arten von Vertragsstörungen. Daher wird für die bedeutsamsten Rechtsbehelfe — Schadensersatz wegen Nichterfüllung, Begleitschäden, Rücktritt, Vertragsanpassung, Kündigung und Wandlung — gesondert gefragt, ob und in welchem Umfang, ersetzend oder ergänzend Aufwendungsersatz in Frage kommt. Unterschieden wird dabei zwischen Rechtsfolgen zu vertretender (3. Teil) und nicht zu vertretender Vertragsstörungen (4. Teil). Am Schluß stehen Ausführungen zum Ersatzumfang im einzelnen (5. Teil).

1. Teil

Grundlagen des Aufwendungsersatzes

A. Begriff der Aufwendung

I. Aufwendung und Schaden

Die Verfasser des BGB haben den Inhalt des Aufwendungsbegriffes bewußt nicht festgeschrieben, sondern seine Ausgestaltung Rechtsprechung und Lehre überlassen.[1] Überwiegend definiert man Aufwendungen heute als freiwillig erbrachte Vermögensopfer.[2] Kennzeichnend sind somit zwei Bestandteile: die Vermögenseinbuße und die autonome Entscheidung. Einen Sonderfall stellen die Verwendungen dar, für die ihre Sachbezogenheit charakteristisch ist.[3] Als Gegenstück zu den Aufwendungen wird herkömmlicherweise der Schaden angesehen, der mit dem Aufwendungsbegriff die Vermögenseinbuße gemeinsam hat; diese muß jedoch unfreiwillig gewesen sein.[4]

Kein konstitutives Merkmal des Aufwendungsbegriffes ist die Ausrichtung auf das Interesse eines Dritten.[5] Maßgeblich ist im Ansatz allein die Freiwilligkeit des Vermögensopfers. Die unterschiedlichen Zielrichtungen des Werteverzehrs bedingen lediglich eine Differenzierung innerhalb der Aufwendungsarten. Zwar betreffen die Mehrzahl der gesetzlich geregelten Aufwendungsersatzansprüche — wie etwa die §§ 538 Abs. 2, 633 Abs. 3, 670, 683, 693, 970, 1648, 1835 Abs. 1, 1978 Abs. 3, 2125 Abs. 1, 2218 Abs. 1 BGB — ausschließlich Aufwendungen, die im Interesse eines anderen vorgenommen wurden; nur für derartige Aufwendungen gelten die §§ 256, 257 BGB.[6] Davon zu unterscheiden sind die

---

[1] Motive, Band II, S. 541, Band III, S. 411; vgl. auch Böckel, AcP 96 (1905), 376, 397.

[2] RGZ 75, 208, 211; 122, 298, 303; Larenz, Schuldrecht I, 1987, § 13 I, S. 185; K. Müller, JZ 1968, 769.

[3] Medicus, Bürgerliches Recht, 1989, Rdnr. 875; Soergel / Wolf, § 256, Rdnr. 3.

[4] Vgl. nur Larenz, Schuldrecht I, 1987, § 13 I, S. 185, § 27 II a, S. 426.

[5] Wohl nur scheinbar anderer Ansicht BGHZ 59, 328, 329 f.; BGH NJW 1960, 1568; BGH NJW 1989, 2816, 2818, die als Aufwendungen freiwillige Vermögensopfer im Interesse eines anderen angesehen haben. Es ging in den Fällen jedoch auch lediglich um fremdnützige Kosten.

[6] BGH NJW 1989, 2816, 2818; Larenz, Schuldrecht I, 1987, § 13 I, S. 185; MünchKomm / Keller, § 256, Rdnr. 3; RGRK / Nastelski, 11. Aufl. 1960, § 256, Anm. 1; Soergel / Wolf, § 256, Rdnr. 5; Staudinger / Selb, § 256, Rdnr. 4.

Aufwendungen, bei denen das Eigeninteresse im Vordergrund steht. Diese werden umgekehrt proportional zur Dichte der legislativen Regelungen die weit überwiegende Mehrzahl der im Rechtsleben tatsächlich anfallenden Aufwendungen darstellen. Eine — wenn auch untypische — gesetzliche Normierung zu derartigen Aufwendungen findet sich etwa in § 304 BGB — jedenfalls was den Fall der Aufwendungen für das erfolglose Angebot angeht. Zum ordnungsgemäßen Angebot ist der Sachleistungsschuldner verpflichtet; die dazu erforderlichen Aufwendungen liegen im eigenen Interesse.

Von der Gegenüberstellung von Aufwendungen und Schaden ausgehend, ist festzustellen, daß Aufwendungen final auf einen Zweck ausgerichtet sind, da sie einen selbstbestimmten Willensentschluß voraussetzen; dieser Aspekt fehlt dem Schaden typischerweise, jedoch nicht notwendig. Der Nachbar, der während des unvorhergesehenen Krankenhausaufenthalts die Haustiere versorgt, hat eine Entscheidung getroffen, die zwar von sozialen, nicht aber von rechtlichen Verpflichtungen getragen, also freiwillig im rechtlichen Sinne war. Dies Element entfällt naturgemäß, wenn infolge Verzuges eines Lieferanten ein erwarteter Gewinn aus einem Weiterverkauf nicht realisiert werden kann. Gleichwohl ist diese Beschreibung nur ein Teil der Wahrheit; Erosionserscheinungen des Gegensatzes beginnen an beiden Rändern: zum einen ist der Auftragnehmer kraft des Auftrags verpflichtet, die erforderlichen Aufwendungen vorzunehmen und handelt damit „weniger freiwillig", zum anderen werden von § 670 BGB auch bestimmte Schäden erfaßt.[7] Die Freiwilligkeit kann also einerseits verschiedene Anknüpfungspunkte haben, entweder den Aufwand selbst oder — früher — das Eingehen der Verpflichtung; andererseits vermögen Billigkeitserwägungen auch über das Erfordernis der Selbstbestimmung hinwegzuhelfen.

Die Tatsache, daß zwischen Aufwendung und Schaden kein unüberbrückbarer Gegensatz besteht, sondern daß die jeweilige Zuordnung auch wertend bestimmt sein kann, wird durch einen weiteren Aspekt verdeutlicht. Die Finalität der Aufwendungen kann wie gesehen grundsätzlich zwei Zielrichtungen haben: sie können fremd- oder eigennützig orientiert sein. Nur für fremdnützige Aufwendungen gilt der Gedanke der Freiwilligkeit in der beschriebenen Ausprägung. Tragender Grund für die Erstattungsfähigkeit ist der Drittbezug: wenn der Aufwand einem anderen zugute kommt, soll dieser ihn unter bestimmten Voraussetzungen letztlich auch tragen müssen; das Fremdinteresse ist quasi „Haftungsgrund".

Anders bei eigennützigem Aufwand, für den exemplarisch drei Untergruppen gebildet werden können. Trotz Freiwilligkeit ist eine Schadenszuordnung jeweils grundsätzlich unbestritten. Zum einen geht es um Kosten, die sich zunächst ausschließlich in der Sphäre des Aufwenders niederschlagen. Wenn die verfolgten Ziele nicht erreicht werden, handelt es sich um eine Fehlinvestition,

---

7 RGZ 167, 85, 89; BGHZ 38, 270, 277; BGH NJW 1963, 251, 252; BGH NJW 1985, 269, 270.

für die der Investierende selbst verantwortlich ist und die daher auf eigenes Risiko geht. Eine Abwälzung auf den Vertragspartner kommt erst bei Hinzutreten besonderer Umstände in Betracht. Bei den §§ 122 Abs. 1, 179 Abs. 2 BGB ist das der Gedanke der veranlaßten Nutzlosigkeit. Die Störung im Stadium des Vertragsabschlusses — Mangel der Vertretungsmacht oder anfechtungsbegründender Irrtum — hat dazu geführt, daß die Aufwendungen entwertet wurden. Die ursprüngliche Freiwilligkeit wird von der Vergeblichkeit des Aufwands überspielt und aus der Aufwendung somit ein Schaden. Augenfällig wird dies, wenn nach erfolgter Anfechtung der Anfechtungsgegner die von ihm bereits erbrachte Leistung nicht nur nach Bereicherungsrecht, sondern auch auf der Grundlage des § 122 Abs. 1 BGB zurückverlangen kann.[8] Eine zweite Gruppe eigennütziger Aufwendungen bilden die sogenannten Vorhaltekosten. Diese fallen vor dem schädigenden Ereignis selbst an und dienen dessen Verhinderung oder Verringerung oder der Bearbeitung des Schadens. Sie kommen zwar auch dem Schädiger zugute, liegen aber schwerpunktmäßig im Interesse des Aufwenders. Ihre Einordnung als Schaden ist trotz nicht zu bezweifelnder Freiwilligkeit im Ansatz anerkannt,[9] im einzelnen und in den Begründungen jedoch noch nicht geklärt.[10] Eine dritte und damit letzte Gruppe eigennütziger Aufwendungen stellen die Schadens- oder Mängelbeseitigungskosten dar. Auch diese setzen eine zumindest rechtlich autonome Entscheidung des Geschädigten voraus. Gleichwohl ist ihre Ersatzfähigkeit im Rahmen des Schadensersatzes wegen der ursächlichen Herbeiführung durch das schadensstiftende Ereignis unbestritten; fraglich ist lediglich die Zurechnung im Einzelfall.

Als Fazit ergibt sich daraus, daß als begrifflich und inhaltlich einigermaßen gesicherter Gegensatz nur der des Schadens einerseits und der fremdnützigen Aufwendungen andererseits bezeichnet werden kann. Die eigennützigen Aufwendungen haben in diesem System keinen feststehenden Platz: sie spielen sich ausschließlich oder zumindest im wesentlichen im Verantwortungsbereich der investierenden Partei ab und für eine Erstattung fehlt der die Verlagerung legitimierende Anlaß. Erst das Hinzutreten besonderer Umstände oder die kausale Herbeiführung durch ein bestimmtes Ereignis führt zu ihrer Einordnung als Schaden und zieht die Ersatzfähigkeit nach sich.[11]

---

[8] MünchKomm / Kramer, § 122, Rdnr. 8; Soergel / Hefermehl, § 122, Rdnr. 4.

[9] Vgl. etwa die GEMA-Rechtsprechung in RG MuW XII (1912/1913), 658; BGHZ 17, 376, 383; 59, 286, 287; BGH NJW 1988, 1847, 1849; einer Ausweitung auf Verletzungen von Urheberrechten oder die Videozweitauswertung von Spielfilmen steht die Rechtsprechung dagegen ablehnend gegenüber; vgl. BGHZ 77, 16, 26; 97, 37, 49; BGH GRUR 1966, 570, 572. Zur Vorhaltung von Reservefahrzeugen etwa BGHZ 32, 280, 284; 70, 199, 200; OLG Karlsruhe / BGH VersR 1986, 1125, 1127. Zu den Kosten von Überwachungsmaßnahmen in Warenhäusern vgl. BGHZ 66, 112, 114; 75, 230, 231.

[10] Vgl. nur BGHZ 104, 337, 347 zu Bearbeitungskosten; Lieb, Festschrift für Steindorff, 1990, S. 705, 711 ff.; Thiele, Festschrift für Felgenträger, 1969, S. 393, 396 f.

[11] § 304 BGB stellt insoweit einen Sonderfall dar, als hier die Transformation in einen Schaden unterbleibt, sondern die Aufwendungen als solche — also als freiwillige Vermögensopfer — ersetzt werden.

Die das Thema dieser Untersuchung bildenden entwerteten Aufwendungen gehören in die Kategorie des eigennützigen Aufwands. Der Aufwender will nicht die Interessen eines Dritten wahrnehmen, sondern verfolgt im Bezugsgeflecht der vertraglichen Bindung eigene Ziele. Diese dienen weder der Schadensvorhaltung, noch einer Beseitigung bereits eingetretener Schadenslagen. Herauszuarbeiten ist daher im folgenden, was die entwerteten Aufwendungen erstens aus dem gesamten Bereich der eigennützigen Investitionen hervorhebt und zweitens, welche Umstände dazu führen, daß die Aufwendungen dem Vertragspartner auferlegt werden dürfen, so daß trotz ursprünglicher Freiwilligkeit von einem Schaden gesprochen werden kann.

II. Aufwendung und Kosten

Zwischen den Begriffen Aufwendung und Kosten läßt sich eine allgemeingültige Unterscheidung im Bereich des Rechts nicht vornehmen.[12] Wenn im Spannungsfeld von Aufwendung und Schaden eine Abgrenzung wenigstens beschränkt möglich war, sind die Schwierigkeiten hier ungleich höher. Für den juristischen Sprachgebrauch ist der Inhalt des Aufwendungsbegriffes — freiwilliges Vermögensöpfer — weitgehend festgelegt; hinzuzufügen ist, daß diese Beurteilung im wesentlichen auf einer ex-ante Sicht beruht. Die Verwendung des Begriffes Kosten ist dagegen vielgestaltiger und daher diffuser: im Vertragsrecht ist damit in aller Regel eine ex-post Betrachtung aus Sicht der Vertragsstörung verbunden, in der das Merkmal der Freiwilligkeit durch die erzwungene Vermögenseinbuße ersetzt wird. Kosten tauchen daher vor allem bei der Auflistung einzelner Schadensposten auf. Sie beziehen sich dann in der Regel auf durch die Pflichtverletzung entstandene Vermögenseinbußen (z. B. Mängelbeseitigungskosten, Kosten eines Deckungsgeschäftes, Inkassokosten, Rechtsverfolgungskosten). So wird etwa als eine selbständige Berechnungsmöglichkeit des Schadensersatzes wegen Nichterfüllung die Kostenrechnung zur Verfügung gestellt. Von Kosten wird weiterhin dann gesprochen, wenn im Verhältnis zu Dritten eine Pflicht zur Zahlung besteht, die auf das Verhältnis der Vertragspartner untereinander keine unmittelbare Auswirkung hat. Beide genannte Kategorien überlappen sich zudem in einem nicht unerheblichen Umfang.

Diese Verwendung ist jedoch keineswegs durchgängig und birgt gerade im Bereich der eigennützigen Aufwendungen die Gefahr einer Problemverschleie-

---

12 Die betriebswirtschaftliche Behandlung, die man schlagwortartig damit umschreiben kann, daß Aufwendungen den Bereich der Finanzbuchhaltung, Kosten den der Betriebsbuchhaltung betreffen, und die daraus abzuleitende Unterscheidung zwischen Zweckaufwand und Grundkosten und neutralem Aufwand und kalkulatorischen Kosten spielt hier keine Rolle, da es allein auf den Vermögenseinsatz oder Werteverzehr ankommt; die buchhalterische Erfassung ist eine dann sekundäre Frage (vgl. näher Kloock / Sieben / Schildbach, Kosten- und Leistungsrechnung, 1987, S. 33; Wilkens, Kosten- und Leistungsrechnung, 1988, S. 110).

rung in sich. Sollen entwertete Aufwendungen der Schadensberechnung zugrunde gelegt werden — was dem Geschädigten von der nach wie vor herrschenden Meinung in Rechtsprechung und Lehre grundsätzlich verwehrt wird —, ist es vielfach feststellbar, daß das Moment der ursprünglichen Freiwilligkeit ab einem gewissen Zeitpunkt ausgeblendet und de facto eine Einordnung als Schaden vorgenommen wird, ohne daß sich an dem tatsächlichen Charakter des Vermögenseinsatzes etwas geändert hätte. Dieser mehr intuitive Wechsel der Perspektiven wird daran äußerlich erkennbar, daß zunächst von Aufwendungen, nach der Entwertung durch das schadenstiftende Ereignis dagegen von Kosten die Rede ist, obwohl es um den gleichen Bezugspunkt geht. Schon mit der Begriffswahl wird damit das Ergebnis, das es erst noch zu begründen gilt, zumindest mitbestimmt.

Dem Begriff der Kosten kommt eine eigenständige, juristische Bedeutung damit nicht zu. Er kennzeichnet lediglich einen Vermögenseinsatz; ein dem zweiten Bestandteil des Aufwendungsbegriffs, der Freiwilligkeit, entsprechendes Merkmal fehlt dagegen. Kosten haben jedoch den Beigeschmack des unfreiwilligen, so daß sie in der Regel einzelne Schadensposten konkretisieren. Dies kann, wie im folgenden zu zeigen sein wird, auch auf entwertete Aufwendungen zutreffen.

B. Der Ersatz von Aufwendungen (out of pocket loss) im US-amerikanischen Vertragsrecht

I. Einführung

Das Zivilrecht der Vereinigten Staaten von Amerika ist für einen Kontinentaleuropäer vor allem aus zwei Gründen nicht leicht zugänglich:

— Zum einen sind wegen der Kompetenzverteilung in der amerikanischen Verfassung in weiten Teilen die Einzelstaaten gesetzgebungsbefugt; das gilt auch für den hier interessierenden Bereich des Vertragsrechts.

— Zum anderen stehen sich grundsätzlich zwei verschiedene Rechtsquellen gegenüber: einerseits der große Bereich des *Case Law,* das Fall- oder Richterrecht also, und andererseits das *Statute Law,* das geschriebene Gesetzesrecht, die sich in ihrer Anwendung keineswegs ausschließen, sondern ergänzen. Zudem greift das Richterrecht insoweit auch auf kodifizierte Rechtsmaterien über, als deren Auslegung Sache der Rechtsprechung ist. Nach der das Fallrecht prägenden Lehre der *stare decisis* sind die Untergerichte an die Präjudizien der Obergerichte gebunden, so daß letztlich auch im Bereich des gesetzten Rechts dem Case Law eine maßgebliche Bedeutung zukommt.

Insoweit fällt es also schwer oder ist gar unmöglich, von „dem" US-amerikanischen Vertragsrecht zu sprechen.[1] Gleichwohl soll versucht werden, Grundsätze und Leitlinien des Aufwendungsersatzes aufzuzeigen.

II. Statute Law — Uniform Commercial Code

Trotz der vorherrschenden Zuständigkeit der 50 Bundesstaaten für das Zivilrecht gibt es Regelungswerke, die im wesentlichen in allen Einzelstaaten gleichen oder ähnlichen Inhalt haben: die *Uniform Acts.* Sie enthalten Rechtssätze, deren innerstaatliche Vereinheitlichung aus unterschiedlichen Gründen erstrebenswert erschien. Ein nationales Gremium *(National Conference of Commissioners on Uniform State Laws)* arbeitet die Gesetzesvorschläge aus und gibt diese in der Hoffnung an die Bundesstaaten weiter, daß sie mit möglichst wenig Änderungen

---

1 Vgl. Überblick in David / Grasmann, Große Rechtssysteme der Gegenwart, 1988, S. 509; Hay, Amerikanisches Recht, 1987, S. 8 ff., 61; Zweigert / Kötz, Rechtsvergleichung I, 1984, § 19 III, S. 289. Zur Rezeption des US-amerikanischen Rechts allgemein Stürner, Festschrift für Rebmann, 1989, S. 839 ff.

in Einzelstaatenrecht transformiert werden. Die wohl bedeutendste dieser Arbeiten ist der *Uniform Commercial Code*, der heute im wesentlichen inhaltsgleich in allen Staaten mit Ausnahme von Louisiana gilt, das aber Teile des UCC in Kraft gesetzt hat.[2] Der einmal erreichte Mindeststandard von Vereinheitlichung soll durch die Einrichtung eines *Permanent Editorial Board* gesichert werden, der die Rechtsprechung zum UCC überwacht. Erforderlichenfalls schlägt er den einzelstaatlichen Gesetzgebern Änderungen vor, um einer neuerlich aufkommenden Zersplitterung des Rechts entgegenzuwirken.[3]

Der UCC enthält in den 104 Paragraphen des Article 2 das Recht des Warenkaufs (Sales) und in Sections 701 ff. Rechtsbehelfe bei Vertragsbruch der einen oder anderen Seite. Systematisch fällt auf, daß unterschieden wird zwischen Rechtsfolgen bei Vertragsbruch des Käufers *(Seller's Remedies)* und des Verkäufers *(Buyer's Remedies);* es wird also nicht wie größtenteils im deutschen Recht mit den austauschbaren Begriffen Gläubiger und Schuldner gearbeitet. Diese Differenzierung soll bei der folgenden Darstellung beibehalten werden.

1. Seller's Remedies

Mit dem Ersatz von Aufwendungen, Auslagen oder Kosten zugunsten des Verkäufers beschäftigt sich § 2-710 UCC:

> Incidental damages to an aggrieved seller include any commercially reasonable charges, expenses or commissions incurred in stopping delivery, in the transportation, care and custody of goods after the buyer's breach, in connection with return or resale of goods or otherwise resulting from the breach.

Zu unterscheiden sind vier Fallgruppen; ersetzt werden Kosten, Ausgaben und Provisionen, die entstanden sind

— wegen unterbrochener Übergabe,

— wegen Transport, Obhut und Aufbewahrung der Waren nach dem Vertragsbruch,

— in Verbindung mit der Rückgabe oder dem Weiterverkauf der Waren oder

— auf andere Weise wegen des Vertragsbruchs.

Die Grenze, bis zu der die Ersatzfähigkeit reicht, bildet die wirtschaftliche Vernunft. Incidental damages können vor allem geltend gemacht werden zusätz-

---

[2] Louisiana hat mit Wirkung vom 1. 1. 1975 die Art. 1 (General Provisions), 3 (Commercial Paper), 4 (Bank Deposits and Collections) und 5 (Letters of Credit) in Kraft gesetzt. Ausgespart wurde der in Art. 2 UCC geregelte Warenkauf; für das Vertragsrecht gilt entsprechend der frankophonen Tradition Louisianas ein dem Code Napoléon nachgebildeter Code Civil.

[3] Vgl. David / Grasmann, Große Rechtssysteme der Gegenwart, 1988, S. 541; Zweigert / Kötz, Rechtsvergleichung I, 1984, § 19 III, S. 292 f.

lich zu einem konkreten Schaden aus einem Deckungsverkauf (§ 2-706 Abs. 1 UCC), neben der abstrakten Schadensberechnung (§ 2-708 Abs. 1 UCC), neben entgangenem Gewinn (§ 2-708 Abs. 2 UCC) und zusätzlich zum vertraglich geschuldeten Kaufpreis (§ 2-709 Abs. 1 UCC).

Bei der Zubilligung von *incidental damages* handelt es sich nach dem Official Comment zum UCC um „principal normal and neccessary additional elements of damage".[4] Ziel dieser zusätzlichen Schadenskategorie sei es, den Verkäufer so wie bei ordnungsgemäßer Erfüllung zu stellen, also nicht schlechter, aber auch nicht besser.[5] Das soll dadurch erreicht werden, daß Bezugspunkt für den Ersatz nicht der Vertragsabschluß, sondern der Vertragsbruch ist.

> Beispiel: V und K schließen einen Kaufvertrag über 7000 Tonnen Heu. Nach Lieferung und Bezahlung von 1000 Tonnen sinkt der Marktpreis erheblich. V liefert weitere 500 Tonnen. K, der Wiederverkäufer ist, lehnt die Annahme wegen der veränderten Marktsituation ab und will auch später nichts mehr abnehmen.[6]

V kann als incidental damages die Kosten für den Rücktransport der 500 Tonnen Heu verlangen; die Transportkosten für den Weg zu K stehen ihm dagegen nicht zu, da sie auch bei vertragsgemäßem Verhalten des K angefallen wären. Darüber hinaus hat V Ansprüche auf Ersatz von Versicherungsgebühren für das nicht abgenommene Heu und für Zinsen, die er zahlen muß, um das Heu seinerseits über den Vertragsbruch hinaus zu finanzieren. Wenn V außerdem bei seinen Kreditgebern Sicherheiten bieten mußte, um kreditwürdig zu sein, und er diese versichert hat, so werden diese Auslagen nicht mehr als incidental damages angesehen. *Justice Countiss* bemerkt: „The additional insurance here is so remote from the initial contract and breach that we do not believe it can be classified as a normal additional element of damage". Weitere Anwendungsfälle sind Lager- und Benachrichtigungskosten wegen nicht rechtzeitiger Abnahme und Provisionen, die durch den Weiterverkauf ausgelöst wurden.[7]

---

[4] UCC-Official Text, S. 190 (1978).

[5] Squillante / Fonseca, Law of Modern Commercial Practises, Vol. 1, S. 389 (1980).

[6] Gray v. West 608 S. W. 2d 771, 31 U.C.C. Rep. Serv. 568, 571 (1980); vgl. außerdem Neri v. Retail Marine Corp. 285 N. E. 2d 311, 10 U.C.C. Rep. Serv. 950 (1972); Intermeat, Inc. v. American Poultry, Inc. 575 F. 2d 1017, 23 U.C.C. Rep. Serv. 925 (1978).

[7] Quattlebaum v. Schutt 5 U.C.C. Rep. Serv. 370 (1968); GNP Commodities, Inc. v. Walsh Heffernan Co. 420 N. E. 2d 659, 31 U.C.C. Rep. Serv. 1342 (1981); Bache & Co. v. International Controls Corp. 339 F. Supp. 341, 10 U.C.C. Rep. Serv. 248 (1972), aff'd, 469 F. 2d 696, 11 U.C.C. Rep. Serv. 936; weitere Einzelfälle bei Anderson, UCC, Vol. 4, S. 414 ff. (1983) und Cumulative Supplement Vol. 4, S. 63 ff. (1986).

2. Buyer's Remedies

Die entsprechende Norm auf Seiten des Käufers ist § 2-715 UCC:

(1) Incidental damages resulting from the seller's breach include expenses reasonable incurred in inspection, receipt, transportation and care and custody of goods rightfully rejected, any commercially reasonable charges, expenses or commissions in connection with effecting cover and any other reasonable expense incident to the delay or other breach.

(2) Consequential damages resulting from the seller's breach include

(a) any loss resulting from general or particular requirements and needs of which the seller at the time of contracting had reason to know and which could not reasonably be prevented by cover or otherwise; and

(b) injury to person or property proximately resulting from any breach of warranty.

Abs. 1 unterscheidet drei Bereiche; ersetzt werden:

— Ausgaben, die entstanden sind im Zusammenhang mit Besichtigung, Entgegennahme, Transport, Obhut und Aufbewahrung von Gütern, die berechtigterweise zurückgewiesen wurden,

— Kosten, Ausgaben und Provisionen in Verbindung mit einem Deckungskauf oder

— andere Ausgaben, die mit dem Verzug oder einer anderen Art von Vertragsverletzung zusammenhängen.

Maßstab für die Zubilligung ist auch hier die Rationalität der Ausgabe, in der zweiten Fallgruppe bezogen auf den Wirtschaftsverkehr. Der Käufer kann incidental damages hauptsächlich verlangen zusätzlich zu einem konkreten Schaden aus einem Deckungskauf (§ 2-712 Abs. 2 UCC), neben der Geltendmachung eines abstrakten Schadens (§ 2-713 Abs. 1 UCC), neben entgangenem Gewinn (§ 2-714 Abs. 1, 3 UCC), neben einer Minderung (§ 2-714 Abs. 1, 2 UCC) und wohl auch dann, wenn er die Rückzahlung des bereits geleisteten Kaufpreises begehrt, obwohl dieser Fall im UCC nicht ausdrücklich berücksichtigt ist.[8]

Ebenso wie bei den Ersatzansprüchen des Verkäufers geht es auch bei den Rechten des Käufers darum, diesen finanziell in die gleiche Position zu bringen, die er bei vertragsgemäßer Erfüllung gehabt hätte.[9] Gleichwohl ist die praktische Umsetzung schwieriger. Dafür gibt es im wesentlichen drei Gründe: der erste liegt im Text des UCC selbst. Während die ersten beiden Fallgruppen von § 2-715 Abs. 1 UCC an bestimmte Umstände anknüpfen, besitzt die dritte Gruppe eine Art Generalklausel-Charakter. Hinzukommt eine zusätzliche Unsicherheit, wenn es im Official Comment dazu heißt: „The incidental damages listed are

---

[8] Vgl. Nordstrom, Law of Sales, S. 463, Fn. 48 (1970).

[9] Deutlich in Delano Growers' Cooperative Winery v. Supreme Wine Co. 473 N. E. 2d 1066, 40 U.C.C. Rep. Serv. 93 (1985).

not intended to be exhaustive but are merely illustrative of the typical kinds of incidental damage".[10] Die Suche nach weiteren Anwendungsbereichen wird damit geradezu herausgefordert. Ein drittes Problem liegt in der Rechtsfindung der Gerichte, die Schadensersatz zusprechen, aber oftmals nicht unterscheiden zwischen direct, incidental und consequential damage; diese Vorgehensweise läßt den Gerichten einerseits einen gewissen Freiraum, erschwert andererseits aber die Zuordnung einzelner Kostenfaktoren.[11] Im wissenschaftlichen Schrifttum wird außerdem herausgestellt, daß es für Käufer unzählige Möglichkeiten gebe, in guter oder zweifelhafter Manier Ausgaben zu tätigen, um die Vertragsverletzung auszugleichen; hier bestehe in besonderem Maße die latente Gefahr einer Überkompensation des Schadensereignisses.[12] Letzterem kann nur eingeschränkt zugestimmt werden: auf der Verkäuferseite findet sich das gleiche Problem mit umgekehrten Vorzeichen. Die Schwierigkeiten, im Einzelfall die Berechtigung gesondert nachzuprüfen, sind jeweils gleichwertig.

Ausgangspunkt der Darstellung soll folgende Differenzierung sein: „The Code is clear that the incidental damage must result from or be an incident to the seller's default".[13]

Beispiel: Die Beteiligten schließen einen Kaufvertrag über ein gebrauchtes Flugzeug, das noch flugtüchtig sein soll. Der Käufer nimmt das Flugzeug in Empfang und fliegt damit nach Chicago. Dort werden Reparaturen fällig, um die Flugfähigkeit zu erhalten. Nach der Rückkehr widerruft der Käufer die Annahme.[14]

Der *Supreme Court* von Oregon sprach dem Käufer das Recht zu, vom Verkäufer als incidental damages unter anderem die Reparaturkosten, Aufwand für die Unterstellung des Flugzeugs nach der Rückkehr aus Chicago, Kosten für den Ausbau von Radio und Batterie und Zinsen für Ratenzahlungen nach dem Vertragsbruch ersetzt zu verlangen. Maßstab seien die tatsächlich angefallenen Ausgaben. Weitere Anwendungsfälle sind Aufwendungen für Warentests,[15] Kosten für Besichtigungen, Telephonanrufe, Briefe oder der Rücktransport zum Verkäufer, wenn das gelieferte Möbelstück nicht dem Muster entspricht.[16] Anknüpfend an die oben angeführte Differenzierung entsprechen die geschilderten Fälle der

---

10 UCC-Official Text, S. 196 (1978).

11 White / Summers, Uniform Commercial Code, S. 384 (1980).

12 Nordstrom, Law of Sales, S. 464 (1970); White / Summers, Uniform Commercial Code, S. 385 (1980).

13 Nordstrom, Law of Sales, S. 466 (1970).

14 Lanners v. Whitney 428 P. 2d 398, 4 U.C.C. Rep. Serv. 369 (1967).

15 Safeway Stores, Inc. v. L. D. Schreiber Cheese Co., Inc. 326 F. Supp. 504, 9 U.C.C. Rep. Serv. 407 (1971): Untersuchung von Käse wegen Verdachts auf Staphylococci aurens.

16 Rodrigues v. R. H. Macy & Co., Inc. 20 U.C.C. Rep. Serv. 1180 (1977); Happy Dack Trading Company Limited v. Agro-Industries, Inc. 602 F. Supp. 986 (1984); Delano Growers' Cooperative Winery v. Supreme Wine Co. 473 N. E. 2d 1066, 40 U.C.C. Rep. Serv. 93 (1985).

ersten grundsätzlichen Untergruppe: sie sind „result from the seller's default" und weisen kaum Zuordnungsprobleme auf.

Problematisch ist dagegen die zweite Kategorie, die darauf abstellt, ob die Aufwendungen „incident to the seller's default" waren.

Beispiel: V verkauft K einen gebrauchten Wohnwagen. K gibt seinen bisher genutzten unter Anrechnung auf den Kaufpreis in Zahlung und finanziert den Rest mit einem Teilzahlungskredit. Er meldet den Wohnwagen bei der zuständigen Behörde an und versichert ihn. Nach dem Auftreten einer Vielzahl von Mängeln gibt er ihn schließlich zurück.[17]

Der *Supreme Court* von Minnesota sah als incidental damages die Zahlungen auf den Ratenkredit, die Kosten der Versicherung und die Lizenzgebühr an. Diese Posten wären aber auch bei ordnungsgemäßer Erfüllung zu Lasten des Käufers gegangen; vom Schadensersatz wegen Nichterfüllung in der normalen Berechnungsmethode wären sie daher nicht erfaßt. Die kurze Begründung bezieht sich ausschließlich darauf, daß die Rückzahlung von Investitionen eine angemessene Form des Schadensersatzes sei. Ebenso ist es zu beurteilen, wenn der Käufer eines neuen Automobils nach der Rückgabe wegen Sachmängeln die Kosten für den Einbau von Lautsprechern ersetzt verlangen kann.[18]

Systemgerecht ist dagegen eine Entscheidung, in der es um die Rückabwicklung eines Verkaufs einer gebrauchten Hochgeschwindigkeitsfräse ging. Das Gericht verwehrte es dem Käufer, die Kosten für den Ausbau der Fräse aus der Fabrik des Voreigentümers und für Verpackung, Verladung und Transport zum Bestimmungsort vom Verkäufer liquidieren zu können.[19] Diese Aufwendungen seien nicht durch die Vertragsverletzung des Verkäufers entstanden und daher nicht als incidental damages zu werten. Besonders anschaulich wird die Unsicherheit, wenn es um den Ersatz von Anwaltsgebühren geht. Die Gerichte sehen sie entweder als Bestandteil der incidental damages an,[20] begründen den Ersatz mit Einzelstaatenrecht[21] oder verweigern jede Berücksichtigung.[22]

Diese Zusammenstellung belegt eine verbreitete Unsicherheit der amerikanischen Gerichte bei der Ausfüllung dieser zweiten Fallgruppe. Gerade in den letztgenannten Fällen ließe sich doch argumentieren, daß bei vertragsgemäßer Leistung die Anwaltsgebühren nicht entstanden wären; damit wäre der Bezug zur ersten Fallgruppe wiederhergestellt. Dies Schwanken der Rechtsprechung spiegelt sich auch in Äußerungen aus der Rechtswissenschaft wider:

---

17 Jacobs v. Rosemount Dodge-Winnebago South 310 N. W. 2d, 71, 77 (1981).

18 Zoss v. Royal Chevrolet, Inc. 11 U.C.C. Rep. Serv. 527 (1972); Devore v. Bostrum 31 U.C.C. Rep. Serv. 984 (1981).

19 City Machine & Manufacturing Co. v. A. & A. Machinery Corp. 4 U.C.C. Rep. Serv. 461 (1967).

20 Cady v. Dick Loehr's, Inc. 299 N. W. 2d 69, 30 U.C.C. Rep. Serv. 541 (1980).

21 Jacobs v. Rosemount Dodge-Winnebago South 310 N. W. 2d 71, 79 (1981).

22 Devore v. Bostrum 31 U.C.C. Rep. Serv. 984 (1981).

— It is the „safety valve“ for buyer's recoveries — the section which brings sufficient flexibility into the Code so that a court can tailor the measure of damages to fit the facts of individual cases.[23]

— We decline to predict where one should draw that line in the thousands of fact situations that can present themselves.[24]

3. Stellungnahme

Die Regelungen des UCC im Hinblick auf den Ersatz von incidental damages beziehen sich ausschließlich auf Aufwendungen oder Kosten, die im Gefolge einer Vertragsverletzung entstehen (vgl. deutlich in § 2-710 UCC: ... after the buyer's breach ... resulting from the buyer's breach ... und § 2-715 UCC: ... resulting from the seller's breach ... incident to the delay or other breach). Dieser Befund wird dadurch belegt, daß Bezugspunkt der Berechnung des Schadensersatzes der Zustand ist, wie er bei vertragsgerechter Erfüllung erreicht worden wäre. In der Terminologie des deutschen Rechts geht es also um den Ersatz des Erfüllungsinteresses. Die jeweils angeführten Beispiele würden als Nichterfüllungs-, Mangelfolge- oder Begleitschaden von den §§ 280, 286 Abs. 2, 325, 326, 463, 538, 635 BGB oder Teilen der positiven Vertragsverletzung erfaßt. Die incidental damages stellen damit eine besondere Kategorie des positiven Interesses dar, die sich von den consequential damages dadurch unterscheidet, daß sie näher am Schadensherd steht.

Von diesem Diktum ausgehend, liegen die Schwierigkeiten der oben beschriebenen Rechtsprechung auf zwei Problemfeldern. Zum einen geht es um die Frage, wann Aufwendungen, die durch die Vertragsuntreue des Schädigers hervorgerufen wurden, noch als incidental damages angesehen werden können. Dabei handelt es sich letztlich um eine Kausalitäts- oder Zurechnungsfrage, die im deutschen Recht in gleicher Weise zu beantworten ist. Auf der anderen Seite wird die Regelungsgrundlage des UCC dadurch in Frage gestellt, daß nicht nur Aufwendungen infolge des Vertragsbruches dem Ersatzanspruch zugrunde gelegt werden können, sondern auch Aufwendungen, die bei ordnungsgemäßer Erfüllung ebenfalls angefallen wären. Bei beiden Fallgruppen handelt es sich um eigennützige Aufwendungen. Der Anknüpfungspunkt für die Haftungsbegründung ist jedoch ein jeweils anderer. Dies wird von der zitierten Rechtsprechung wohl nicht hinreichend deutlich gesehen.

Aufzugreifen sind die für den Ersatzumfang vom UCC gewählten Begrenzungskriterien. § 2-710 UCC stellt darauf ab, ob die Kosten commercially reasonable waren. Gleiches gilt für den Deckungskauf in der zweiten Fallgruppe des § 2-

23 Nordstrom, Law of Sales, S. 463 (1970).

24 White / Summers, Uniform Commercial Code, S. 385 (1980).

715 UCC; in den Fallgruppen 1 und 3 reicht es dagegen aus, wenn der Aufwand als reasonable anzusehen war. Der Unterschied liegt in der Sache selbst begründet und erklärt sich aus der jeweiligen Situation, die dem Ersatzanspruch zugrunde gelegt wird. Von den Verkäufern und dem Käufer bei der Durchführung eines Deckungskaufs wird verlangt, daß sie ihre „Kostenpolitik" wirtschaftlich sinnvoll betreiben; für den geschädigten „Nur-Käufer" wird die Meßlatte dagegen weniger hoch aufgelegt.[25] Die praktische Bedeutung dieser Bemessungsgrenzen ist gering. Mit der Anerkennung in einer besonderen Schadenskategorie als incidental oder consequential damage geht weitgehend schon die Ersatzfähigkeit selbst einher. Hervorzuheben ist jedoch, daß das US-amerikanische Recht ein objektives Begrenzungskriterium wählt, das gleichzeitig auf die Sicht des Geschädigten in seiner besonderen Situation abstellt. Subjektive Erwartungen bleiben also nicht gänzlich unberücksichtigt. Im Ergebnis wird das Ausgabeverhalten des Geschädigten damit an einem gemischt objektiv-subjektiven Maßstab gemessen.

III. Case Law

1. Entwicklung der Rechtsprechung zum Ersatz entwerteter Aufwendungen

Im Anwendungsbereich des Case Law war die Frage nach dem Ersatz frustrierter Aufwendungen des Geldleistungsgläubigers und Sachleistungsschuldners Gegenstand einer Entscheidung des US-Supreme Court aus dem Jahre 1884:

> Ein Werkunternehmer war in einen Vertrag eingetreten, der zwischen den Vereinigten Staaten und einem Dritten bestand und hatte die Rechte und Pflichten des letzteren übernommen. Die Leistungspflichten gingen dahin, daß im Hafen von New Orleans bauliche Veränderungen durchgeführt werden sollten. Nachdem erhebliche Aufwendungen für Maschinen, Material und Arbeitskräfte entstanden waren, wurde das Vorhaben gestoppt, weil es sich als Fehlplanung herausgestellt hatte; den Werkunternehmer traf daran kein Verschulden.[26]

Der *US-Supreme Court* gestattete es dem Unternehmer, seinen Schaden auf der Basis der getätigten Aufwendungen zu berechnen; abgezogen wurde der Wert des dem Unternehmer verbleibenden Materials. Tragender Gedanke war, daß ein etwaiger Gewinn des Werkunternehmers nicht mit ausreichender Sicherheit festgestellt und bewiesen werden konnte. Es konnte ebenfalls nicht geklärt werden, ob nicht sogar ein Verlust zu erwarten gewesen wäre. Das Gericht zog daraus den Schluß, daß als einzige Bemessungsgrundlage des Schadens die Aufwendungen verblieben, die im Vertrauen auf den Vertrag entstanden waren.

---

[25] Zur Auslegung der Rationalität in diesem Zusammenhang vgl. White / Summers, Uniform Commercial Code, S. 385, Fn. 46, 47 (1980).

[26] United States v. Behan 110 U.S. 338, 28 L. Ed. 168 (1884).

Justice Bradley: „But when he elects to go for damages for the breach of the contract, the first and most obvious damage to be shown is, the amount which he has been induced to expend on the faith of the contract, including a fair allowance for his own time and services". Das soll jedoch nur für Aufwendungen gelten, die nicht „foolishly or unreasonable" waren. Wie wenig fremd dem Gericht diese Vorgehensweise war, zeigt zum einen seine Anknüpfung an zeitlich noch früher liegende Fälle, deutlicher zum anderen die Formulierung: „Unless there is some artifical rule of law which has taken the place of natural justice in relation to the measure of damages, it would seem to be quite clear that the claimant ought at least to be made whole for his losses and expenditures".[27]

Das Gegenüber der grundsätzlichen zwei Berechnungsarten des Schadensersatzes — Nichterfüllungs- oder Vertrauensschaden — kommt klarer in folgendem Fall zum Ausdruck, dessen Entscheidungsgründe ausdrücklich auf die des vorgenannten Falles Bezug nehmen:

> Eine Lebensversicherungsgesellschaft hatte mit einem Agenten einen Vertrag des Inhalts geschlossen, daß dieser in einem bestimmten Teil von Texas das Alleinvertretungsrecht wahrnehmen sollte. Er war verpflichtet, alle Ausgaben für Werbung, Reisen, Gebühren und Sonstiges selbst zu tragen und erhielt als Entgelt vor allem Provisionen für getätigte Abschlüsse. Trotz überdurchschnittlichen Erfolges setzte die Versicherungsgesellschaft auch andere Vertreter in dem bezeichneten Gebiet ein und wurde damit vertragsbrüchig.[28]

Auf die Klage des Agenten hin wurde ihm Ersatz für Werbungskosten, Reiseauslagen, Entgelt für seine Arbeit und ähnliche Posten zugesprochen, die „in reliance on the contract" entstanden und nicht als „extravagant and unneccessary" anzusehen waren. Bemerkenswerter ist aber, daß es das Gericht dem Kläger gestattete, die Klage auf entgangenen Gewinn mit der auf Aufwendungsersatz zu verbinden. Wenn im Prozeß der erwartete Gewinn nicht mit der erforderlichen Gewißheit bewiesen werden könne, bleibe „at least" Ersatz der zur Vertragsdurchführung getätigten Aufwendungen.

Eine erste Auseinandersetzung zwischen Fragen des Aufwendungsersatzes und grundsätzlichen Wertungen des Schadensrechts enthält ein Fall des *Kansas City Court of Appeals* aus dem Jahre 1932:

> Der Kläger war Hersteller eines Ofens, der mit einem besonderen Öl-Gas-Brenner ausgerüstet war. Dieser sollte auf einer Zusammenkunft der American Gas Association vorgeführt werden. Der Ofen wurde als Expressgut bei einer Spedition aufgegeben, die ein bestimmtes Ankunftsdatum zusicherte, da es für einen Transport als normale Fracht bereits zu spät war. Gleichwohl kam es nicht zur Vorführung, da wichtige Teile des Ofens bis zum Ende der Konferenz noch nicht eingetroffen waren. Der Hersteller verlangte die Kosten für die Beförderung per Express, Kosten für den Rücktransport, Reisespesen und Gehalt für den Präsidenten und einen

---

27 United States v. Behan 110 U.S. 338, 344 ff., 28 L. Ed. 168 (1884).

28 Wells v. National Life Association of Hartford 99 F. 222, 228 ff. (1900).

> Angestellten seiner Firma, die die Vorführung leiten sollten und Auslagen für die Anmietung des Ausstellungsstandes von der Spedition ersetzt.[29]

Das Gericht stimmte dieser Rechtsansicht zu. Funktion des Schadensersatzes sei es, den Geschädigten finanziell in die gleiche Position zu versetzen, wie er sie bei Erfüllung eingenommen hätte. Das könne dem Ersatz nutzlos gewordener Aufwendungen prinzipiell entgegenstehen, da diese auch bei Erfüllung zu Lasten des Anspruchstellers gegangen wären. Von dem Grundsatz sei allerdings unter besonderen Umständen eine Ausnahme für Aufwendungen zu machen, die im Vertrauen auf den Vertrag entstanden seien. Als Sachargument wird anerkannt, daß ein Gewinn nicht hinreichend beweisbar ist oder dem Aufwender keine wirtschaftlich meßbaren Vorteile zugeflossen wären. Außergewöhnlich stark betont wird der Umstand, daß der Spediteur von den Absichten des Klägers Kenntnis hatte: „... plaintiff would have the benefit of the contract, which was contemplated by all parties".[30]

Auf der Basis der bisherigen Problembewältigung beschäftigt sich ein weiterer Fall mit der Frage des Aufwendungsersatzes bei Verlustgeschäften und der Beweislast:

> Ein Käufer hatte bei einer Vertriebsgesellschaft vier Maschinen zum Recycling von altem Gummi geordert und ein Fundament errichtet, auf dem diese stehen sollten. Der Verkäufer lieferte zunächst nur zwei Maschinen und erst verspätet die restlichen zwei. Wegen dieser Verzögerung verweigerte der Käufer die Durchführung des Vertrages (also seinerseits die Kaufpreiszahlung) und verlangte vom Verkäufer Ersatz der Kosten für die Errichtung des Fundaments.[31]

Der *United States Court of Appeals* stellte einen Vertragsbruch des Verkäufers fest; der Käufer brauchte den Kaufpreis nicht zu zahlen, mußte aber natürlich die Maschinen zurückgeben. Was den Ersatz der Baukosten anging, bestanden für *Chief Judge Learned Hand* dann keine Bedenken, wenn der Vertrag für den „promisee" profitabel war. Anders sei es dagegen, wenn sich der Vertrag als Verlustgeschäft darstelle, wenn also die Auslagen vom Ertrag nicht gedeckt würden. Wollte man dann Ersatz für die Aufwendungen zusprechen, käme es zu einer Risikoverlagerung: die eine Vertragspartei könne auf Kosten der anderen kalkulieren; „... the promisor's default in performance should under this guise make him an insurer of the promisee's venture". Daraus folge jedoch nicht, daß nicht wenigstens die Beweislast für das Vorliegen eines Verlustgeschäftes auf den Schädiger übertragen werden dürfe, denn dieser sei es, der die Geltendmachung der Rechte durch den Geschädigten veranlaßt habe. Zusammenfassend ergibt sich daraus, daß ein Geschädigter seine Aufwendungen zur zukünftigen

---

[29] Security Stove & MFG. Co. v. American Railway Express Co. 51 S. W. 2d 572 (1932).

[30] Security Stove & MFG. Co. v. American Railway Express Co. 51 S. W. 2d 572, 576 (1932).

[31] L. Albert & Son v. Armstrong Rubber Co. 178 F. 2d 182 (1949).

Nutzung der Vertragsleistung zur Grundlage seines Schadensersatzes machen darf, daß es aber dem Schädiger freisteht, jedoch auch obliegt, zu beweisen, daß bei vertragsgemäßer Erfüllung ein Verlust aufgetreten wäre. Dieser wird dann von der Summe der zu ersetzenden Aufwendungen abgezogen.[32]

2. Die Restatements of the Law

a) Überblick

Ähnlich den Uniform Acts im Bereich des Statute Law gibt es auch zu unkodifizierten Materien des US-amerikanischen Zivilrechts Arbeiten, die eine Übersicht über die bestehende Rechtslage geben und ein gewisses Maß an Vereinheitlichung anstreben. Das sind die sogenannten *Restatements*. Sie werden vom *American Law Institute* herausgegeben und wollen das Recht in seinem jeweils gegenwärtigen Inhalt darstellen. Sie haben keine Gesetzeskraft, sondern sind private Zusammenstellungen, die von der fehlenden Verbindlichkeit abgesehen im wesentlichen mit den kontinentaleuropäischen Gesetzbüchern vergleichbar sind. Gleichwohl ist ihre faktische Wirkung nicht zu unterschätzen, was sich unter anderem daran zeigt, daß die Gerichte selbst mit den Restatements arbeiten. Die Bedeutung leitet sich zum einen von der wissenschaftlichen Autorität der jeweiligen Verfasser ab; zu anderen erklärt sie sich aus dem Umstand, daß bis zur Veröffentlichung des offiziellen Textes mehrere Gremien zustimmen müssen, so daß eine Übereinstimmung auf breiter Basis gesichert ist.[33] Zum Vertragsrecht erschien 1932 zweibändig das *Restatement of the Law — Contracts*, das mittlererweile überarbeitet und 1979 als *Restatement of the Law Second — Contracts* herausgegeben wurde.

b) Das Restatement of the Law — Contracts

Das erste Restatement enthielt Regelungen zum Ersatz von Aufwendungen in:

> § 333 When Damages May Be Measured By Expenditures In Part Performance.
>
> The amount of the plaintiff's expenditure, reasonably made in performance of the contract or in necessary preparation therefor, is including in compensatory damages, with following limitations:

---

32 L. Albert & Son v. Armstrong Rubber Co. 178 F. 2d 182, 189 (1949); vgl. weiter Shapiro Engineering Corp. v. Francis O. Day Co., Inc. 137 A. 2d 695 (1958); Brenneman / Barnes v. Auto-Teria, Inc. 491 P. 2d 992 (1971); eingehend Corbin, Contracts, Vol. 5, §§ 1031 - 1036 (1964) und Kaufmann, Contracts, Supplement, §§ 1031 - 1036 (1984); rechtsvergleichend Treitel, International Encyclopedia of Comparative Law, Vol. VII, Chapter 16 - 49 (1976).

33 Blumenwitz, Anglo-Amerikanisches Recht, 1987, S. 85; David / Grasmann, Große Rechtssysteme der Gegenwart, 1988, S. 531; Zweigert / Kötz, Rechtsvergleichung I, 1984, § 19 III, S. 291 f.

(a) Such expenditures are not recoverable in excess of the full contract price promised by the defendant.

(b) Expenditures in preparation are not recoverable unless they can fairly be regarded as part of the cost of performance in estimating profit and loss.

(c) Instalments of the contract price already received and the value of materials on hand that would have been consumed in completion must be deducted.

(d) If full performance would have resulted in a net loss to the plaintiff, the amount of this loss must be deducted, the burden of proof being on the defendant.

Maßgeblicher Gedanke nach der Begründung zu § 333 des Restatements war, daß mit dem Ersatz von Aufwendungen der Gläubiger einen Teil dessen erhält, was der Schuldner zu leisten versprochen hat; denn bei Zahlung des Kaufpreises oder Lieferung des Gegenstandes sind die Aufwendungen ein Posten der Gesamtkalkulation. Anwendungsfall für Aufwendungsersatz ist vor allem die Nichtbeweisbarkeit eines entgangenen Gewinns; denkbar sind aber auch Konstellationen, in denen die vertraglich vereinbarte Leistung immaterieller Natur ist oder ein Marktpreis nicht festgestellt werden kann. Besonderer Wert wird abschließend auf die Feststellung gelegt, daß die Aufwendungen nicht in zweifacher Weise dem Schadensersatz zugrunde gelegt werden dürfen, sondern daß ein Alternativitätsverhältnis besteht. So kann beispielsweise nicht der volle vertraglich festgelegte Preis und zusätzlich Aufwendungsersatz verlangt werden.[34]

c) Das Restatement of the Law Second — Contracts

Das Restatement of the Law Second — Contracts regelt den Ersatz entwerteter Aufwendungen in:

§ 349 Damages Based On Reliance Interest.

As an alternative to the measure of damages stated in § 347, the injured party has a right to damages based on his reliance interest, including expenditures made in preparation for performance or in performance, less any loss that the party in breach can prove with reasonable certainty the injured party would have suffered had the contract been performed.

Die überarbeitete Fassung des Restatement of Contracts betrachtet das Schadensersatzrecht grundsätzlicher und nicht so sehr einzelfallbezogen. Unter Berücksichtigung ökonomischer Gesichtspunkte (es kommt nur dann zum Vertragsbruch, wenn dieser finanziell höher bewertet wird als die Vertragsdurchführung) werden in § 344 drei verschiedene Arten der Interessenbewertung angeführt:

§ 344 Purposes Of Remedies

Judicial remedies under the rules stated in this Restatement serve to protect one or more of the following interests of a promisee:

---

[34] Restatement of Contracts, § 333, Comment a, b, c, f.

(a) his „expectation interest", which is his interest in having the benefit of his bargain by being put in as good a position as he would have been in had the contract been performed,

(b) his „reliance interest", which is his interest in being reimbursed for loss caused by reliance on the contract by being put in as good a position as he would have been in had the contract not been made, or

(c) his „restitution interest", which is his interest in having restored to him any benefit that he has conferred on the other party.

Grundsätzlich soll dem Schadensersatz die Bemessung auf der Grundlage des *expectation interest* zugrunde gelegt werden (§ 347 Restatement of the Law Second — Contracts). Die verletzte Vertragspartei kann aber auch Ersatz des *reliance interest* verlangen. Sie hat also insoweit ein Wahlrecht, das sie in den bereits beschriebenen Fällen (Beweisschwierigkeiten, immaterieller Vertragszweck, Verlustgeschäft) geltend machen wird, weil es für sie günstiger ist.[35] Im Vergleich zum ersten Restatement ist der Ersatzumfang weiter, da Aufwendungen zur Vorbereitung der Erfüllung und zur Erfüllung selbst nur noch beispielhaft genannt sind und die Aufzählung nicht abschließend ist. Damit kann die geschädigte Vertragspartei nicht nur, wie *Farnsworth* es ausdrückt,[36] *the cost of direct reliance,* sondern auch *the cost of collateral reliance* vom Schädiger ersetzt verlangen. Auffallend ist außerdem, daß als Begrenzungsfaktor nicht mehr erwähnt wird, daß die Aufwendungen *reasonable* gewesen sein müssen. Das Kriterium wird jedoch nicht ersatzlos gestrichen, sondern ist je nach Vertragstyp im Begriff des Vertrauensinteresses enthalten und bleibt damit maßgeblich.

3. Rechtslehre

In den wissenschaftlichen Stellungnahmen sind sowohl das Ergebnis, als auch der konstruktive Weg mit Zustimmung aufgenommen worden. Das gilt insbesondere für die Einbettung des Aufwendungsersatzes in den Vertrauensschaden,[37] was auf eine grundlegende Abhandlung von *Fuller* und *Perdue* aus dem Jahre 1936 zurückgeht.[38]

In neuerer Zeit wird unter dem Einfluß der ökonomischen Analyse des Rechts in Frage gestellt, daß es zweckmäßig ist, den Aufwendungsersatz als Teil des reliance interest aufzufassen.[39] Ausgangspunkt der Überlegungen ist die These,

---

35 Restatement (Second) of Contracts, § 363, Comment a.

36 Farnsworth, 70 Colum. L. Rev. 1145, 1181 (1970).

37 Corbin, Cases on Contracts, S. 813 ff. (1947); Corbin, Contracts, Vol. 5, §§ 1031 - 1036 (1964); Farnsworth, 70 Colum. L. Rev. 1145, 1175 ff.(1970); Fuller / Eisenberg, Basic Contract Law, S. 290 (1981); Nordstrom, Law of Sales, S. 465 ff. (1970); Williston / Jaeger, Contracts, Vol. 11, §§ 1363 A, 1369 A (1968).

38 Fuller / Perdue, 46 Yale L. J. 52 und 373 (1936).

39 Cooter / Eisenberg, 73 Calif. L. Rev. 1432, 1465 (1985).

daß die Regelungen des Schadensrechts beide Vertragsparteien davon abhalten sollten, vertragsbrüchig zu werden. Wenn eine Seite Aufwendungen im Vertrauen auf den Vertrag tätige, könne man es einerseits als wünschenswert bezeichnen, den Schädiger diese Kosten tragen zu lassen, da dies der geschädigten Partei erlauben würde, für den Fall der Vertragserfüllung zu planen. Dem könne jedoch andererseits entgegengehalten werden, daß es nur in dem Maße für den Geschädigten effizient sei, Aufwendungen zu machen, wie das Vertrauen auf die Erfüllung gerechtfertigt sei im Verhältnis zur Wahrscheinlichkeit der Nichterfüllung. Das aber sei als Frage des expectation interest zu betrachten, das in dieser Form ebenfalls ein effizientes Maß an Vertrauen schütze. Wenn in solchen Fällen Vertrauens- und Erfüllungsinteresse divergierten, sei die Berechnung auf der Basis des expectation interest vorzuziehen: „In short, where expectation and reliance interest diverge, expectation damages are preferable because they better assure that reliance will be compensated, better facilitate planning, provide better incentives for efficient performance and precaution, and provide no worse incentives for overreliance".[40]

4. Stellungnahme

Der Schadensersatz im US-amerikanischen Case Law beruht auf dem Nebeneinander von Erfüllungs- und Vertrauensinteresse. Während man im Grundsatz verlangen kann, so gestellt zu werden, wie man bei ordnungsgemäßer Erfüllung stehen würde, besteht zusätzlich für den Geschädigten die Möglichkeit, stattdessen den Vertrauensschaden zu wählen. Er wird dies vor allem dann tun, wenn diese Berechnungsalternative günstiger für ihn ist (Beweisschwierigkeiten bezüglich des entgangenen Gewinns, Marktpreis nicht feststellbar, immaterieller Vertragszweck, Verlustgeschäft).[41] Da das Wahlrecht nicht zu einer Risikoverschiebung zulasten des Schädigers führen darf, kann dieser — und muß dies auch — nachweisen, daß ein Verlust erwirtschaftet worden wäre, was den faktischen Wert des Wahlrechts gerade in den praktisch wichtigen Fällen des Verlustgeschäfts erheblich relativiert. Das non-liquet-Risiko trägt der Schädiger allerdings trotzdem.

Die Tendenz im US-amerikanischen Recht geht dahin, durch die Anknüpfung an den Vertrauensgedanken die Verantwortlichkeit für frustrierte Aufwendungen auszuweiten. Deutlich wird dies vor allem beim Vergleich der beiden Restatements. Während das erste vornehmlich einzelne Fragen zu bestimmten Arten von Aufwendungen regelte, begreift das zweite die Frage grundsätzlicher und entscheidet sich auf dieser Ebene prinzipiell für den Ersatz. Während für die erste Fassung mitentscheidend war, daß der Geschädigte in Form von Aufwendun-

[40] Cooter / Eisenberg, 73 Calif. L. Rev. 1432, 1468 (1985).

[41] Weitere Fälle enthalten die §§ 89 B, 89 D, 90, 217 A des Restatement (Second) of Contracts; außerdem Farnsworth, 70 Colum. L. Rev. 1145, 1177 (1970).

gen nur das erhielt, was er ansonsten als Bestandteil des Profits sowieso erhalten hätte, geht das zweite Restatement davon aus, daß die Aufwendungen im Vertrauen auf das Verhalten des späteren Schädigers entstanden sind; dies Vertrauen ist enttäuscht worden, so daß ein Ersatz gerechtfertigt erscheint.

Diese Weiterentwicklung offenbart eine Parallele zur Rechtsprechung des Bundesgerichtshofes. Die Vorstellung, die hinter dem Restatement von 1932 stand, ist ähnlich der, die der Rechtsprechung zur Rentabilitätsvermutung[42] zugrunde liegt: bei vertragsgemäßer Erfüllung wären die Aufwendungen als Teil des Gewinns erwirtschaftet worden. Eine vergleichbare Überlegung steht auch hinter der neueren amerikanischen Literatur, die die Aufwendungen über das expectation interest erfassen will und damit im Ergebnis die Verantwortlichkeit für Fehlverhalten reduziert. Gegen diese Grundvorstellung sind insoweit die gleichen Einwände zu erheben wie gegen die Rentabilitätsvermutung.[43] Ihnen ist das Restatement von 1979 nicht mehr ausgesetzt, wenn es auf das enttäuschte Vertrauen abstellt und damit auf eine Loslösung vom Erfüllungsinteresse baut. Aufwendungen werden als (Haupt-)Bestandteil des negativen Interesses begriffen, das eine weitgehend selbständige Rechtsfolge zugunsten des Geschädigten darstellt.

IV. Zusammenfassung

Das US-amerikanische Vertragsrecht behandelt den Ersatz von eigennützigen Aufwendungen differenziert. Es wird danach unterschieden, ob die Aufwendungen im Gefolge des Vertragsabschlusses oder der Vertragsverletzung entstanden sind. Für den zuerst genannten Anwendungsbereich werden die Aufwendungen als Bestandteil des Vertrauensschadens begriffen. Umgekehrt können letztere lediglich als Bestandteil des Nichterfüllungsschadens ersetzt verlangt werden.

Der UCC nimmt von seiner Regelungsintention her ausschließlich das Erfüllungsinteresse als Rechtsfolge von Vertragsverletzungen in Bezug. Dies wird von einzelnen Gerichtsentscheidungen zum Teil übersehen oder für verfehlt gehalten, um den Ersatzanspruch auch auf die Rückzahlung entwerteter Aufwendungen gründen zu können. Das Case Law ist auf diesem Feld weiter und deutlicher. Es stellt dem geschädigten Gläubiger bei Vertragsverletzungen neben der Berechnung des Schadensersatzes auf der Grundlage des expectation interest alternativ eine Berücksichtigung des reliance interest zur Verfügung. Der Gläubiger hat dann die Wahl für den ihm als am günstigsten erscheinenden Weg. Prozessual hat er die Möglichkeit, beide Berechnungsmodalitäten zum Gegenstand einer Klage zu machen und die Entscheidung zwischen den Alternativen letztendlich erst im Prozeß durchzuführen.

---

[42] Vgl. dazu unten 1. Teil C II 3 a.

[43] Vgl. unten 1. Teil C II 3 b.

C. Der Ersatz entwerteter Aufwendungen im deutschen Vertragsrecht

I. Begriff der entwerteten Aufwendung

Die im US-amerikanischen Recht überaus deutliche Unterscheidung zwischen Aufwendungen infolge des Vertragsschlusses und solchen infolge der Vertragsverletzung läßt sich auch im deutschen Recht nachweisen. Das ist im Prinzip selbstverständlich, da wir ebenfalls in den Kategorien des Nichterfüllungs- und des Vertrauensschadens denken. Für die Behandlung entwerteten Aufwands ist dieser Umstand bisher jedoch nur begrenzt fruchtbar gemacht worden.

Die Aufwendungen, die durch die Vertragsverletzung veranlaßt wurden, sind dem deutschen Vertragsrecht am geläufigsten. Dazu gehören etwa Mängelbeseitigungskosten,[1] Zinsen für wegen Zahlungsverzugs aufgenommene Überbrükkungsdarlehen,[2] Mahngebühren soweit Verzug schon eingetreten ist,[3] Babysitterkosten infolge einer Pflichtverletzung,[4] Bearbeitungs-[5] oder Rechtsverfolgungskosten.[6] Sie gehören zum positiven oder Erfüllungsinteresse, denn bei vertragsgemäßer Leistung wären sie gar nicht erst entstanden. Sie sind kausale Folge der Pflichtverletzung. Fraglich ist im Einzelfall lediglich, unter welchen Voraussetzungen und bis zu welcher Grenze diese Kosten dem Schädiger noch zugerechnet werden können, da sie auf einem selbständigen Willensentschluß des Geschädigten beruhen.

Entwertete Aufwendungen knüpfen dagegen nicht an den Vertragsbruch an, sondern entstehen als Folge des Vertragsschlusses. Weil der Vertrag zustande gekommen ist, erweisen sich Aufwendungen als notwendig (z. B. Transportkosten oder der Zukauf von Einzelteilen) oder der Aufwendende trifft eine bewußte Investitionsentscheidung, ohne daß die Ausgabe zur Vertragserfüllung erforderlich wäre (z. B. Anschaffung von Reisekleidung oder Herrichtung eines Ausstellungsstandes). Die Vertragsverletzung führt zur Entwertung dieses Aufwands.

---

1 BGHZ 59, 365, 366; 99, 81, 84; BGH NJW 1983, 1424, 1425; BGH NJW 1985, 381, 382; BGH NJW 1987, 645, 646; OLG Karlsruhe OLGZ 1979, 431, 435.

2 BGH NJW-RR 1989, 1043, 1044; BGH NJW-RR 1990, 432, 433; BGH NJW 1990, 1037, 1038.

3 Soergel / Wiedemann, § 286, Rdnr. 11.

4 Dazu Grunsky, EWiR § 249 BGB 1/90, S. 21.

5 Dazu Wilhelm, WM 1988, 281.

6 Vgl. nur BGH NJW 1986, 2243, 2244.

Dabei kann es sich um eine vollständige oder um eine zeitlich oder inhaltlich beschränkte Entwertung handeln.

Maßgebendes Unterscheidungskriterium zwischen beiden Großgruppen von eigennützigen Aufwendungen ist der Aspekt, ob der Aufwand auch bei pflichtgemäßer Erfüllung angefallen wäre oder nicht. Ist die Frage mit ja zu beantworten, handelt es sich um entwertete Aufwendungen; ist die Antwort negativ, gehören sie zum positiven Interesse und sind im folgenden außer Betracht zu lassen.

Die Anwendung dieser Regel bereitet praktisch kaum Schwierigkeiten. Es gibt jedoch eine bestimmte Fallkonstellation, bei der sich die Aufwendungen zwar dem Nichterfüllungsschaden zurechnen lassen, in ihrer typisierten Beschreibung aber den entwerteten Aufwendungen ähneln — Entstehung infolge des Vertragsschlusses, Entwertung infolge der Vertragsverletzung. Es handelt sich um Vertragstypen, bei denen im weitesten Sinn Auskunft vom Vertragspartner verlangt wird. Beispiele sind etwa das Gutachten eines Tierarztes über den Gesundheitszustand des zu erwerbenden Pferdes,[7] die Beratung eines Anlagevermittlers über die Wirtschaftlichkeit eines Beteiligungsobjektes[8] oder der Vertrag mit einer Werbeagentur, die eine Konzeption für die Werbestrategie der nächsten Zeit ausarbeiten soll.[9]

Wenn daraufhin die Kauf- oder Anlageentscheidung gefällt, der Werbefeldzug geplant wird, fallen Aufwendungen zum Kauf des Pferdes, der Beteiligung oder des Werbematerials an. Stellt sich das Geschäft im Nachhinein als Fehlinvestition und das Gutachten als mangelhaft dar, läßt sich abstrakt sagen, daß die Aufwendungen durch die Aussagen des anderen Teiles hervorgerufen wurden; diese Abfolge entspricht der bei den entwerteten Aufwendungen. In aller Regel wird es hier um die Verletzung von Aufklärungs-, Offenbarungs-, Informations- oder Sorgfaltspflichten gehen.

Auch diese Kostengruppe läßt sich jedoch mit der beschriebenen Kontrollfrage zuordnen. Hätte der Tierarzt die Sprunggelenksverletzung des Pferdes diagnostiziert, der Anlageberater über Chancen und Risiken korrekt informiert und die Werbeagentur die Vorschriften des UWG und der entsprechenden Sondergesetze beachtet, wären die Aufwendungen nicht getätigt worden. Nach aller Lebenserfahrung hätte der Auskunftsuchende von einem Geschäftsabschluß abgesehen, der einer bewußten Selbstschädigung gleichgekommen wäre. Somit gehören diese Kosten zum positiven Interesse. Eine zutreffende und inhaltlich ausreichende Auskunft hätte den Aufwand verhindert. Es handelt sich nicht um entwertete Aufwendungen, sondern um einen typischen Nichterfüllungsschaden, der bei

---

7 BGHZ 87, 239.

8 BGHZ 74, 103; BGH WM 1982, 90; BGH NJW-RR 1987, 936; BGH NJW-RR 1987, 1815; BGH WM 1988, 1685; BGH WM 1990, 681, 683; OLG Köln BB 1988, 92.

9 Etwas abgewandelt OLG Hamm GRUR 1988, 564.

vertragsgerechter Leistung nicht angefallen wäre.[10] Auch diese Aufwendungen können daher was die Ersatzfähigkeit im einzelnen angeht, unberücksichtigt bleiben.

Zur Terminologie sei angefügt, daß die hier behandelten Aufwendungen auch als nutzlose, vergebliche, wertlose oder fehlgeschlagene bezeichnet werden. Dagegen erscheint der Begriff „entwertet" treffender, da er deutlich zum Ausdruck bringt, daß der Aufwand erst durch ein zusätzliches, in der Regel nachträgliches Ereignis wertlos wird. Die genannten Adjektive erwecken demgegenüber den Eindruck, als sei die Ausgabe von vornherein zweckwidrig und daher unvernünftig gewesen. Das mag zwar auch möglich sein, trifft aber nicht den typischen Fall. Im übrigen kann es auch bei den Aufwendungen im Gefolge einer Pflichtverletzung nutzlose Aufwendungen geben. Dies kann beispielsweise im Rahmen des § 633 Abs. 2 BGB der Fall sein, wenn die Behebung eines Mangels fehlgeschlagen ist, die Aufwendungen jedoch gleichwohl als erforderlich anzusehen sind.[11] Die Problemzuordnung sollte nicht durch eine mehrdeutige Belegung einzelner Begriffe unnötig erschwert werden. Auch gegen die Bezeichnung als frustrierte Aufwendungen[12] bestehen Bedenken, da frustriert nicht die Aufwendungen selbst sind, sondern die mit dem Vermögenseinsatz verbundenen Erwartungen. Schon mit der Begriffswahl gerät damit die Frustrationslehre auf ein Gleis, das geradewegs zu den gegen sie erhobenen Einwänden führt.[13]

II. Ersatzmöglichkeiten im Vertragsrecht

1. Aufwendungsersatz im Rahmen des negativen Interesses

Eine Vielzahl von Rechtsnormen und Rechtsinstituten gewährt als Rechtsfolge den Ersatz des negativen oder Vertrauensinteresses. Beispiele sind etwa die §§ 122 Abs. 1, 179 Abs. 2, 307, 309, 523 Abs. 1, 524 Abs. 1, 600, 611 a Abs. 2, 795 Abs. 2 BGB oder Teile der culpa in contrahendo. Herkömmlicherweise wird definiert, daß der Gläubiger so gestellt werden soll, als wenn er sich auf den Vertrag nicht eingelassen hätte.[14] Dann wären die Aufwendungen nicht getätigt

---

10 Der Geschädigte ist so zu stellen, wie er gestanden hätte, wenn ihm die richtige Auskunft erteilt worden wäre; vgl. nur BGH WM 1990, 1161, 1163 m. weit. Nachw. Es handelt sich um positiven Vertrauensschutz, nicht um das negative Interesse (a. A. Palandt / Heinrichs, Vorbem. v. § 249, Anm. 2 g bb).

11 Dazu beispielsweise BGH WM 1989, 21, 24 f. m. weit. Nachw.

12 In diesem Zusammenhang wohl erstmals verwendet von Esser, Schuldrecht 1, 3. Aufl. 1968, § 41 II 4 a, S. 277.

13 Siehe unten 1. Teil C II 5 d.

14 Das galt früher für die culpa in contrahendo ebenfalls uneingeschränkt; vgl. Flume, Allgemeiner Teil II, 1975, § 15 III 4 c dd, S. 282 f.; Hübner, Allgemeiner Teil, 1985, Rdnr. 304; Hans Stoll, Festschrift für Riesenfeld, 1983, S. 275, 283.
In neuerer Zeit wird dagegen vermehrt vorgeschlagen, die culpa in contrahendo auf

worden. Dahinter steht die Überlegung, daß das sich in den Aufwendungen manifestierende Vertrauen enttäuscht, die Aufwendungen also entwertet wurden, weil das mit ihnen verfolgte Ziel nicht mehr erreichbar ist. Sie werden in vollem Umfang ersetzt.[15] Eine Korrektur über die Prüfung der Zweck-Mittel-Relation wie in § 1298 Abs. 2 BGB (Angemessenheit) wird überwiegend abgelehnt.[16] Entwertete Aufwendungen stellen insoweit also den Hauptbestandteil des zu ersetzenden Vertrauensschadens dar — u. U. neben entgangenem Gewinn aus einem unterlassenen Geschäft.

2. Aufwendungsersatz im Immaterialgüterrecht

a) § 35 Abs. 2 S. 1 VerlG

Eine ausdrückliche Regelung für den Ersatz entwerteter Aufwendungen findet sich an relativ versteckter Stelle in § 35 Abs. 2 S. 1 VerlG. Erklärt der Verfasser des Werkes den Rücktritt vom Verlagsvertrag — was nach § 35 Abs. 1 VerlG vor Beginn der Vervielfältigung wegen veränderter Umstände möglich ist, ohne daß es auf ein Verschulden ankommt —, so ist er dem Verleger zum Ersatz der von diesem gemachten Aufwendungen verpflichtet. Der Gedanke der Entwertung wird nicht ausdrücklich angesprochen. Er steht jedoch im Hintergrund der Ersatzpflicht, wenn als Anwendungsfälle Reklame- und Fahrtkosten oder Honorarbeträge für den Einbandentwurf genannt werden und wird besonders deutlich, wenn die Kosten für Papier oder Drucktypen, die weiterverwendet werden können, vom Ersatz ausgenommen werden.[17] Maßgebende Gesichtspunkte sind also die Auslösung der Aufwendungen durch den Verlagsvertrag und deren Entwertung durch den Rücktritt des Verfassers.[18]

---

positiven Vertrauensschutz auszurichten; vgl. Soergel / Wiedemann, Vor § 275, Rdnr. 182 m. weit. Nachw. auch aus der Rspr.

15 RGZ 59, 155, 157; 170, 281, 284; RG SeuffArch 62 (1907), 225, 226; BGH NJW 1984, 1950, 1951; Larenz, Allgemeiner Teil, 1989, § 20 II c, S. 387; MünchKomm / Kramer, § 122, Rdnr. 8; Soergel / Hefermehl, § 122, Rdnr. 4; Staudinger / Dilcher, § 122, Rdnr. 7.

16 Flume, Allgemeiner Teil II, 1975, § 21 7, S. 423; MünchKomm / Kramer, § 122, Rdnr. 8; Soergel / Hefermehl, § 122, Rdnr. 4; a. A. Rietzler, DJZ 1912, Sp. 1176, 1177.

17 Allfeld, Verlagsrecht, 1929, S. 177; Bappert / Maunz / Schricker, Verlagsrecht, 1984, § 35, Rdnr. 9; Leiss, Verlagsgesetz, 1973, § 35, Anm. 13, 36; vgl. auch den Überblick von Junker, GRUR 1988, 793, 798.

18 Der Entwertungsgedanke verfängt nur mittelbar, wenn als Beispiel für zu ersetzende Aufwendungen auch Abstandszahlungen für die Lösung von Folgeverträgen genannt werden, denn diese werden erst durch den Rücktritt notwendig. Die Folgeverträge selbst wurden allerdings durch den Rücktritt entwertet.

b) §§ 41 Abs. 6, 42 Abs. 3 S. 1, 2 UrhG

Im Zusammenhang mit dieser Regelung sind die §§ 41 Abs. 6, 42 Abs. 3 S. 1, 2 UrhG zu sehen. In § 41 UrhG geht es um den Rückruf des Nutzungsrechtes durch den Urheber, wenn der Nutzungsberechtigte dieses nicht oder nur unzureichend ausübt und dadurch berechtigte Interessen des Urhebers erheblich verletzt. Der Urheber hat den Betroffenen nach § 41 Abs. 6 UrhG zu entschädigen, soweit es der Billigkeit entspricht. § 42 UrhG gestattet es dem Urheber, das Nutzungsrecht gegenüber dem Berechtigten zurückzurufen, wenn sich seine Überzeugungen gewandelt haben. Nach § 42 Abs. 3 UrhG hat der Urheber den Berechtigten angemessen zu entschädigen; Mindestbetrag sind die Aufwendungen des Nutzungsberechtigten, die bis zum Rücktritt angefallen sind, wobei solche außer Betracht bleiben, aus denen bereits Nutzungen gezogen wurden.

Während im zweiten Fall die entwerteten Aufwendungen den Sockel des Ersatzumfanges bilden, ist es im ersten eine Einzelfallfrage, ob und inwieweit Aufwendungen in die Ersatzpflicht einzubeziehen sind. Unter Aufwendungen werden alle baren Auslagen verstanden, die der Verwerter im Zusammenhang mit der Ausübung seines Rechtes hat, also Druck- und Werbungskosten, im Filmwesen Herstellungs- und Verleihkosten, bei Bühnen der Aufwand für Inszenierung, Kostüme usw. Allgemeine Verwaltungskosten sollen dagegen nicht ersatzfähig sein.[19] Der sachliche Unterschied zwischen beiden Ausgleichsregelungen was den Ersatzumfang angeht, erklärt sich aus Sphärenüberlegungen.[20] Weil der Rückrufsgrund bei § 41 UrhG in der Sphäre des Nutzungsberechtigten liegt, kann er nur eine billige Entschädigung verlangen. Beim Rückruf wegen gewandelter Überzeugung noch § 42 UrhG ist die Ursache dem Rechtskreis des Urhebers zuzurechnen. Daher ist der Nutzungsberechtigte hier besser zu stellen; er kann eine angemessene Entschädigung verlangen, mindestens jedoch seine wertlos gewordenen Aufwendungen. Der Entwertungsaspekt wird ausdrücklich angesprochen: soweit aus den Aufwendungen bereits Nutzungen gezogen wurden, sind die Kosten nicht in Ansatz zu bringen.

---

19 Fromm / Nordemann, Urheberrecht, 1988, § 42, Rdnr. 9; Schricker / Dietz, Urheberrecht, 1987, § 42, Rdnr. 30.

20 Mestmäcker / Schulze, Urheberrechts-Kommentar, § 42 UrhG, S. 2; E. Ulmer, Urheber- und Verlagsrecht, 1980, S. 375 f.

21 Art. 355 ADHGB: Wenn der Verkäufer mit der Uebergabe der Waare im Verzuge ist, so hat der Käufer die Wahl, ob er die Erfüllung nebst Schadensersatz wegen verspäteter Erfüllung verlangen oder ob er statt der Erfüllung Schadensersatz wegen Nichterfüllung fordern oder vom Vertrage abgehen will, gleich als ob derselbe nicht geschlossen wäre.

3. Aufwendungsersatz über die Rentabilitätsvermutung

a) Entwicklung der Rechtsprechung

Die Rechtsprechung zur sogenannten Rentabilitätsvermutung besitzt eine lange Traditon. Schon das Reichsoberhandelsgericht vertrat zu Art. 355 ADHGB[21] die Auffassung, daß vom Schadensersatz wegen Nichterfüllung die Rückzahlung des aufgewendeten Kaufpreises umfaßt werde. Als Begründung wurde angeführt, daß im Schadensersatz wegen Nichterfüllung ein faktisches Abgehen vom Vertrage zu sehen sei, und daher die Rückforderung des Geleisteten einen Teil der Entschädigung bilde.[22]

Das Reichsgericht schloß sich dem für § 463 BGB an[23] und betrachtete auch Vertragskosten als ersatzfähige Aufwendungen.[24] Im Jahre 1913 setzte sich das Reichsgericht näher mit der Berechnungsmethode auseinander und stellte die Argumentation auf neue Säulen. Leistung und Gegenleistung stünden sich als gleichwertig gegenüber. Erhalte ein Vertragspartner die ihm gebührende Gegenleistung nicht, so müsse ihm das vergütet werden, was er vergeblich dafür hingegeben habe. Dies sei sein geringster Schaden. In diesem Rahmen sei zwar das Geleistete nicht gegenständlich angesprochen; es sei aber als Wertfaktor heranzuziehen.[25]

Eine zusammenfassende, gleichwohl neu akzentuierte Stellungnahme des Reichsgerichts stammt aus dem Jahre 1930. Anknüpfend an die bekannten Begründungsfacetten wird erstmals auf die vermutete Rentabilität der Aufwendungen abgestellt. Ein Käufer könne Ersatz für Aufwendungen unter dem Gesichtspunkt verlangen, „daß er sie durch den Vorteil der erwarteten Lieferung der Kaufsache wieder hereingebracht haben würde". Diese Formulierung wird nicht auf die bereits erbrachte gläubigereigene Leistung erstreckt, für deren Rückforderung vielmehr an der vermuteten Gleichwertigkeit der synallagmatischen Verpflichtungen festgehalten wird.[26] Wenn der Inhalt dieses Anspruchs dem des negativen Interesses entspreche, ändere das gleichwohl nichts daran, daß ein positiver Schaden vorliege.[27] Deutlich herausgestellt wird, daß in der vermuteten Rentabilität nur eine Beweiserleichterung zu sehen sei. Es sei Sache des Schuld-

---

22 ROHGE 24, 106, 107.

23 RGZ 50, 188, 190.

24 RG JW 1904, 140.

25 RG JW 1913, 595, 596; vgl. auch RG SeuffArch 81 (1927), 359, 360.
Die Begründung mit der Gleichwertigkeit von Leistung und Gegenleistung findet sich bereits bei Mommsen, Lehre vom Interesse, 1855, S. 23 ff. Zum Mommsenschen Schadensverständnis, aus dem sich das Bild der Verfasser des BGB entwickelt hat, vgl. Meder, Schadensersatz als Enttäuschungsverarbeitung, 1989, S. 28 ff.

26 RGZ 127, 245, 248; vgl. auch Staub / Koenige, HGB, 12. und 13. Aufl. 1926, Anh. zu § 374, Anm. 73 a, 122.

27 RGZ 127, 245, 248; so schon RG JW 1904, 140; RG SeuffArch 81 (1927), 359, 360.

ners, zu beweisen, daß der Gläubiger seine Investitionen nicht oder nur in geringerem Umfang herausbekommen hätte.[28]

Der Bundesgerichtshof hat diese Rechtsprechung des Reichsgerichts lange Zeit mit dürftiger oder keiner Begründung weitergeführt.[29] Eine Einordnung in das System des Schadensersatzes wurde erst 1986 vom VIII. Zivilsenat vorgenommen. Das Gericht geht von der auf dem Vergleich zweier Vermögenslagen beruhenden Differenzhypothese aus. Der Anspruch aus Schadensersatz wegen Nichterfüllung gehe dahin, den Geschädigten vermögensmäßig so zu stellen, wie er bei ordnungsgemäßer Erfüllung des Vertrages gestanden hätte. Vor diesem Hintergrund stelle der Aufwendungsersatz aufgrund vermuteter Rentabilität einen schlichten Anwendungsfall der Differenzhypothese kombiniert mit einer Darlegungs- und Beweislasterleichterung für den Gläubiger dar.[30] Während frühere Entscheidungen vornehmlich auf die Nutzlosigkeit des Aufwands abstellten, um den Ersatz zu begründen,[31] wird nunmehr der Verlust der Kompensationsmöglichkeit als entscheidend hervorgehoben,[32] was dogmatisch auch eher zu der Vermutungskonstruktion paßt.

Diese Rechtsprechung hat das Bundesarbeitsgericht der Sache nach übernommen, ohne auf die Rentabilitätsvermutung ausdrücklich Bezug zu nehmen.[33] Das wäre ihm auch schwergefallen, da die Klägerin Rentabilität im Sinne entgangenen Gewinns nicht vorgetragen hatte. Sie forderte die geltend gemachten Schadensposten lediglich unter dem Stichwort eines „Kostendeckungsbeitrags" ein. Das Gericht legte dieses Begehren dahin aus, daß die Klägerin damit behauptet habe, daß sie in der wegen des rechtswidrigen Sympathiestreiks ausgefallenen Arbeitszeit Güter erzeugt hätte, die sie am Markt hätte absetzen können; mit den dadurch erzielten Erlösen hätte sie zumindest Erträge erzielt, die neben den Produktions- auch die laufenden Betriebskosten gedeckt hätten. Das Gericht sieht es dementsprechend als ausreichend an, daß zwar kein Gewinn erzielt, aber kostendeckend gewirtschaftet worden wäre. Nach ihrem Selbstverständnis ist damit die äußerste Grenze des Anwendungsbereichs der Rentabilitätsvermutung erreicht.

Zusammenfassend läßt sich sagen, daß auf der Grundlage der Rentabilitätsvermutung Aufwendungen im Rahmen des positiven Interesses als ersatzfähig ange-

---

28 RGZ 127, 245, 249.

29 BGHZ 57, 78, 80; 71, 234, 238; BGH WM 1969, 835, 836; BGH WM 1975, 897, 899; BGH WM 1977, 1089, 1090; BGH NJW 1979, 2034, 2035; BGH NJW 1983, 442, 443; BGH NJW 1986, 659: 3. Leitsatz; BGH NJW 1988, 563, 564; BGH NJW 1990, 2543, 2544; OLG Karlsruhe NJW-RR 1989, 1245, 1246 für Vertragskosten, ohne die Rentabilitätsvermutung ausdrücklich heranzuziehen.

30 BGHZ 99, 182, 195 ff.

31 BGHZ 57, 78, 80; BGH WM 1975, 897, 899; BGH WM 1977, 1089, 1090; BGH NJW-RR 1988, 420, 421 für den Dienstvertrag.

32 BGHZ 99, 182, 197 a. E.

33 BAG NJW 1985, 2545.

sehen werden, ohne daß damit der Schadensbegriff erweitert würde.[34] Vielmehr gewinnt über § 252 BGB die Erfahrung Gewicht, daß sich die Aufwendungen bei ordentlicher Erfüllung ausgezahlt hätten. Die Aufwendungen für die eigene Leistung addiert mit den Vertragskosten werden als Mindestbetrag des entgangenen Gewinns eingestuft.[35] Aufwendungsersatz ist danach kein selbständiger Rechtsbehelf neben dem Schadensersatz, sondern eine unselbständige Schadenskategorie.

Nicht eindeutig ist der Umfang der im Einzelfall zu berücksichtigenden Auslagen. Daß jedenfalls die gläubigereigene Leistung und die Vertragskosten anzusetzen sind, geht schon auf das Reichsgericht zurück und beruht für erstere nicht auf vermuteter Rentabilität, sondern auf der Gleichwertigkeit von Leistung und Gegenleistung nach Maßgabe der Parteibestimmung. Für darüber hinausgehende Aufwendungen gebraucht der Bundesgerichtshof unterschiedliche Formulierungen (mit Rücksicht auf den Abschluß des Vertrages,[36] zur Erlangung der Gegenleistung,[37] zur Nutzbarkeit der Gegenleistung,[38] in Erwartung der Erlangung der Gegenleistung,[39] mit dem Vertragsschluß verbunden[40] oder einfach nur infolge der Nichterfüllung nutzlose Aufwendungen[41]). Gleichwohl kann festgestellt werden, daß in der Tendenz großzügig verfahren und an die Vertragsbezogenheit des Aufwands keine verschärften Anforderungen gestellt werden.

b) Stellungnahme

Die gegen diese Rechtsprechung vorzutragenden Einwände sind teilweise gleichlautend mit den gegen die Frustrationslehre zu erhebenden.[42] Darüberhinaus sind Bedenken gegen die Differenzierung der Rechtsprechung in profitable und immaterielle Vertragszwecke anzumelden. Rentabilität ist nur möglich bei Verträgen mit wirtschaftlicher, gewinnorientierter Zielsetzung. Bei ideellem Vertragszweck gehen die Aufwendungen nach der Vertragsverletzung ins Leere und Ersatz ist von vornherein ausgeschlossen. Vereinfacht ausgedrückt bleibt die Rentabilitätsvermutung im gewerblichen Rechtsverkehr anwendbar, im nicht kaufmännischen dagegen nicht. Der in der Rechtslehre aufgeworfene Gedanke, dem Schuldner bei immateriellem Vertragsinhalt die Widerlegung der Beweisver-

---

34 BGHZ 71, 234, 239.

35 Schiemann, Argumente und Prinzipien bei der Fortbildung des Schadensrechts, 1981, S. 65.

36 BGH WM 1969, 835, 836.

37 BGHZ 57, 78, 80.

38 BGH WM 1975, 897, 899.

39 BGH WM 1977, 1089, 1090.

40 BGHZ 71, 234, 238; BGH NJW 1979, 2034, 2035; BGH NJW 1983, 442, 443.

41 BGHZ 99, 182, 197.

42 Dazu unten 1. Teil C II 5 b und d.

mutung zu versagen,[43] läßt sich mit dem Charakter einer Vermutung schwerlich in Einklang bringen. Außerdem würde die Vermutung in diesem Fall zu einer Fiktion umgewandelt, da Rentabilität tatsächlich gerade nicht vorliegen würde. In der Praxis kaum durchführbar ist der Vorschlag, bei immateriellem Leistungszweck die Aufwendungen dann zu ersetzen, wenn die Vertragspartner § 253 BGB wenigstens konkludent abbedungen haben.[44] Die einmal akzeptierte Vermutung läßt sich damit nur umständlich beseitigen.

Kritisch ist außerdem anzuführen, daß die Rentabilitätsvermutung nur dann Anwendung finden kann, wenn der Vertrag im ganzen nicht durchgeführt wird (vor allem die §§ 286 Abs. 2, 325, 326 BGB und bestimmte Fallgruppen der positiven Vertragsverletzung). Für den Bereich nur verspäteter Durchführung stellt sie keine hinreichend tragfähige Grundlage dar.[45] Das gilt in ihrer bisherigen Ausprägung auch für Teilleistungsfälle.[46] Damit würde eine weitere, nicht sachgemäße Unterscheidung eingeführt.

Letztlich geht die Rentabilitätsvermutung über eine bloße Beweiserleichterung im Ergebnis weit hinaus. Müßte ansonsten der Gläubiger den Umfang seines entgangenen Gewinns darlegen und beweisen, trüge er die Beweis- oder im Hinblick auf § 252 S. 2 BGB besser die Substantiierungslast. Dieses Zusammenspiel von Berechtigung und Beweisrisiko wird mit der Rentabilitätsvermutung auseinandergerissen und letzteres dem Schuldner auferlegt. Kann er die bloße Behauptung des Gläubigers nicht zur vollen Überzeugung des Gerichts widerlegen, geht dies zu seinen Lasten. De facto führt die Rentabilitätsvermutung nicht nur zu einer Beweiserleichterung, sondern zu einer beschränkten Beweislastumkehr.

4. Aufwendungsersatz im Reisevertragsrecht

Ersatz entwerteter Aufwendungen wird — man kann sagen nach allgemeiner Ansicht — im Anwendungsbereich der §§ 651 a ff. BGB gewährt. § 651 f Abs. 1 BGB soll den Mangel-, den Mangelfolge- und weitere Begleitschäden erfassen.[47] Unter eine dieser Kategorien werden lapidar und ohne Begründung auch frustrierte Aufwendungen subsumiert. Es wird nicht das „Ob“ in Frage gestellt, sondern lediglich die Anknüpfung, das „Wie“.[48]

---

43 Hans Stoll, Festschrift für Duden, 1977, S. 641, 658.

44 Staudinger / Medicus, § 249, Rdnr. 130.

45 Hans Stoll, JZ 1978, 797, 798.

46 Ströfer, Schadensersatz und Kommerzialisierung, 1982, S. 265.

47 BGHZ 92, 177, 180; 95, 255, 260; 100, 157, 180; OLG Düsseldorf NJW-RR 1989, 1078: Telefonkosten; LG Frankfurt NJW-RR 1989, 1213, 1214 hinsichtlich des Reisepreises; vgl. außerdem die Literatur der folgenden Fn.; a. A. Soergel / Mühl, § 651 f, Rdnr. 4, der entsprechend § 635 BGB für Mangelfolgeschäden auf die pVV zurückgreifen will.

Diese Vorgehensweise ist keineswegs selbstverständlich, denn noch im Entwurf der Bundesregierung über den Reiseveranstaltungsvertrag vom 27.7.1977 wird in der Begründung ausgeführt: „Über Art und Umfang der zu ersetzenden Schäden trifft das Gesetz keine Bestimmungen (vgl. aber Absatz 2 [Regelung über eine Entschädigung wegen nutzloser Urlaubszeit; Zusatz nicht im Original]). Insoweit gelten die allgemeinen Bestimmungen des Bürgerlichen Gesetzbuchs".[49] Man wird hinzufügen müssen: in der von der Rechtsprechung vorgenommenen Auslegung. Das hätte zur Konsequenz, daß auf den Ersatz entwerteter Aufwendungen die zur Rentabilitätsvermutung aufgestellten Grundsätze Anwendung fänden.[50] Es wäre also zu fragen, ob sich die Aufwendungen nach Durchführung der Reise rentiert hätten; und zwar nicht ideell in Form gesteigerten Reisegenusses, sondern rein ökonomisch. Die Frage stellen, heißt sie zu verneinen. Mittel für Bergsteiger- oder Taucherausrüstung, Reiseliteratur, Fahrt und der Reisepreis werden durch die „Reisenutzung" nicht erwirtschaftet.[51] Das ist auch nicht das primäre Urlaubsziel. Unter der Ägide dieser Rechtsprechung wären Aufwendungen im Hinblick auf einen bevorstehenden Urlaub nicht ersatzfähig.

Von dieser Sicht der Dinge ging auch der Bundesrat aus. In der Begründung für die Anrufung des Vermittlungsausschusses wird zu § 651 f des Entwurfs sinngemäß ausgeführt, daß dieser in seinen wesentlichen Rechtsfolgen denen des § 635 BGB entspreche und daher überflüssig sei (die Kumulation mehrerer Gewährleistungsansprüche im Reisevertragsrecht in Abweichung vom Werkvertragsrecht wird vom Bundesrat kritisiert, spielt hier aber keine Rolle).[52]

Im Bericht des Rechtsausschusses des Deutschen Bundestages über den Entwurf der Bundesregierung, der mit einer Beschlußempfehlung schließt, heißt es dagegen — vor diesem Hintergrund überraschenderweise — zu § 651 f Abs. 1: „Er [der in Abs. 1 vorgesehene Schadensersatzanspruch; Zusatz nicht im Original] hat praktisch Bedeutung bei Vorliegen von Begleitschäden (z. B. nutzlose Aufwendungen), Mangelfolgeschäden sowie im Hinblick auf den nach Abs. 2 ebenfalls erstattungsfähigen Schaden wegen nutzloser Aufwendung von Urlaubszeit."[53] Wie selbstverständlich werden entwertete Aufwendungen als ersatzfähig angesehen und als Begleitschaden betrachtet (also weder als Mangel- noch als

48 AK / Derleder, § 651 f, Rdnr. 1; Bartl, Reiserecht, 1981, Rdnr. 88; Burger, NJW 1980, 1249, 1250; Eckert, Risikoverteilung im Pauschalreiserecht, 1988, S. 77; Erman / Seiler, § 651 f, Rdnr. 5; Führich, Reiserecht, 1990, Rdnr. 333, 337; W. Müller, Schadensersatz wegen verdorbenen Urlaubs, 1986, S. 216; MünchKomm / Grunsky, Vor § 249, Rdnr. 33; MünchKomm / Tonner, § 651 f, Rdnr. 21; Palandt / Thomas, § 651 f, Anm. 3; Staudinger / Schwerdtner, § 651 f, Rdnr. 24 f.; Tonner, Reisevertrag, 1986, § 651 f, Rdnr. 10.

49 Bundestag-Drucksachen 8/786, S. 29.

50 Dazu oben 1. Teil C II 3 a.

51 A. A. AG Hamburg NJW-RR 1989, 564.

52 Bundestag-Drucksachen 8/2589, S. 5.

53 Bundestag-Drucksachen 8/2343, S. 10.

Mangelfolgeschaden). Diese „deklaratorische Feststellung" legt den Verdacht nahe, daß sich die Mitglieder des Rechtsausschusses der Tragweite ihrer Aussage nicht bewußt waren. Daß in der kommentierenden Literatur diese Textpassage mehr oder weniger wörtlich zitiert oder doch sinngemäß wiederholt wird, ohne daß eigene Begründungen angeboten werden, läßt außerdem den Schluß zu, daß der Befund auf Teile der Wissenschaft übertragbar ist.

Zur Erklärung kann nur auf eine Besonderheit des Reisevertragsrechts hingewiesen werden. In dem heutigen § 651 f Abs. 2 BGB wird dem Reisenden eine Entschädigung für nutzlos aufgewendete Urlaubszeit zugesprochen. Das ist bemerkenswert vor dem Hintergrund, daß nicht etwas Materielles (Geld) entwertet, sondern Zeit nutzlos geopfert wurde. Daher hat es über diesen Punkt weitreichende Diskussionen gegeben. Die Frage des Ersatzes nutzlos gewordener Aufwendungen scheint man dann — konkludent — im Wege des Umkehrschlusses beantwortet zu haben: wenn schon eine Entschädigung für verlorene Zeit gewährt wird, muß dies für verlorene Aufwendungen erst recht gelten; diese sind also ebenfalls ersatzfähig.[54] Gestützt wird die getroffene Feststellung von dem Umstand, daß in diesem Zusammenhang nicht auf die Rentabilitätsvermutung zurückgegriffen wird. Diese hat ersichtlich keine Rolle gespielt.[55]

Die — ebenfalls mögliche — Deutung des Verhaltens des Rechtsausschusses in dem Sinne, daß dem Bedenken des Bundesrates, § 651 f des Entwurfs sei wegen der Entsprechung mit § 635 BGB überflüssig, das Wasser abgegraben werden sollte, erscheint nicht zutreffend. Zum einen verläuft der Wortlaut der §§ 635 und 651 f BGB nach wie vor im wesentlichen parallel; der Begründungsversuch des Rechtsausschusses hätte auf dieser Grundlage lediglich eine Scheinargumentation dargestellt, um Gesetzgebungsbedarf vorzutäuschen. Zum anderen reicht die bloße apodiktische Feststellung des Rechtsausschusses des Deutschen Bundestages allein nicht aus, um einer auslegungsfähigen Rechtsnorm eine bestimmte Interpretation durch Rechtsprechung und Lehre in der Zukunft zu sichern. Für einen Gesetzentwurf, der für das Vertragsrecht erstmals den Ersatz entwerteter Aufwendungen als berücksichtigungsfähige Schadensposition erfassen wollte, wären ausführliche Erörterungen zu dieser Frage zu erwarten gewesen. Dies gilt

---

54 Zu den Gründen, warum dies im Ergebnis zutreffend ist, siehe unten 3. Teil B I 5 b, S. 99; eine Begründung findet sich bei Palandt / Heinrichs, Vorbem. v. § 249, Anm. 3 d dd, der aber undeutlich vom Schutzzweck des Reisevertrages spricht, der den Ersatz frustrierter Aufwendungen ausnahmsweise rechtfertigen soll.

55 Deutlich bei Baur, Festschrift für Raiser, 1974, S. 119, 136 f. und W. Müller, Schadensersatz wegen verdorbenen Urlaubs, 1986, S. 216 ff., die sich mit dem Problem sachlich auseinandersetzen, ihre Lösung für den Aufwendungsersatz aber darstellen, als würden sie ausgetretenen Pfaden folgen und die Rentabilitätsvermutung nicht erwähnen bzw. keine Folgerungen daraus ziehen.
Hingewiesen sei klarstellend darauf, daß Überlegungen zum Ersatz nutzloser Aufwendungen auf der Basis deliktischer Ansprüche nicht ohne weiteres auf Vertragsansprüche übertragbar sind; zu deliktischen Ansprüchen vgl. W. Müller, Schadensersatz wegen verdorbenen Urlaubs, 1986, S. 194 ff.

vor allem vor dem Hintergrund, daß Rechtsprechung und Lehre in weitgehender Übereinstimmung eine Anwendung der Frustrationslehre auf die Schadensberechnung nach Vertragsstörungen damals — wie heute — ablehnten.

5. Die Lehre vom Ersatz frustrierter Aufwendungen

a) Inhalt der Frustrationslehre

Bei der Inhaltsbestimmung der Frustrationslehre lassen sich drei Entwicklungsstadien sachlich deutlich voneinander unterscheiden; zeitlich bestehen dagegen Überschneidungen. Auf der ersten Stufe wurden die Aufwendungen selbst als Schaden angesehen oder diesem gleichgestellt.[56] Dies geht auf eine, nicht nur beiläufige[57] Bemerkung *v. Tuhrs* aus dem Jahre 1906 zurück: „Der Eigentümer kann seinen Schaden darin finden, daß die Aufwendungen, die er zum Erwerb einer an sich wertlosen Sache gemacht hat, durch das schuldhafte Eingreifen eines Dritten für ihn nutzlos geworden sind. Diese Aufwendungen verwandeln sich nachträglich, durch Vereitelung ihres Zwecks, in Schaden.“[58]

Auf der zweiten Entwicklungsebene wurde vor allem berücksichtigt, daß die Aufwendungen isoliert betrachtet freiwillig waren. Das Bezeichnende eines Schadens sei aber die gezwungene Einbuße. Die Parallele zwischen beiden wird darin gesehen, daß das wirklich Unfreiwillige die Nutzlosigkeit der Aufwendungen sei. Nach der Bestimmung des Geschädigten sollte die Vermögensminderung durch ein Äquivalent aufgefangen werden; als Nutzlose waren die Aufwendungen nicht gewollt. Daher rechtfertige sich eine Behandlung der entwertenden Aufwendungen als Schadensposten. Das Ergebnis wurde gestützt mit Billigkeitserwägungen; die einfache Berechnung wurde angeführt. Bedenken an der Kausalität bestünden nicht, weil diese zwischen dem schadensstiftenden Ereignis und dem Wegfall der Gegenleistung bestehe.[59] Selbst wenn dies als nicht ausreichend angesehen würde, sei damit der Frustrationslehre nicht das Wasser abgegraben, da es gerade um die Frage gehe, inwieweit Modifikationen am bestehenden Haftungssystem vorgenommen werden dürften.[60]

Das dritte Entwicklungsstadium der Frustrationslehre baut auf den bisherigen Erkenntnissen auf und trägt den zwischenzeitlich vorgetragenen Bedenken Rech-

---

56 Löwe, VersR 1963, 307, 310.

57 So aber Larenz, Schuldrecht I, 1987, § 29 II c, S. 503.

58 A. v. Tuhr, kritVJSchr 47 (1906), 63, 65; vgl. auch ders., Allgemeiner Teil I, 1910, S. 320, Fn. 33 a.

59 Deutsch, Haftungsrecht I, 1976, S. 446; Hansen, Normativer Schadensbegriff und Schadensberechnung, 1977, S. 77; Larenz, VersR 1963, 312, 313; ders., Festgabe für Oftinger, 1969, S. 151, 161; Löwe, NJW 1964, 701, 704.

60 Deutsch, Haftungsrecht I, 1976, S. 446; Ströfer, Schadensersatz und Kommerzialisierung, 1982, S. 58; Werber, AcP 173 (1973), 158, 176.

nung. Der eigentliche Schadenstatbestand soll in der endgültigen Vereitelung der Konsumierbarkeit liegen, was sich aus einer verstärkten Berücksichtigung ökonomischer Gesichtspunkte ergibt, deren Schwergewicht die Bewertung des Äquivalents nach dem Verkehrswert ist. Die Frustrationslehre wird insoweit mit der Kommerzialisierungsthese verbunden. Aus ökonomischer Sicht handele es sich bei den finanziellen Einbußen um ein Verteilungsproblem; es sei kein Unterschied, ob ein Rechtsgut Gegenstand dinglicher Zuordnung sei oder ob Nutzungsmöglichkeiten ausgeschöpft würden. Durch eine so verstandene Frustrationslehre würden daher die wirtschaftliche Gleichwertigkeit verschiedener Rechtsformen zur Geltung gebracht, illegitime Privilegierungen des Sachaufwands vermieden, den gewandelten Verkehrsanschauungen entsprochen und eine Subjektivierung des Schadens verhindert; erstmals möglich sei eine konsistente Entscheidungspraxis.[61]

b) Kritik

Kritische Einwände richten sich sowohl gegen die juristische Konstruktion als auch das Ergebnis. Gegen die Herleitung wird vorgetragen, daß der Aufwand freiwillig und erzwungen die danach eintretende Unerreichbarkeit war. Das aber sei ein immaterieller Umstand, der wegen § 253 BGB keinen Ersatz auslösen könne.[62] Plastisch formuliert *Jahr:* „Man hat Vermögen nicht, weil einem das, was man hat, etwas gekostet hat, sondern, weil einem das, was man hat, etwas einbringt".[63]

Am Ergebnis wird bemängelt, daß die Frustrationslehre mit der Differenzhypothese unvereinbar sei und eine unabsehbare Ausdehnung der Ersatzpflicht mit sich bringe.[64] Dem werde durch das Abstellen auf das nicht erreichte Äquivalent zusätzlich Vorschub geleistet, denn dieses sei zu bewerten. Damit werde der Schaden subjektiviert, und weil der Schädiger über die Schadenshöhe disponieren könne, würden im Extremfall bloße Affektionsinteressen ersetzt.[65] Unter Umständen stünde der Gläubiger sogar besser da als bei Erfüllung.[66]

---

[61] AK / Rüßmann, Vor §§ 249-254, Rdnr. 33 f.; Esser / Schmidt, Schuldrecht I, 1984, § 31 III, S. 489.

[62] BGHZ 99, 182, 199; LG Münster ZfS 1988, 38; Keuk, Vermögensschaden und Interesse, 1972, S. 247; Küppers, VersR 1976, 604, 607; Lange, Schadensersatz, 1990, S. 254; MünchKomm / Grunsky, Vor § 249, Rdnr. 12 c; Palandt / Heinrichs, Vorbem. v. § 249, Anm. 3 d bb; Staudinger / Medicus, § 249, Rdnr. 128; Ströfer, Schadensersatz und Kommerzialisierung, 1982, S. 58, 265; Zeuner, AcP 163 (1964), 380, 394.

[63] Jahr, AcP 183 (1983), 725, 787.

[64] Lange, Schadensersatz, 1990, S. 256; Staudinger / Medicus, § 249, Rdnr. 128; Hans Stoll, JZ 1976, 281, 282; ders., JZ 1978, 797, 798.

[65] BGHZ 99, 182, 199; Brinker, Dogmatik zum Vermögensschadensersatz, 1982, S. 242; Deutsch, Haftungsrecht I, 1976, S. 447; Lange, Schadensersatz, 1990, S. 257; Schulze, JuS 1989, 471, 473; Soergel / Mertens, Vor § 249, Rdnr. 95 f.; Zeitz, Schadensersatz bei Nutzungsentgang, 1978, S. 24.

[66] BGHZ 71, 234, 241.

Die Bedenken an der modernen Ausprägung der Frustrationslehre setzen an der Verknüpfung von Frustrations- und Kommerzialisierungsgedanken an. Diese Verbindung gehe an der theoretischen Unterscheidung zwischen einer Kostenwerttheorie und einer Marktwerttheorie vorbei und sei daher systemwidrig.[67] Auch sie könne nicht begründen, warum die anhand des realen Güteraustausches empirisch feststellbare Wertrelation vernachlässigt und auf die Aufwendungen abgestellt werden sollte.[68] Außerdem stelle sich die Frustrationslehre in ihrer abgewandelten Form als Korrektur des § 252 BGB dar, der die Grenze der dynamischen Vermögenskomponente bilde. Vom entgangenen Gewinn würden vergebliche Aufwendungen nicht erfaßt.[69]

Schließlich sei für den Schadensersatz nicht der Ersatz um des Gebrauchs willens entscheidend, sondern die Tatsache, daß der Geschädigte das Gut nicht mehr habe.[70] Darüberhinaus wird gegen eine auf standarisierte Genüsse beschränkte Frustrationslehre eingewandt, daß eine Vielzahl der in Betracht kommenden Aufwendungen nicht zur Erreichung eines bestimmten Zweckes getätigt würde, sondern sich nur auf die Möglichkeit zukünftiger Lebensgestaltung bezöge. Darin sei das Risiko zeitweiliger Nutzlosigkeit aber enthalten (z. B. Theaterabonnement für bestimmte Termine ungenutzt).[71]

c) Differenzierungen zum Ersatzumfang

Larenz hatte ursprünglich vorgeschlagen, für den Ersatzumfang zwischen Einwirkungen auf das unbrauchbar gewordene Vermögensgut selbst (Standardbeispiel seit *v. Tuhr* Theaterkarte) und der Einwirkung auf ein anderes Rechtsgut zu unterscheiden.[72] Angesichts der daran geübten Kritik[73] hat er diese Auffassung aufgegeben. Er will der Frustrationslehre überhaupt nur noch dann Bedeutung beimessen, wenn der Gebrauch durch eine nachteilige Einwirkung auf die Sache oder das Recht selbst während eines bestimmten Zeitraums verhindert worden ist.[74] Ähnlich formuliert *Köndgen,* der die Aufwendungen ersetzen will, wenn

67 Brinker, Dogmatik zum Vermögensschadensersatz, 1982, S. 223.

68 Brinker, Dogmatik zum Vermögensschadensersatz, 1982, S. 335.

69 Köndgen, AcP 177 (1977), 1, 27; MünchKomm / Grunsky, Vor § 249, Rdnr. 12 c.

70 Schiemann, Argumente und Prinzipien zur Fortbildung des Schadensrechts, 1981, S. 285.

71 Soergel / Mertens, Vor § 249, Rdnr. 97; ähnlich Steindorff, JZ 1964, 423, 424.

72 Larenz, Festgabe für Oftinger, 1969, S. 151, 162; ihm folgend Hansen, Normativer Schadensbegriff und Schadensberechnung, 1977, S. 78.

73 Baur, Festschrift für Raiser, 1974, S. 119, 135; Brinker, Dogmatik zum Vermögensschadensersatz, 1982, S. 222; Schiemann, Argumente und Prinzipien bei der Fortbildung des Schadensrechts, 1981, S. 286; Staudinger / Medicus, § 249, Rdnr. 128; Hans Stoll, JZ 1971, 593, 595: juristischer Impressionismus; Tolk, Frustrierungsgedanke und die Kommerzialisierung immaterieller Schäden, 1977, S. 114; Werber, AcP 173 (1973), 158, 180.

sie in einem teleologischen Zusammenhang mit dem verletzten Recht oder Rechtsgut standen.[75]

Mertens faßt den Anwendungsbereich weiter. Nutzlose Aufwendungen sollen in zwei Fallgruppen einen Schaden darstellen. Die erste läßt sich damit beschreiben, daß eine beschädigte Sache für den Gebrauch ausfällt, dies den Geschädigten aber nicht von der Zahlung des Nutzungsentgelts befreit (z. B. beim Leasing). Aufwendungsersatz soll außerdem gewährt werden, wenn entgeltlich erworbene Berechtigungen nicht mehr in Anspruch genommen werden können und der Erfüllungszeitpunkt fixzeitlich bestimmt ist (z. B. Theaterkarte). Der Grund für die Wertlosigkeit muß nicht in einer Sach- oder primären Dispositionsstörung[76] liegen, sondern auch die Beeinträchtigung von Freiheit oder Gesundheit soll ausreichen.[77]

Gegen jede Art ergebnisorientierter Begrenzung wehren sich die Vertreter der modernen Frustrationslehre. Die fraglichen Lasten könnten nicht wegdisputiert werden, nur deren Verteilung stünde in Frage. Eine Anspruchsminderung sei lediglich über § 254 Abs. 2 BGB möglich, wenn der Geschädigte die als solche unangetastete Nutzungsmöglichkeit trotz anderweitiger Verwertungschancen brachliegen lasse.[78]

d) Stellungnahme

Die Frustrationslehre versucht eine in sich schlüssige Antwort auf die Frage nach dem Ersatz entwerteter Aufwendungen zu geben. Aus konstruktiven Gründen wird nicht unmittelbar an die Aufwendungen, sondern an deren eingeschränkte oder ausgeschlossene Verwertbarkeit angeknüpft. Man gerät dann auf der Basis des dualistischen Schadensbegriffes des BGB in das Fahrwasser der Unterscheidung von Vermögens- und Nichtvermögensschäden; das wohl schwerwiegendste Bedenken (unbegrenzbarer Ersatz immaterieller Schäden unter Verstoß gegen § 253 BGB) ist der Frustrationslehre gleichsam naturgemäß beigegeben. Vor diesem Hintergrund sind alle Einigungsversuche vergeblich; das Vorverständnis wird zur maßgeblichen Argumentationsbasis. Einem juristischen Laien

---

74 Larenz, Schuldrecht I, 1987, § 29 II c, S. 503. Wegen dieser Einschränkung kann man nicht davon sprechen, daß Larenz die Frustrationslehre ganz aufgegeben hat; so aber AK / Rüßmann, Vor §§ 249-254, Rdnr. 35. Im Ergebnis ähnlich wie Larenz Bötticher, VersR 1966, 301, 309.

75 Köndgen, AcP 177 (1977), 1, 28.

76 Mertens versteht darunter einen Eingriff, der sich nicht aus einer Rechtsverletzung i. S. d. § 823 BGB ergibt; vgl. Soergel / Mertens, Vor § 249, Rdnr. 90.

77 Soergel / Mertens, Vor § 249, Rdnr. 100 f., 103; ähnlich Deutsch, Haftungsrecht I, 1976, S. 447, der einen Frustrationsschaden nur im Bereich des Sachschadens und des Nutzungsausfalls anerkennen will, weil er hier auf objektive Wertmomente zurückgeführt werden könne.

78 AK / Rüßmann, Vor §§ 249-254, Rdnr. 35; Esser / Schmidt, Schuldrecht I, 1984, § 31 III 5, S. 494.

wird man dagegen kaum plausibel machen können, daß der Ersatz von Aufwendungen an einer Norm scheitern soll, die die Kompensation nicht vermögenswerter Güter im Grundsatz verbietet; der Geschädigte hat im Gegenteil das Materielle seiner Aufwendungen durch den Verlust höchst eindringlich erfahren.

Der Verweis von Kritikern auf den Verstoß gegen die Differenzhypothese kann nur eingeschränkt akzeptiert werden. Zum einen kommt dieser Urform des Schadensersatzes selbst keine Gesetzeskraft zu; es stehen sich insoweit zwei gleichrangige Rechtsmodelle gegenüber. Zum anderen waren sich schon die Verfasser des BGB darüber im klaren, daß diese Berechnungsmethode nicht abschließend sein konnte.[79] Die entscheidende Frage lautet dann, unter welchen Voraussetzungen von ihr abgewichen werden kann.[80] Dafür bietet eine strikte Verweigerungshaltung keine Anhaltspunkte.

In der verbreiteten Befürchtung, der Gläubiger könne durch den Ersatz der entwerteten Aufwendungen besser gestellt werden, als bei Erfüllung bzw. beim Unterbleiben der Schädigung, offenbart sich ein weitreichendes Mißverständnis über das Nebeneinander der verschiedenen Alternativen zur Schadensberechnung bei Vertragsverletzungen. Der Geschädigte kann nicht alle Schadensposten kumulativ geltend machen, sondern grundsätzlich nur alternativ vorgehen; u. U. ist sogar sein Wahlrecht an bestimmte Kautelen gebunden.[81] Dann aber ist eine Überkompensation von vornherein ausgeschlossen.

An der Frustrationslehre selbst ist zu bezweifeln, ob sich aus der Sichtweise, die die Ersatzfähigkeit entwerteter Aufwendungen vor allem als Verteilungsproblem begreift, verwertbare Aussagen ergeben können. Gleiches gilt für Fragen nach der technischen oder sozialen Erforderlichkeit einer Entschädigung.[82] Der empirische Nachweis, daß es dem Sachleistungsgläubiger im Verhältnis zum Sachleistungsschuldner typischerweise nicht zugemutet werden kann, den entwerteten Aufwand selbst zu tragen, wird sich einerseits nur schwer erbringen lassen und erfaßt andererseits nur eine Hälfte der Problematik. Auf dieser Grundlage läßt sich die Frustrationstheorie weder widerlegen noch stützen.[83] Aber selbst wenn der Nachweis gelänge, wäre es noch keine Selbstverständlichkeit in sich, daß das Recht dieser Feststellung entsprechen müßte. Das hinge auch von anderen, auch außerökonomischen Wertungen ab. Die Anknüpfung an die Eigenschaft, in der ein Vertragspartner an der Leistungsbeziehung beteiligt ist, vermag außerdem — wenn überhaupt — nur im Vertragsrecht Bedeutung zu gewinnen; im Deliktsrecht verfängt sie nicht.

---

79 Motive, Band II, S. 18 f.; Protokolle, Band I, S. 299.

80 Die Tatsache, daß auch der BGH so vorgeht, zeigt anschaulich BGHZ 99, 182, 196, 198.

81 Dazu näher unten 3. Teil B I 5.

82 Loewenheim, AcP 179 (1979), 174, 175; Schiemann, Argumente und Prinzipien bei der Fortbildung des Schadensrechts, 1981, S. 286.

83 Zutreffend Köndgen, AcP 177 (1977), 1, 26.

Hinzuweisen ist letztlich darauf, daß der Schwerpunkt der wissenschaftlichen Diskussion um die Frustration von Aufwendungen im Deliktsrecht lag und liegt und damit ein bestimmtes Fahrwasser vorgegeben war. Dies läßt sich anhand der jeweils herangezogenen Beispiele belegen. Vor dem Schadensfall bestehen hier typischerweise keine in diesem Zusammenhang rechtlich relevanten Beziehungen zwischen den Beteiligten. Anders im Vertragsrecht: der Schadensfall — wo immer man ihn auch ortet — folgt einem irgendwie gearteten rechtlichen Kontakt zeitlich nach. Wertungsgesichtspunkte eines Teilbereichs lassen sich insoweit nicht ohne weiteres auf einen anderen Regelungskomplex verschieben.

Diese Divergenz könnte Anhaltspunkt für eine inhaltliche Differenzierung zwischen beiden Rechtsgebieten sein, die nicht an die Stellung der Vertragsparteien, sondern an deren Verhalten anknüpft. Jedenfalls wird ihr bisher zuwenig Bedeutung beigemessen.[84] Das könnte damit zu tun haben, daß im Rahmen des Schadensersatzes wegen Nichterfüllung de facto Ersatz für entwertete Aufwendungen zugesprochen wird, ohne daß die Gerichte sich dieser Tatsache vollständig bewußt wären;[85] dies Phänomen wäre wiederum angesichts der wenig geläufigen Unterscheidung zwischen den verschiedenen Aufwendungsarten wenig verwunderlich. Allerdings fehlt dann das für Problembewußtsein erforderliche Tatsachenmaterial.[86]

Angesichts der weitverbreiteten Vorbehalte gegen die Frustrationslehre muß daher dem Befund, der „Frustrationsgedanke sei allenthalben im Schadensersatzrecht auf dem Vormarsch",[87] widersprochen werden. Das gilt für das Deliktsrecht sicher nicht; hier ist die Ablehnung so verbreitet, daß in näherer Zukunft kaum eine Änderung zu erwarten ist. Äußerlich zeigt sich dies auch daran, daß die Problematik des Nutzungsausfalls nicht über den entwerteten Aufwand gelöst wird, was doch naheläge, sondern mittels Überlegungen zur eigenverantwortli-

---

84 Deutlich z. B. bei Staudinger / Medicus, Vor § 249, Rdnr. 129, 130, der unter dem Gesichtspunkt Frustrationsschaden im Vertragsrecht ausschließlich auf die Rechtsprechung zur Rentabilitätsvermutung eingeht, die jedoch nach ihrem Selbstverständnis keinen Unterfall der Frustrationslehre bildet, sondern auf der Basis einer Beweiserleichterung eine konsequente Anwendung der Differenzhypothese darstellt; sonstige Besonderheiten des Vertragsrechts werden nicht herausgestellt.

85 Vgl. etwa RG Recht 1920, Nr. 381; RG JW 1926, 985; BGHZ 35, 130, 131; 65, 107, 113; BGH WM 1990, 193, 195 unter II 2 c der Entscheidungsgründe; BGH ZIP 1990, 315, 318: Schadensersatz wegen Nichterfüllung im Hinblick auf die laut Sachverhalt geltend gemachten Schadensposten; OLG Oldenburg JZ 1979, 398; zum gleichen Befund kommt auch Hans Stoll, Festschrift für Duden, 1977, S. 641, 644.

86 Hinzuweisen ist noch auf die Lehre zum Funktionsschadensbegriff. In fehlgeschlagenen Aufwendungen wird ein Schaden gesehen, weil die Aktivierung von Vermögensmitteln im Hinblick auf einen bestimmten Zweck mißlungen ist, sogen. Vermögensfunktionsstörung; vgl. Mertens, Begriff des Vermögensschadens, 1967, S. 158 f. Auf eine eingehendere Erörterung wird verzichtet, da der Funktionsschadensbegriff sich nicht durchsetzen konnte und von seinem „Erfinder" mittlerweile in wesentlichen Punkten aufgegeben wurde; vgl. Soergel / Mertens, Vor § 249, Rdnr. 60 Fn. 42, Rdnr. 64 Fn. 45, Rdnr. 95 Fn. 26.

87 So Popp, NZA 1988, 455, 456.

chen Zwecksetzung über die Nutzung von Gütern und Ressourcen.[88] Für das Vertragsrecht ist die ausdrückliche Kritik nicht so ausgeprägt. Das beruht zum einen darauf, daß die Sonderstellung des Vertragsrechts nicht genügend berücksichtigt wird; zum anderen folgt es aus der Tatsache, daß das Vertragsrecht Anknüpfungspunkte bietet, die dem Deliktsrecht fehlen. Von einem „Vormarsch" kann aber auch hier angesichts der strikten Verweigerung des Bundesgerichtshofs[89] nicht gesprochen werden.

III. Reformvorschläge

1. Regelung für den gesamten Frustrationsschaden

Eine gesetzliche Regelung des gesamten Frustrationsschadens wird von *Hohloch* vorgeschlagen.[90] Er tritt für die Einfügung eines § 253 a BGB ein, der folgenden Wortlaut haben soll:

> Entschädigung kann auch für Ausgaben verlangt werden, die gemacht worden sind, um einen Vermögensschaden oder einen anderen Nachteil als Vermögensschaden zu verhindern oder zu mindern sowie für Ausgaben, die durch das Ereignis, für das ein anderer verantwortlich ist, ihr Ziel verfehlen. Der Richter kann ihren Ersatz innerhalb der Grenzen der Billigkeit anordnen.

Anknüpfend an einen niederländischen Gesetzesvorschlag[91] werden vergebliche Aufwendungen als immaterieller Schaden begriffen. Da es beim Grundsatz des § 253 BGB bleiben soll, kann nur die Billigkeit Ausnahmen gebieten.

Da der Auftrag der Schuldrechtsreformkommission das allgemeine Schadensrecht nicht mit einschließt,[92] steht nicht zu erwarten, daß sich der Gesetzgeber mit dem Vorschlag *Hohlochs* in näherer Zukunft sachlich befaßt.

Gegen seine Verwirklichung bestünden außerdem Bedenken. Zum einen geht *Hohloch* von Fällen aus, in denen es um Nutzungsausfallschäden geht. Die dort gefundenen Ergebnisse werden hinsichtlich ihrer Übertragbarkeit auf entwertete Aufwendungen nicht überprüft. Zum zweiten darf die Entscheidung über die Ersatzfähigkeit nicht vom Gerechtigkeitsempfinden Einzelner abhängen: es ist keine Frage der Billigkeit, ob entwertete Aufwendungen zu ersetzen sind oder nicht, sondern es bedarf einer prinzipiellen Wertung; das gilt unabhängig von ihrer Einordnung als Vermögens- oder Nichtvermögensschaden. Bedenken sind darüberhinaus an der Bezeichnung als Nichtvermögensschaden anzumelden.[93]

---

88 Deutlich in BGHZ (GS) 98, 212, 220 f.; 101, 325, 332.

89 BGHZ 99, 182, 195, 198.

90 Hohloch, Gutachten I, 1981, S. 420, 438, 474.

91 Dazu Küppers, Verdorbene Genüsse und vereitelte Aufwendungen im Schadensersatzrecht, 1976, S. 42 f.

92 Medicus, AcP 188 (1988), 168, 169.

93 Dazu näher unten 2. Teil B II 3 c.

Kritisch hinzuweisen ist schließlich auf die Gleichbehandlung von entwerteten Aufwendungen und Vorhaltekosten, die sich von der Struktur her erheblich unterscheiden. Diese undifferenzierte Gleichstellung führt letztlich dazu, daß das Verhältnis vom Ersatz entwerteter Aufwendungen zu den anderen Berechnungsalternativen des Schadensersatzes wegen Nichterfüllung — also Wertersatz, Deckungsgeschäft, Kostenrechnung, entgangener Gewinn — nicht geklärt wird. Damit aber wird übersehen, daß sich der Ersatz wertlos gewordener Aufwendungen nicht ohne weiteres mit dem Erfüllungsinteresse vereinbaren läßt.[94]

2. Regelung für Vertragskosten

Ein Reformvorschlag besteht auch für den Sonderfall der Vertragskosten als entwertete Aufwendungen. *Huber* schlägt dafür folgenden Gesetzestext als § 327 b Abs. 3 BGB vor:

> Der Gläubiger kann als Schadensersatz weiterhin Erstattung der ihm durch den Vertrag und durch den Rücktritt entstandenen Kosten verlangen.[95]

Damit werde der Rechtsgedanke des § 467 S. BGB verallgemeinert und auf alle Fälle angewandt, in denen der Schuldner die Vertragsaufhebung zu vertreten habe. Umfassenden Ersatz seiner Kosten als Schadensersatz kann der Gläubiger danach im Rahmen des Schadensersatzes wegen Nichterfüllung, neben Rücktritt und Wandlung verlangen. Bei nicht zu vertretendem Verhalten entfällt der Anspruch gänzlich. Allerdings soll § 467 S. 2 BGB für die Wandlung erhalten bleiben.

Gegen diesen Reformvorschlag ist einzuwenden, daß nach dem Alles-oder-Nichts-Prinzip verfahren wird. Bei zu vertretender Pflichtverletzung umfassender Ersatz; bei nicht zu vertretendem Handeln Wegfall aller Ansprüche. Ob eine solche Rigorosität in allen Fällen angebracht ist, erscheint zweifelhaft. Möglicherweise bietet gerade der Aufwendungsersatz Abstufungsmöglichkeiten.[96] Kritisch hinzuweisen ist auch darauf, daß entwertete Aufwendungen und Aufwendungen infolge der Pflichtverletzung undifferenziert gleichbehandelt werden. Der grundlegende Unterschied zwischen beiden Aufwendungsarten wird damit verkannt.[97] Positiv festzuhalten ist dagegen die Annäherung von Wandlung und Rücktritt auch was die Vertragskosten angeht. Gleichwohl besteht zum Schadensersatz wegen Nichterfüllung noch ein Unterschied, denn davon werden die Vertragskosten bisher nur unter dem Gesichtspunkt der vermuteten Rentabilität erfaßt;[98] diese Einschränkung soll für Rücktritt und Wandlung dagegen nicht gelten.

---

94 Dazu ebenfalls näher unten 3. Teil B I 4, 5.

95 Huber, Gutachten I, 1981, S. 647, 850 f.

96 Vgl. näher dazu unten 4. Teil A III, B.

97 Dazu oben 1. Teil C I.

98 Vgl. oben 1. Teil C II 3 a.

2. Teil

Der Ersatz entwerteter Aufwendungen im grundsätzlichen

A. Grundsätze der Schadensberechnung

Ausgangspunkt jeder rechtpraktischen Schadensberechnung nach dem BGB ist die Differenzhypothese, die ergänzt (und korrigiert) wird durch eine wertende Betrachtung der Interessenlage.[1] Inhalt der Differenzrechnung ist der Vergleich zweier Vermögenslagen, nämlich der mit und der ohne das schädigende Ereignis. Diese scheinbar problemlose Formel wird durch die Frage kompliziert, welche Faktoren mit welchem Gewicht in die Rechnung eingestellt werden dürfen. Grundsätzlich ist zwischen zwei Alternativen zu unterscheiden: der Gläubiger kann so gestellt werden, wie er bei ordnungsgemäßer Erfüllung gestanden hätte oder so, als wenn er sich auf den Vertrag nicht eingelassen hätte. Man spricht im ersten Fall vom positiven oder Erfüllungs-, im zweiten vom negativen oder Vertrauensinteresse.

Trotz der divergierenden Formulierung und des daraus folgenden Verbots, beide Ausdrucksformen des Interesses gleichzeitig nebeneinander dem Schadensersatz zugrunde zu legen, können sie zum gleichen Schadensumfang führen. Darüberhinaus ist es möglich, daß ein und dieselbe Position auf beiden Seiten auftaucht; das gilt etwa für den entgangenen Gewinn. Wenn ein Käufer nach verschuldeter Nichtleistung des Verkäufers Schadensersatz wegen Nichterfüllung verlangt, ist der Gewinn, der dem Käufer entgangen ist, weil ein wirtschaftlich günstiger Weiterverkauf unterbleiben mußte, Bestandteil des positiven Interesses. Hat dagegen nach dem Vertragsschluß der Käufer eine anderweitige Verpflichtung abgelehnt und ficht der Verkäufer nun den Vertrag an, so gehört der entgangene Gewinn aus dem unterbliebenen Geschäft zum negativen Interesse. Das Beispiel zeigt anschaulich, daß die Richtung der Interessenbewertung nicht durch die Art des Schadens bestimmt wird, sondern durch die *Richtung der Geltendmachung.*[2] Entscheidend ist, wie der *Gläubiger* gestellt werden will. Wenn er dazu keine ausdrücklichen Angaben macht, sind aus dem Charakter der Schadens-

---

1 Deutlich für ein solches Vorgehen BGHZ (GS) 98, 212, 217; 99, 182, 196, 198.

2 Gillig, Nichterfüllung und Sachmängelgewährleistung, 1984, S. 32; Köndgen, AcP 177 (1977), 1, 27; Küppers, Verdorbene Genüsse und vereitelte Aufwendungen im Schadensersatzrecht, 1976, S. 60.

posten Rückschlüsse zu ziehen; dies können jedoch nur Indizien sein. Eine andere, davon zu unterscheidende Frage, ist es, ob die Rechtsnormen, auf die das Begehren gestützt wird, diese Berechnungsmethode zulassen. Nur wenn beides übereinstimmt, kann dem Anspruch entsprochen werden. Dieser Zusammenhang besteht auch, wenn Ersatz entwerteter Aufwendungen verlangt wird. In Erinnerung gerufen sei noch einmal, daß es nur um Aufwendungen geht, die aus Anlaß des Vertrages entstanden sind, nicht um solche, die infolge der Vertragsverletzung des Schädigers getätigt wurden.

B. Zuordnung der entwerteten Aufwendungen

I. Bestandteil des positiven Interesses

Man kann die entwerteten Aufwendungen als Teil des positiven Interesses begreifen, wie dies Rechtsprechung und weite Teile der Literatur (Befürworter und Kritiker der Frustrationslehre) tun; unberücksichtigt soll zunächst bleiben, ob als Nichterfüllungs-, Mangel- oder Mangelfolgeschaden. Gedanklich steht die Erwägung im Hintergrund, daß es um die nicht vertragsgerechte Erfüllung eines Vertrages geht, und der Gläubiger das erhalten soll, was er bei pflichtgemäßer Erfüllung wertmäßig gehabt hätte. Der Kausalzusammenhang besteht zwischen der Vertragsverletzung und dem Schadenscharakter der nutzlos gewordenen Aufwendung. Insoweit kann auf die Parallelen zu sonstigen Konstruktionen von Leistungsstörung und Schaden verwiesen werden.[1]

Probleme ergeben sich, wenn die Frage beantwortet werden muß, was der Gläubiger bei vertragsgemäßem Verhalten gehabt hätte. Dies wären nicht die Aufwendungen gewesen, sondern ein damit erkaufter Nutzen, der geringer, gleich oder größer als die Aufwendungen oder wirtschaftlich nicht meßbar, weil immateriell gewesen sein könnte. Die Formel Aufwendung gleich Schaden geht also in den meisten Fällen nicht auf. Dann muß der Vorteil bewertet werden. Die sich daraus ergebenden Schwierigkeiten liegen auf der Hand: auf wessen Maßstab wird bei der Bewertung abgestellt? welcher Zeitpunkt ist entscheidend? soll bei nur immateriellem Vorteil der Ersatz entfallen? wie ist die Lösung mit § 253 BGB zu vereinbaren? wie soll die Gefahr uferloser Ausdehnung der Ersatzpflicht gebannt werden? wie ist das Verhältnis des Aufwendungsersatzes zu anderen Berechnungsmodalitäten des Schadensersatzes?

Für diese Fragen hat die Frustrationslehre bisher keine überzeugenden Antworten gefunden. Im Ergebnis hat das zu einer weitreichenden Ablehnung jeden Ersatzes geführt. Die Rechtsprechung zur Rentabilitätsvermutung fügt sich in dieses Bild, wenn sie die aufgezeigten Probleme auf dem Weg über eine beschränkte Beweislastumkehr umgeht. Vor diesem Hintergrund erscheint die vermutete Rentabilität als Methode, Ersatz entwerteter Aufwendungen nur im gesicherten Fahrwasser des Vermögensschadens zuzusprechen.

---

1 Die Unmöglichkeit fällt etwas aus diesem Kontext, da sie nicht auf das Verhalten des Gläubigers, sondern auf den dadurch hervorgerufenen Erfolg abstellt. Dieser Umstand steht dem Gesagten jedoch nicht entgegen.

Hans Stoll hat die Problematik zu entschärfen versucht, indem er die Aufwendungen selbst mit dem Schaden gleichgesetzt hat. Der Gläubiger habe sich den Erhalt der Leistung einen bestimmten Aufwand kosten lassen; er habe sein Interesse in einem bestimmten Umfang bewertet. Diese Interessenbewertung müsse der Schuldner sich gefallen lassen, wenn er deren Umfang kannte oder kennen mußte. Mit dem Vertragsschluß habe er sich diesem Schadensrisiko ausgesetzt.[2]

Stoll hat seine These aus einer Analyse von Fällen des anglo-amerikanischen Rechtskreises abgeleitet. Als entscheidendes Argument hat er herausgelesen, daß die Aufwendungen *within the contemplation of the parties*, also für den Schädiger wenigstens konkret vorhersehbar gewesen sein mußten. Diesem Befund kann nicht zugestimmt werden; maßgeblich war keineswegs der Vorhersehbarkeits-, sondern der Vertrauensgedanke.[3] Das amerikanische Recht stellt nicht vornehmlich auf die Sicht des Schuldners = Schädigers ab, sondern auf die Perspektive des Gläubigers = Geschädigten. Des weiteren spielt die Vorhersehbarkeit im anglo-amerikanischen Rechtskreis seit dem englischen *leading case Hadley v. Baxendale*[4] eine besondere Rolle. Das deutsche Recht berücksichtigt Vorhersehbarkeitserwägungen bei der Schadensberechnung nach zu vertretenden Leistungsstörungen dagegen grundsätzlich nicht.[5] Der Schuldvorwurf muß sich nur auf die haftungsbegründende Pflichtverletzung, nicht auf den dadurch hervorgerufenen Schaden beziehen; anders bei § 826 BGB. Im Bereich der nicht zu vertretenden Vertragsstörungen spielt die Vorhersehbarkeit zwar eine Rolle, ist aber nur einer von mehreren Wertungsgesichtspunkten.

Anzuzweifeln ist auch die praktische Durchschlagskraft des vorgeschlagenen Weges. In aller Regel werden Gläubiger und Schuldner über die Aufwendungen jeder Seite nicht sprechen, da darin eine beschränkte Offenlegung der eigenen Kalkulation, der eigenen Investitionsentscheidungen zu sehen wäre. Dem ist auch mit dem Fahrlässigkeitsvorwurf nicht abzuhelfen. Den späteren Schuldner trifft weder eine Frage- noch eine Nachforschungspflicht, den Gläubiger keine Informationspflicht. Der Anwendungsbereich wäre daher von vornherein auf die wenigen praktischen Fälle positiven Wissens beschränkt.

Gegen die Lösung aufgrund einer Interessenbewertung des Gläubigers spricht zudem ein speziell vertragsrechtlicher Aspekt. Wenn Gläubiger und Schuldner die möglicherweise entwerteten Aufwendungen beim Vertragsschluß in ihre Wil-

---

2 Hans Stoll, Festschrift für Duden, 1977, S. 641, 651; vgl. auch ders., JZ 1978, 797, 798 und Gillig, Nichterfüllung und Sachmängelgewährleistung, 1984, S. 422.

3 Siehe oben 1. Teil B III 1, 2.

4 9 Exch. 341, 156 Eng. Rep. 145 (1854).

5 Dem Vorhersehbarkeitsgedanken standen schon die Verfasser des BGB kritisch gegenüber; vgl. Motive, Band II, S. 18. Darüberhinaus kritisch Rengier, Abgrenzung des positiven Interesses vom negativen Vertragsinteresse und vom Integritätsinteresse, 1977, S. 37; Soergel / Wiedemann, Vor § 275, Rdnr. 54 und Vor § 323, Rdnr. 27 ff.

lensbildung aufgenommen haben, schlägt sich dies im Preis-Leistungs-Verhältnis nieder. Das würde Preissteigerungen nach sich ziehen, da der Schuldner sein Risiko möglichst umfassend abdecken würde.[6] Des weiteren würde mit dem Erfüllungsversprechen die mögliche Nichterfüllung gekoppelt. Der Sekundäranspruch wäre bereits in seinem Mindestumfang festgelegt. Das führt im Ergebnis zur Vereinbarung einer Vertragsstrafe, die neben die herkömmlichen Schadenspositionen tritt; sachlich wird dem § 340 Abs. 2 BGB entsprochen. Eine Vertragsstrafe kann jedoch nicht Regelsanktion bei Vertragsverletzungen sein. Sie bedarf einer besonderen Vereinbarung, die dem Schuldner ihre Bedeutung klarmacht. Ansonsten würde der, wenn auch beschränkte, Schutzmechanismus der §§ 339 ff. BGB unterlaufen.

II. Bestandteil des negativen Interesses

1. Interessebezug

Der Ansatzpunkt *Hans Stoll's* erweist sich jedoch als zutreffend. Die Beantwortung der angeführten Fragen läßt sich ungezwungen nur mit einer Lösung erreichen, die in den Aufwendungen selbst und nicht in der Enttäuschung der damit verbundenen Erwartungen den Schaden sieht. Das ist möglich, wenn man an den Vertragsschluß anknüpft. Der Gläubiger hat Aufwendungen getätigt, weil der Schuldner sich verpflichtet hat, seiner Leistungspflicht nachzukommen. Ohne dieses Versprechen hätte der Gläubiger nach aller Lebenserfahrung die Aufwendungen nicht vorgenommen,[7] da dies einer vorsätzlichen Selbstschädigung gleichgekommen wäre. Durch die Pflichtverletzung des Schuldners sind die Aufwendungen für den Gläubiger — ganz oder teilweise — entwertet worden; der erhoffte Nutzen ist nicht eingetreten. Wenn der Gläubiger nun die Rückgabe dieser Aufwendungen verlangt, geht sein Interesse dahin, so gestellt zu werden, als wenn das Leistungsversprechen nicht abgegeben worden wäre und er daher die Aufwendungen nicht getätigt hätte. Er will so gestellt werden, als sei vom Vertrag nie die Rede gewesen. Kurz gesagt: er macht sein *negatives Interesse* geltend.[8]

---

[6] Ströfer, Schadensersatz und Kommerzialisierung, 1982, S. 266.

[7] Zu dem Sonderfall von vor dem Vertragsschluß angefallenen Aufwendungen siehe unten 5. Teil A.

[8] Ebenso jetzt für den Ersatz entwerteter Aufwendungen auf der Grundlage einer ausdrücklichen vertraglichen Vereinbarung OLG Frankfurt NJW-RR 1990, 281, 282 f. Vergleichbar Keuk, Vermögensschaden und Interesse, 1972, S. 157; Küppers, Verdorbene Genüsse und vereitelte Aufwendungen im Schadensersatzrecht, 1976, S. 62; Rengier, Abgrenzung des positiven Interesses vom negativen Vertragsinteresse und vom Integritätsinteresse, 1977, S. 86; ähnlich, aber eingeschränkter schon v. Tuhr, kritVJSchr 47 (1906), 63, 65 f.

Das wird besonders anschaulich, wenn der Vertrag insgesamt in ein Liquidationsstadium überführt wird, also vor allem wenn Schadensersatz wegen Nichterfüllung, Rücktritt oder Wandlung verlangt werden. Besteht der Gläubiger auf rechnerischer Vertragsdurchführung, indem er einen Minderwert des Vertragsgegenstandes oder Gewinn aus einem entgangenen Weiterverkauf geltend macht, ist für wertlos gewordene Aufwendungen kein Raum. Trägt er dagegen Ansprüche auf Aufwendungsersatz vor, erstrebt er die Herstellung des status quo ante. Er will zudem nicht den mit den Aufwendungen beabsichtigten Vorteil als Bewertungsgrundlage dem Schadensumfang zugrunde legen, denn mit der Lösung vom Vertrag ist ein etwaiger Nutzeffekt irrelevant geworden; er spielt nur hinsichtlich des Ersatzumfangs eine Rolle.[9]

Schwieriger ist zu beantworten, ob sich diese Überlegungen auch dann halten lassen, wenn der Vertrag nicht liquidiert, sondern aufrecht erhalten wird, wenn also neben den Primäranspruch ein Begleitschaden tritt; als Beispiel soll § 286 Abs. 1 BGB herangezogen werden. Grundsätzlich ist auch in diesem Bereich vorstellbar, daß Aufwendungen infolge der Verzögerung zwecklos werden. Dazu folgendes Beispiel:

> Anläßlich einer informellen Vorführung einer neuen technischen Entwicklung mietet ein Aussteller Räumlichkeiten an und lädt Vertreter interessierter Firmen zu verschiedenen Terminen zwecks Vorführung ein; um ein möglichst großes Echo zu erzielen, bietet er an, die Reisen zu vermitteln und die Kosten zu übernehmen. Infolge Verschuldens des Vermieters sind die Räumlichkeiten zwei Tage zu spät verfügbar, so daß die zu diesen Terminen angereisten Besucher unverrichteter Dinge wieder abreisen. An den folgenden Tagen wird der Mietvertrag korrekt durchgeführt. Durch den Verzug sind die Aufwendungen des Ausstellers für die Vertreterreisen an den ersten beiden Tagen nutzlos geworden.

Ob diese Aufwendungen aus § 286 Abs. 1 BGB zu ersetzen sind, soll zunächst offenbleiben und nur gefragt werden, ob sich die These von der Geltendmachung des negativen Interesses auf infolge Verzuges nutzlose Aufwendungen übertragen läßt. Für die Dauer der Verzögerung ist es nicht zur Vertragsdurchführung gekommen; erst nach Behebung der Vertragsstörung erfüllte der Vermieter seine Leistungspflicht. Wenn der Gläubiger nun Aufwendungsersatz geltend macht, verlangt er, so gestellt zu werden, als wenn auch von seiner Seite für die ersten beiden Tage vom Vertrag nie die Rede gewesen sei. Sein Ziel ist es, sein zeitlich begrenztes negatives Interesse durchzusetzen.

Die gleiche Konstellation der beschränkten Geltendmachung des negativen Interesses ist auch bei anderen Begleitschäden denkbar. Wenn infolge eines vom Vermieter nach § 538 BGB[10] zu vertretenden Umstandes Aufwendungen des

---

[9] Vgl. dazu unten 3. Teil B I 5 a bb; Stichwort: Verlusteinwand.

[10] § 538 BGB ist trotz anderslautender Formulierung in aller Regel kein Fall von Schadensersatz wegen Nichterfüllung im bürgerlich-rechtlichen Sinne, sondern ein neben den Primäranspruch auf Erfüllung der mietvertraglichen Verpflichtungen tretender Begleitschaden; vgl. Wiedemann, Festschrift Rechtsw. Fak. Köln, 1988, S. 367, 391 Fn. 97.

Mieters nutzlos werden und dieser Ersatz verlangt, erstrebt er so gestellt zu werden, als sei bezogen auf diesen Mangel des Mietgegenstandes vom Vertrag nie die Rede gewesen.[11] Er macht ein inhaltlich beschränktes negatives Interesse geltend.

Der Gedanke des negativen Interesses erweist sich also nicht nur im Falle der Liquidation des Vertrages in toto, sondern auch dann als tragfähig, wenn es um Begleitschäden geht, die neben den Primäranspruch treten. Das negative Interesse wird hier zeitlich, inhaltlich oder gegenständlich beschränkt geltend gemacht. Das gilt zunächst unabhängig davon, ob die angesprochene Ersatznorm auch die entwerteten Aufwendungen erfaßt.

2. Vertrauensgedanke

Innere Rechtfertigung für die Verantwortlichkeit des Schuldners ist der *Vertrauensgedanke*. Zu unterscheiden sind zwei Stadien des Vertrauens; die Grenze zwischen beiden wird von der Leistung des Vertragsgegenstandes durch den Schuldner gezogen, ohne daß es darauf ankäme, ob auch bei mangelhafter Leistung Erfüllung i. S. d. § 362 BGB eintritt oder nicht.

Im Stadium vor der Leistung ist Anküpfungspunkt des Gläubigervertrauens die *Erfüllungszusage* des Schuldners, er werde seinen Verpflichtungen wie vereinbart nachkommen. Das hat bei dem Gläubiger zu dem Entschluß und dessen Umsetzung geführt, in Erwartung der Leistung Aufwendungen zu tätigen:

— Der Fabrikbetreiber hat die zur Aufstellung der Maschinen erforderlichen kostenintensiven Vorkehrungen bereits treffen lassen, bevor der Werkunternehmer die Erfüllung verweigerte.

— Das Kunstmuseum hat nach dem Erwerb eines wertvollen Bildes einen Ausstellungsraum herrichten und sichern lassen; der Veräußerer übereignet jedoch an einen Dritten.

— Der Händler hat bereits vor Anlieferung der bestellten Waren kostenträchtige Bemühungen für den Weiterverkauf unternommen; sein Lieferant hat den Liefertermin zwar bestätigt, später aber schuldhaft übersehen.

In der zweiten Fallgruppe nach der Lieferung durch den Schuldner besteht für ein Vertrauen in das Erfüllungsversprechen kein Anlaß. Der Gläubiger ist bereits im Besitz des Vertragsgegenstandes; damit ist ein unmittelbareres Bezugsobjekt seines Vertrauens vorhanden. Daher ist für einen Vertrauensschutz nur noch Raum, wenn der Gläubiger die Fehlerhaftigkeit der geleisteten Sache weder erkannt hat noch hätte erkennen können. Bis dahin vertraut er darauf, daß der

---

[11] Von dieser Vorstellung scheint auch MünchKomm / Voelskow, § 538, Rdnr. 13 auszugehen.

Geschäftsgegenstand den gesetzlichen Anforderungen oder der vertraglich vorausgesetzten Beschaffenheit entspricht und die ausdrücklich oder konkludent zugesicherten Eigenschaften hat. Der Gläubiger vertraut also auf die *Vertragsgerechtigkeit* der Leistung:

— Der Hersteller von Modewaren hat nach der Lieferung des bestellten Stoffes diesen ausgerüstet; nach der Verarbeitung stellt sich heraus, daß die zugesicherten Reißfestigkeitswerte nicht eingehalten wurden.

— Der Unternehmenskäufer hat Gutachten von Beratungsgesellschaften zwecks Umstrukturierung seines Gewerbes vergeben; nach deren Erstattung muß er feststellen, daß die Bilanzen der letzten Jahre, die wesentliche Vertragsgrundlage waren, gefälscht worden sind.

— Ein Walzwerksbetreiber bestellt weichgeglühten Stabstahl. Nach der Fertigung von Sechskant-Schrauben durch einen beauftragten Subunternehmer ergeben Untersuchungen, daß der Stahl die geforderte Zähigkeit durch mangelhaftes Kalt-Nachziehen durch den Lieferanten verloren hat. Die Beauftragung des ausführenden Unternehmers geschah im Vertrauen auf die Mangelfreiheit des Stahls.

Beide Fallgruppen lassen sich unter dem Stichwort des Vertrauens in die *ordnungsgemäße Vertragsdurchführung* zusammenfassen. Der Schwerpunkt der praktischen Anwendung wird im ersten Bereich liegen. Hier sind alle Fälle von Unmöglichkeit, Verzug, Erfüllungsverweigerung, Vertragszweckgefährdung und Teile der Mängelhaftungsregelungen angesprochen: der Vertragsbruch liegt in der Nichtleistung oder in einer vom Gläubiger sofort erkennbaren Schlechtleistung. In der zweiten Untergruppe geht es um Fälle von Gewährleistungshaftung, in denen die Fehlerhaftigkeit des geleisteten Gegenstandes nicht feststellbar war. Beide Fallgruppen haben keinen gegenseitigen Ausschlußcharakter; das Vertrauen in das Erfüllungsversprechen kann sich nach der Lieferung vielmehr fortsetzen in einem Vertrauen auf die Vertragsgerechtigkeit des Leistungsobjektes.

Das Vertrauen muß ein *berechtigtes* sein: nur in dieser Ausprägung ist es schützenswert. Im Ansatz ist zunächst jedes Vertrauen in die ordnungsgemäße Vertragsdurchführung ein berechtigtes. Der Eintritt der Schutzunwürdigkeit ist von zusätzlichen Umständen abhängig zu machen. Diese sind gegeben — insoweit in beiden Kategorien übereinstimmend —, sobald der Gläubiger von der Vertragsstörung Kenntnis erlangt hat oder hätte erlangen können. Dabei ist zu berücksichtigen, daß eine Informations- oder Nachforschungspflicht des Gläubigers hinsichtlich der Vertragstreue seines Schuldners nicht anzuerkennen ist. Der Vorwurf fahrlässigen Nichtwissens wird sich in aller Regel daher kaum halten lassen; die Untersuchungs- und Rügepflichten für Kaufleute nach den §§ 377, 378 HGB können hier jedoch eine Rolle spielen. Die Schutzwürdigkeit entfällt grundsätzlich, wenn die Aufwendungen erst nach der Zerstörung des Vertrauens anfallen. In den oben angeführten Beispielsfällen etwa, wenn der Fabrikbesitzer das Fundament für die Aufstellung der Maschinen noch errichten läßt, obwohl der Lieferant die Erfüllung bereits ernsthaft verweigert hat; wenn der Modehersteller weiteren Stoff ausrüsten läßt, obwohl bereits erste Stichproben die mangelnde Reißfestigkeit aufgezeigt haben. Nicht auf die Aufwendungen selbst ist abzustellen, wenn der Gläubiger kraft Vertrages mit einem Dritten, der von ihm einseitig nicht storniert werden kann, zur Tätigung der Aufwendungen verpflichtet ist. Hier ist für den Schutz entscheidend, daß die vertragliche Verpflichtung zu einem Zeitpunkt eingegangen wurde, als die Mangelhaftigkeit der Ware weder bekannt war noch hätte bekannt sein können; hatte in dem obigen Beispiel der Walzwerksbetreiber etwa den Gesamtauftrag zur Fertigung der Sechskant-Schrauben bereits erteilt, als er von der Fehlerhaftigkeit des Stahls noch nicht wußte, so ist es unerheblich, daß seine Gegenleistung für die Tätigkeit des Subunternehmers erst nach dem Wegfall des Vertrauens fällig wurde.

Das sich in den Dispositionen (man kann auch von Wechseln auf die Zukunft sprechen) manifestierende Vertrauen hat der Schuldner durch die Vertragsverletzung enttäuscht. Die Aufwendungen sind dadurch entwertet worden und nehmen für den Gläubiger den Charakter eines Schadens an. Mit der Enttäuschung des Vertrauens entsteht für den Schädiger die Verpflichtung, die daraus resultierenden Konsequenzen zu tragen. Diese können vom Gläubiger in der Weise festgelegt werden, daß er hypothetisch Erfüllung wählt oder aber sein negatives oder Vertrauensinteresse der Schadensberechnung zugrundelegt. Ab dem Vertragsschluß übernimmt der Schuldner das Risiko, daß die Aufwendungen nicht aus einem von ihm zu vertretenden Grund entwertet werden; er darf das hervorgerufene Vertrauen nicht enttäuschen.[12] Entscheidend ist insofern nicht die Sicht des Vertrauenden, sondern die *Handlungsperspektive*. Diese Anknüpfung an die Pflichtverletzung was den Haftungsgrund angeht, stellt die Parallele zum Haftungssystem des BGB her, das nicht auf den Geschädigten abstellt, sondern das Verhalten des Schädigers als maßgeblich ansieht.

Das Vertrauen auf Seiten des Gläubigers muß sich keineswegs auf besondere Anhaltpunkte stützen oder diesem auch nur bewußt sein. Die Überlegungen gelten auch, wenn ein konkretes Vertrauen nicht gebildet wird (anonyme Märkte). Es reicht aus, daß die Aufwendungen in einem allgemeinen, gleichsam typisierten Vertrauen[13] getätigt wurden. Insoweit ist der Bemerkung von *Canaris* zuzustimmen, daß derjenige am meisten vertraut, der sich dieses Umstandes nicht bewußt ist.[14] Auch in dem Extremfall, daß dem Vertragspartner bewußt oder unbewußt

---

12 Ähnlich LG Frankfurt FVE 10 Nr. 1055, S. 237, 239; Soergel / Wiedemann, § 325, Rdnr. 53; Hans Stoll, JZ 1987, 517, 518.
Von dem — hier nicht geteilten — Ausgangspunkt her, Ersatz für immaterielle Schäden zu begründen vgl. auch Braschos, Ersatz immaterieller Schäden im Vertragsrecht, 1978, S. 60; Küppers, Verdorbene Genüsse und vereitelte Aufwendungen im Schadensersatzrecht, 1976, S. 62.

13 Der BGH gebraucht diesen Begriff im Zusammenhang mit der Prospekthaftung; vgl. BGHZ 71, 284, 287; 76, 231, 234; 79, 337, 341; BGH NJW 1990, 2461, 2462.

mißtraut wird, kann Raum für den Ersatz entwerteter Aufwendungen sein, denn trotz allen Risikobewußtseins (z. B. beim Kauf eines Gebrauchtwagens) manifestiert sich doch gerade in nach dem Vertragsschluß getriebenem Aufwand die Vorstellung „es wird schon alles gut gehen", also ein, wenn auch schwächerer, Grad von Vertrauen.

Vertrauensgrundlage ist weniger die Person des Vertragspartners, als der Vertrag und dessen Inhalt selbst. Wenn das Vertrauen — wie in aller Regel — von außerhalb der vertraglichen Bindung liegenden Umständen motiviert ist (Sekundärzweck), so steht dies einem Schutz des Vertrauens nicht entgegen, da ohne die vertragliche Erfüllungszusage das Vertrauen nicht hätte entstehen können. Anlaß, wenn auch nicht Ursache, war jedenfalls der Glaube an die korrekte Vertragsdurchführung. Auszuscheiden haben nur die praktisch kaum denkbaren Fälle, daß Aufwendungen in der Gewißheit vorgenommen werden, es werde höchstwahrscheinlich nicht zur vertragsgerechten Erfüllung kommen.

Der Ersatz der entwerteten Aufwendungen wird damit auf eine eigenständige Grundlage gestützt. Im Gegensatz zur Frustrationslehre wirkt haftungsbegründend nicht die Vertragsstörung als solche, sondern die damit verbundene Enttäuschung des mit dem Vertragsschluß im Zusammenhang stehenden Vertrauens. Die Grundlage des Ersatzes ist zweigeteilt: *Hervorrufen und Enttäuschen eines berechtigten Vertrauens*. Dies entspricht der Aufbaustruktur des negativen Interesses. Die sich für die Frustrationslehre stellende Hauptschwierigkeit, den mit den Aufwendungen erkauften Vorteil bewerten zu müssen, besteht hier von vornherein nicht: es bedarf keiner Bewertung, da in den Aufwendungen selbst der Schaden zu sehen ist. Damit ist der Schädiger nicht jeder noch so unvernünftigen Interessenbewertung — insoweit kommt dem Begriff von *Stoll* eine gewisse Richtigkeit zu — ausgesetzt. Er wird vielmehr durch Ersatzgrenzen zu schützen sein, wobei jedoch von einer Prärogative des Gläubigers auszugehen ist.[15]

3. Kontrollüberlegungen

a) Vergleichbare Konstellationen

aa) Risikotragung qua Vertrag

Der Aspekt der „Risikoversicherung" des Gläubigers durch das vertragliche Leistungsversprechen des Schuldners ist in der Rechtsprechung nicht gänzlich unbekannt. Unabhängig von ausdrücklichen Risikoübernahmen, die unter der Ägide des § 305 BGB zulässig sind, gibt es Fälle, in denen den Bundesgerichtshof

---

[14] Canaris, Vertrauenshaftung im deutschen Privatrecht, 1971, S. 503 f.

[15] Vgl. im einzelnen dazu unten 3. Teil B I 5 a bb, Stichwort: Verlusteinwand; 5. Teil B III 2.

Überlegungen zur Risikoverteilung auf der Basis von Vertrauensgedanken zum Ersatz entwerteter Aufwendungen geführt haben. Die Entscheidungen sind im Bereich zwischen privatem und öffentlichem Recht angesiedelt.

Wenn eine Gemeinde bei der Bauleitplanung mit Privatunternehmen zusammenarbeitet, darf sie diesen keine verbindlichen Zusagen über noch offene Ergebnisse der Planung machen: sie kann sich nicht verpflichten, einen Bebauungsplan mit bestimmtem Inhalt zu erlassen oder verbindlich zusichern, daß aus Bauerwartungsland Bauland wird. Dies stünde im Widerspruch zu einem interessengerechten, grundsätzlich unabhängigen und umfassenden Abwägungsvorgang (§ 1 Abs. 6 BauGB).[16] Da aber Privatunternehmen nur selten „ins Blaue hinein" Ausgaben auf sich nehmen, gibt es vor der Grenze der Rechtswidrigkeit eine Grauzone, in der ein Vertrauen hervorgerufen wird, daß die Planung in die eine oder andere Richtung gehe. Wenn sich diese Absichten nicht verwirklichen, werden die z. B. bei einem Architekten bereits angefallenen Aufwendungen für die Gestaltung und Bebauung des Planbereichs gänzlich oder mindestens teilweise entwertet. Da die Zusammenarbeit von Körperschaften des öffentlichen Rechts mit privaten Unternehmen als wünschenswert angesehen wird (Kosteneinsparungen der öffentlichen Hand, Nutzung des Know-How, Effektivität der Planung usw.[17]), wird es als unbillig empfunden, dem Privatunternehmen das Risiko allein und unbegrenzt aufzubürden.

In Fällen, in denen keine Ansprüche wegen Amtspflichtverletzung oder vorvertraglichen Fehlverhaltens bestanden, hat der Bundesgerichtshof eine vertragliche Risikoübernahme erwogen und bejaht:[18]

> „Wenn auch in solchen Fällen keine Verpflichtung des Planungsträgers besteht, ein einmal eingeschlagenes Planungskonzept unter allen Umständen zu Ende zu führen, so wird sich doch der private Partner in aller Regel auf Absichts- und Wissenserklärungen des Planungsträgers einrichten. ... so kann sie andererseits im Einzelfall durch ihr Verhalten einen Tatbestand setzen, ... aus dem sich aber die Verpflichtung ergeben kann, dem privaten Partner für den Fall des späteren Fehlschlagens der Planung aus Gründen, die in der Sphäre der Gemeinde liegen, einen finanziellen Ausgleich für nutzlos erbrachte Aufwendungen zu gewähren. ... Ob eine Risikoübernahme vorliegt, ist durch Auslegung der ausdrücklichen und schlüssigen Willenserklärungen der Gemeinde und des mit ihr kooperierenden Privaten unter Würdigung aller Umstände des Einzelfalles zu ermitteln (§§ 133, 157 BGB). Dabei ist namentlich die objektive Interessenlage zu berücksichtigen."[19]

Zwar wird das Ergebnis aus einer vertraglichen Risikoübernahme abgeleitet; gleichwohl lassen sich aus den sonstigen Ausführungen verallgemeinerbare Schlüsse ziehen. Das gilt vor allem für das „Sich-Einrichten-Dürfen" aufgrund

---

16 BGHZ 71, 386, 390; 76, 16, 26; 76, 343, 347; vgl. auch BGH VP 1986, 184.

17 BVerwGE 45, 309, 317; BGH LM Nr. 57 zu § 133 BGB (C).

18 BGHZ 71, 386, 396; 76, 16, 25; 76, 343, 347; BGH LM Nr. 57 zu § 133 BGB (C); BGH NJW 1990, 245.

19 BGH LM Nr. 57 zu § 133 BGB (C).

der Erklärungen des Partners. Wenn sich ein privater Architekt, obwohl er von der grundsätzlich unverbindlichen Situation weiß oder wissen muß, trotzdem auf Erklärungen verlassen darf, weil er von der Rechtsordnung geschützt werden soll, ist dies bei anderen vertraglichen Beziehungen ebenso einsichtig: zwischen den Vertragsparteien ist der Inhalt des Vertrages verbindlich, der Gläubiger darf auf die Erfüllung vertrauen; er darf sich darauf einrichten und dies auch äußerlich erkennbar durch die Tätigung von Aufwendungen unterstreichen. Das „Sich-Einrichten-Dürfen" beruht auf einer — und insoweit gerade anders als im Bereich der vertraglichen Primärhaftung — durchsetzbaren Grundlage. Das durch ein Erfüllungsversprechen entstehende Vertrauen ist zudem wesentlich stärker, als wenn es sich auf eine bloße Absichtserklärung gründete.

Wenn der Bundesgerichtshof das Ergebnis aus einer vertraglichen Risikoübernahme herleitet, die er durch Auslegung ermittelt, so geschieht dies, um konstruktiv in den Bahnen des BGB zu bleiben. Relativiert wird das jedoch schon durch die Erwägung, daß namentlich die objektive Interessenlage maßgebend ist. Die erforderlichen Anhaltspunkte in den ausdrücklichen oder konkludenten Äußerungen werden auf Minimalanforderungen beschränkt. In einem der entschiedenen Fälle reichte eine Vertragsklausel aus, in der eine Gemeinde lediglich ihre Absicht bekundet hatte, ein Gelände zügig aufzuschließen und zur Bebauung freizugeben.[20] Vom Risiko der Nichterfüllung oder der Verteilung von Schadensfolgen war nie die Rede. Sachlich wurde dem Architekten damit ein Schadensersatzanspruch wegen absprachewidrigen Verhaltens der Gemeinde zugebilligt.

bb) Risikotragung qua (drittschützende) Amtspflicht

Im Amtshaftungsrecht nach Art. 34 GG i. V. m. § 839 BGB sind Fälle angesiedelt, in denen der Bundesgerichtshof den Ersatz entwerteter Aufwendungen ebenfalls maßgeblich mit hervorgerufenem und später enttäuschtem Vertrauen begründet hat.

Erteilt eine Gemeinde einen Bauvorbescheid, in dem sie schuldhaft die tatsächlich nicht gegebene Bebaubarkeit eines Grundstücks zusichert, so hat sie für die im Vertrauen auf die Richtigkeit der Auskunft getätigten Aufwendungen, die sich infolgedessen als wertlos erweisen, Ersatz zu leisten.[21] Der Käufer durfte darauf vertrauen, daß die Bebaubarkeit des Grundstücks solange erhalten blieb, wie sich die planungsrechtliche Situation nicht änderte. Ihm wurde daher zugestanden, seinen Schaden nach dem Mehrpreis für den Erwerb des vermeintlichen Baulandes und den unnütz gewordenen Finanzierungskosten zu bemessen.

Größere Breitenwirkung kommt der Rechtsprechung in den sogenannten Altlasten-Fällen zu. Dabei geht es um Pflichtverletzungen kommunaler Entscheidungs-

20 BGHZ 76, 16, 18.
21 BGH NJW 1988, 2884, 2886 = WM 1988, 1615, 1617.

träger, die Bebauungspläne für Bereiche aufgestellt haben, in denen das Wohnen und Arbeiten mit erheblichen Gefahren für Körper und Gesundheit verbunden ist, weil Grund und Boden verseucht sind. Das kann etwa auf der früheren Ansiedlung von Industrieanlagen oder sogenannten wilden Deponien beruhen. Der Bundesgerichtshof hat in neuerer Zeit aufgrund derartigen Fehlverhaltens Schadensersatz aus Art. 34 GG i. V. m. § 839 BGB zugesprochen und für den Ersatzumfang — neben anderen Schadensposten — auf den Ersatz entwerteter Aufwendungen für den Erwerb des Grundstücks und den Bau des Hauses abzüglich eines etwa noch erzielbaren Weiterverkaufspreises zurückgegriffen. Zur Begründung hat er maßgeblich auf Vertrauenserwägungen abgestellt:

> „Der Bebauungsplan als die verbindliche außenwirksame Bodennutzungsregelung soll gerade (auch) in den Fällen, in denen die angestrebte Nutzung des Bodens „Standortprobleme" hervorruft, den im Gemeindegebiet wirksamen wirtschaftlichen und gesellschaftlichen Kräften eine verläßliche Grundlage für die Entscheidung über die Wahl des Wohnsitzes und etwa damit verbundene Investitionen geben. ... Durch die Ausweisung von Flächen für die Wohnbebauung wird bei dem Bürger das Vertrauen erweckt, daß keine Flächen im Plangebiet derart mit Schadstoffen belastet sind, daß für die Wohnbevölkerung Gefahren entstehen können. Dieses Vertrauen wird gerade dadurch legitimerweise begründet, daß die Gemeinde bei der Planung die Frage der Bodenverseuchung in ihre Erwägungen mit einbeziehen muß. ... Das Gebot bei der Bauleitplanung die allgemeinen Anforderungen an gesunde Wohn- und Arbeitsverhältnisse zu beachten, schützt die Grundstückseigentümer, Erwerber und Bauherren vielmehr auch gegen Vermögensverluste, die sie dadurch erleiden, daß sie im Vertrauen auf eine ordnungsgemäße gemeindliche Planungsentscheidung Wohnungen errichten oder kaufen, die nicht bewohnbar sind."[22]

Anknüpfungspunkt für das Vertrauen ist bei der Amtshaftung nicht die Amtspflicht als solche, denn diese besteht grundsätzlich nur im Interesse der Allgemeinheit und kann einen Schadensersatzanspruch allein nicht tragen. Erforderlich ist vielmehr eine ihr zukommende drittschützende Wirkung. Diese ist zu bejahen, wenn sich „aus den die Amtspflicht begründenden und sie umreißenden Bestimmungen sowie aus der Natur des Amtsgeschäfts ergibt, daß der Geschädigte zu dem Personenkreis gehört, dessen Belange nach dem Zweck und der rechtlichen Bestimmung des Amtsgeschäfts geschützt und gefördert sein sollen". Letztendlich kommt es also auf den Schutzzweck der Amtspflicht an.[23] Unabhängig von der Abgrenzung des geschützten Personenkreises im einzelnen ist festzuhalten, daß der Aufwendungsersatz an eine individualisierbare Sonderbeziehung zwischen dem Geschädigten und dem Träger der Planungshoheit geknüpft wird. Der Grad des Vertrauensverhältnisses ist ein relativ allgemeiner, da er sich auf einen zwar begrenzten, aber zum Zeitpunkt der Planungsentscheidung noch nicht konkret

---

22 BGHZ 106, 323, 333 f.

23 BGHZ 39, 358, 363; 84, 292, 299; 106, 323, 331 (m. Anm. Ossenbühl, JZ 1989, 1125, 1127); 110, 1, 9, 10 (m. Anm. Ossenbühl, JZ 1990, 649); BGH JZ 1990, 645, 647 (m. Anm. Ossenbühl).

benennbaren Personenkreis bezieht; ausreichend ist auch der nachträgliche Erwerb eines im Planbereich liegenden Grundstücks oder Hauses. Infolge der Sonderbeziehung geht jedoch das geschützte Vertrauen über das allgemein vom Deliktsrecht angesprochene Vertrauen hinaus.

Die Parallele zum Ersatz entwerteter Aufwendungen bei Vertragsstörungen liegt auf der Hand: jeweils besteht eine besondere Pflicht im Verhältnis von Schädiger und Geschädigtem. Dies ist im einen Fall eine an das Gesetz angelehnte, im anderen eine vertragliche. Das Ausmaß des Vertrauens ist bei der vertraglichen Bindung typischerweise stärker, da es an eine ausdrückliche oder zumindest konkludente Erfüllungszusage im Vertrag anknüpft. Dieser weitgehende Bezug auf ein einzelnes Rechtsverhältnis läßt sich dagegen bei der Amtspflichtverletzung nicht feststellen. Wertend ist daraus der Schluß zu ziehen, daß bei einem Mehr an gewährtem Vertrauen auch für das Vertragsrecht ein Ersatz wertlos gewordener Aufwendungen als angemessen erscheint. Nur angefügt sei, daß in den genannten Entscheidungen Zweifel an der Kausalität der Aufwendungen oder an deren materiellem Charakter mit keinem Wort auch nur angedeutet werden. Die gegen die insoweit gleichgelagerte Frustrationslehre massiv erhobenen Bedenken haben ersichtlich keine Rolle gespielt.[24]

Festzuhalten ist, daß in der Rechtsprechung des Bundesgerichtshofs Fallgestaltungen außerhalb der gesetzlichen Regelungen zum Ersatz des negativen Interesses nachweisbar sind, in denen der Schaden nach den Aufwendungen berechnet wurde, die durch das Verhalten einer Partei veranlaßt und durch eine Pflichtverletzung derselben Partei entwertet wurden; richtungsweisend was Inhalt und Umfang der Ersatzpflicht angeht, waren jeweils Vertrauensüberlegungen.

b) Einheitslösung

Gestützt wird die Anknüpfung an den Vertrauensgedanken mit der Konsequenz des negativen Interesses weiterhin von der Erwägung, daß eine Einheitslösung für alle infolge von Vertragsverletzungen entwerteten Aufwendungen angeboten wird. Die durch die Rentabilitätsvermutung geschaffene künstliche Differenzierung in „sich rentierende" und andere Aufwendungen erweist sich als überflüssig. Sie beruht auf einer Sichtweise, die zwei Kategorien des Wirtschaftens unterscheidet: auf der einen Seite stehen die Unternehmen, deren Tätigkeit auf die Erzielung

---

[24] Hingewiesen sei letztlich auf § 39 BauGB, der Aufwendungen betrifft, die im Vertrauen auf einen rechtsverbindlichen Bebauungsplan getätigt wurden und danach durch eine Änderung, Aufhebung oder Ergänzung des Bebauungsplanes ihren Wert (teilweise) verloren haben. Wenn das BauGB insoweit von Entschädigung spricht, steht das der hier vertretenen Ansicht, daß es sich beim Ersatz entwerteter Aufwendungen um einen Vermögensschaden handelt, entgegen; diese Einordnung läßt sich jedoch aus dem Zusammenhang des § 39 BauGB mit dem System der öffentlich-rechtlichen Entschädigungsansprüche erklären.

von Gewinn ausgerichtet ist; hier ist der Einzugsbereich der Rentabilitätsvermutung. Auf der anderen Seite steht das Verhalten der privaten Haushalte, das auf eine Nutzenmaximierung ausgerichtet ist, die nicht vornehmlich materieller Natur bzw. kaum quantifizierbar ist. Diese letztere Kategorie fällt durch das grobmaschige Netz, das der Bundesgerichtshof gespannt hat, da Rentabilität im Sinne dieser Rechtsprechung nicht angestrebt wird.

Das Festhalten an einem System zweier sich ausschließender Bereiche verkennt, daß es Überlappungen gibt; Unternehmen verfolgen auch andere Ziele als das der Gewinnmaximierung und privaten Haushalten kommt es auch auf die Mehrung materieller Werte an.[25] Ausschlaggebend kann also nicht die Bindung an das Wirtschaftssubjekt als solches sein, sondern nur die Beurteilung ihrer Verhaltensweisen. Dann aber ist nicht einsehbar, warum beispielsweise Aufwendungen im Zusammenhang mit Gewinnerzielung durch Unternehmen, mit der Mehrung von Vermögen durch private Verbraucher oder mit der Steigerung immaterieller Genüsse bei Vertragsverletzungen grundsätzlich unterschiedlich behandelt werden sollten. Divergenzen können sich in den Bereichen der Feststellung der Aufwendungen oder des Ersatzumfanges ergeben, nicht aber bei der Ersatzfähigkeit im Grundsatz.

c) Ersatz immateriellen Schadens?

Der vorgeschlagenen Lösung steht nicht das gegen die Frustrationslehre vorgebrachte Argument entgegen, das sich auf § 253 BGB stützt. § 253 BGB verbietet lediglich, von Ausnahmefällen abgesehen (§§ 651 f Abs. 2, 847, 1300 BGB, § 53 Abs. 3 LuftVG, § 97 Abs. 2 UrhG, § 35 Abs. 1 S. 2 GWB), den Ersatz immaterieller Schäden. Die Aufwendungen haben jedoch höchst materiellen Charakter.

Insoweit wird ein Gedanke verallgemeinert, der dem BGB keineswegs fremd ist, sondern der in § 1298 BGB Ausdruck gefunden hat. Hier wird gleichfalls an die Aufwendungen aus Anlaß des Verlöbnisses in Erwartung der Ehe angeknüpft, deren Ersatzfähigkeit jedoch erst aus dem späteren Rücktritt abgeleitet, ohne daß es auf einen wirtschaftlich meßbaren Vorteil ankäme. Vielmehr wird bewußt auf diesen verzichtet. Dem könnte entgegengehalten werden, daß § 1298 BGB eine nicht verallgemeinerbare Sonderregelung enthalte oder gar im Umkehrschluß Aufwendungsersatz verbiete. Dem ersten Einwand kann im Prinzip zugestimmt werden; er steht der vertretenen Auffassung jedoch nicht entgegen, da es lediglich um die Verdeutlichung geht, daß der Vertrauensgedanke im Hinblick auf Aufwendungen auch dem BGB selbst nicht gänzlich fremd ist. Der zweite mögliche Gegeneinwand ist mit dem ersten zu widerlegen: man kann nicht aus

---

25 Anerkannt wurde dies sachlich spätestens mit dem Beschluß des Großen Senats zum Nutzungsausfall; vgl. BGHZ (GS) 98, 212.

einer familienrechtlichen Sondernorm Rechtswirkungen für das gesamte Schuldrecht ableiten. Das gilt insbesondere, wenn der Gesetzgeber den Rechtscharakter des Verlöbnisses bewußt offen gelassen hat.[26] Ein derartiges argumentum e contrario könnte außerdem nur für immaterielle Vertragszwecke greifen, wäre also in der Aussagekraft erheblich eingeschränkt.

In nicht ganz so klarer Form, im Anwendungsbereich beschränkt und hinsichtlich der Aufwendungen infolge des Vertragsschlusses und derjenigen infolge der Vertragsverletzung nicht unterscheidend, liegt der gleiche Gedanke auch den §§ 467 S. 2, 488 BGB, § 2 Abs. 1 S. 1 AbzG zugrunde. Er tritt außerdem deutlich zutage in § 35 Abs. 2 S. 1 VerlG, §§ 41 Abs. 6, 42 Abs. 3 S. 1, 2 UrhG. Wenn es bei den zuletzt genannten jeweils heißt, daß die vom Ersatzberechtigten gemachten Aufwendungen zu ersetzen sind, so sind damit solche gemeint, die im Vertrauen auf die Vertragsdurchführung entstanden sind. Das ergibt sich auch aus der Begründung zum Ministerialentwurf eines Urheberrechtsgesetzes zu § 36, der sachlich dem heutigen § 41 UrhG entspricht. Darin wird davon ausgegangen, daß es den schutzwürdigen Interessen des Nutzungsberechtigten entspreche, wenn der Urheber nach erfolgtem Rückruf die Aufwendungen zu ersetzen habe, die im Vertrauen auf das Nutzungsrecht entstanden seien; dies stelle einen Teil der Entschädigung dar.[27] Das entscheidende Moment war das Hervorrufen durch das Verhalten des Verfassers/Urhebers. Die Enttäuschung des Vertrauens durch den Rückruf oder Rücktritt löst den Ersatzanspruch aus. Dabei geht es um den Ausgleich von Vermögenseinbußen, keinesfalls um immaterielle Schäden.[28] Hinzukommt, daß der Rücktritt/Rückruf des Verfassers oder Urhebers ein Rechtsbehelf ist, der vom Gesetz ausdrücklich zur Verfügung gestellt wird. Wenn aber ein erlaubtes Verhalten die Nebenfolge des Aufwendungsersatzes auslösen kann, und deren Ersatz gleichsam den Preis für die Lösung von der vertraglichen Bindung darstellt, muß dies erst recht bei vertragsbrüchigem Verhalten möglich sein.

Die Einordnung als Vermögensschaden wird zudem dadurch gestützt, daß die Bedenken der Verfasser des BGB, die zur Schaffung des § 253 BGB geführt haben, auf die entwerteten Aufwendungen gerade nicht zutreffen. § 253 BGB war maßgeblich davon motiviert, eine „dem deutschen Recht fremde Souveränität“ der Richter gegenüber dem Schuldverhältnis zu verhindern. Insbesondere das „Affektionsinteresse oder der Werth der besonderen Vorliebe“ sollten deshalb nicht berücksichtigungsfähig sein.[29] Diese Angst vor einer richterlichen Bewertungsfreiheit oder — aber wohl weniger — einem richterlichen Bewertungszwang

---

26 Motive, Band IV, S. 2 f.; Protokolle, Band IV, S. 2.

27 Entwürfe des Bundesjustizministeriums zur Urheberrechtsreform, 1959, S. 43 a. E.

28 Bappert / Maunz / Schricker, Verlagsrecht, 1984, § 35, Rdnr. 9, 27; v. Gamm, Urheberrechtsgesetz, 1968, § 42, Rdnr. 9; Junker, GRUR 1988, 793, 798; Schricker / Dietz, Urheberrecht, 1987, § 42, Rdnr. 29.

29 Motive, Band II, S. 22.

erscheint bei der Entwertung von Aufwendungen unbegründet. Für einen Freiraum, der durch eine Bewertung aufzufüllen wäre, besteht kein Grund, da in den Aufwendungen selbst der Schaden zu suchen ist. Ihre Höhe steht ebenso wie der Umfang der Entwertung fest; auch die Vertrauensgrundlage läßt sich ohne Schwierigkeiten ermitteln. Insoweit besteht ein tragender Unterschied zu tatsächlich immateriellen Schäden, wie etwa dem Ersatz des Affektionsinteresses.

Anderes ergibt sich auch nicht aus den §§ 651 f Abs. 2, 847, 1300 BGB, § 53 Abs. 3 LuftVG, § 97 Abs. 2 UrhG, § 35 Abs. 1 S. 2 GWB;[30] im Gegenteil, diese Normen stützen gerade die Ansicht, daß es sich bei entwerteten Aufwendungen um einen Vermögensschaden handelt. § 651 f Abs. 2 BGB gewährt eine angemessene Entschädigung wegen nutzlos aufgewendeter Urlaubszeit; in § 847 Abs. 1 S. 1 BGB geht es um eine billige Entschädigung in Geld für die Verletzung des Körpers oder der Gesundheit, einer Freiheitsentziehung, für ein Verbrechen oder Vergehen gegen die Sittlichkeit oder für eine mit besonderen Mitteln erzwungene Gestattung der außerehelichen Beiwohnung unter erschwerenden Umständen, soweit der Schaden nicht Vermögensschaden ist; aus § 1300 Abs. 1 BGB kann eine unbescholtene Verlobte eine billige Entschädigung wegen Gestattung der Beiwohnung für den Schaden verlangen, der nicht Vermögensschaden ist; auf der Grundlage des § 53 Abs. 3 LuftVG kann bei einer Verletzung von Körper oder Gesundheit durch militärische Luftfahrzeuge auch für den Schaden, der nicht Vermögensschaden ist, eine billige Entschädigung in Geld zugesprochen werden; über § 97 Abs. 2 UrhG haben bei Verletzung eines Urheberrechtes bestimmte Geschädigte die Möglichkeit, eine Entschädigung in Geld auch wegen des Schadens zu verlangen, der nicht Vermögensschaden ist, wenn und soweit es der Billigkeit entspricht; § 35 Abs. 1 S. 2 GWB gewährt eine billige Entschädigung in Geld, wenn die Aufnahme in eine Wirtschafts- oder Berufsvereinigung abgelehnt wurde, obwohl die Aufnahme durch Verfügung der zuständigen Kartellbehörde nach § 27 GWB angeordnet war.

Während für die letzten fünf Normen schon der Gesetzestext von immateriellen Umständen spricht, für deren Verletzung Ersatz verlangt werden kann, war dies für § 651 f Abs. 2 BGB zunächst umstritten, ist aber heute weit überwiegende Ansicht.[31] Die Regelungen haben anspruchsbegründende Wirkung, d. h. erst sie erlauben es, in Abkehr von § 253 BGB Ersatz zuzusprechen.[32] Das ist unmittelbar

---

30 Ähnliche Vorschriften zum Ersatz von Nichtvermögensschäden finden sich in § 29 Abs. 2 AtomG, § 7 Abs. 3 StrEG, § 34 Abs. 1 Nr. 2 BGSG und den §§ 49-61 BSeuchenG.

31 Vgl. LG Frankfurt NJW-RR 1988, 1451; LG Hannover NJW-RR 1989, 633, 634; Führich, Reiserecht, 1990, Rdnr. 324; W. Müller, Schadensersatz auf Grund verdorbenen Urlaubs, 1986, S. 119.

32 Das wird nicht dadurch in Frage gestellt, daß vor dem Inkrafttreten des Reisevertragsgesetzes auf der Basis der Kommerzialisierungslehre eine Entschädigung gewährt wurde (vgl. W. Müller, Schadensersatz auf Grund verdorbenen Urlaubs, 1986, S. 18). Es wird auf diese Weise im Gegenteil vielmehr belegt, daß vertane Urlaubszeit ein in

einsichtig, da elterliche Zuwendung,[33] Freizeit,[34] Langeweile,[35] Schmerzen,[36] Guter Ruf, Urheberrecht, Versagung der Mitgliedschaft oder Benachteiligung wegen des Geschlechts[37] ideelle Umstände sind, die nach dem System des BGB mangels Monetarisierbarkeit grundsätzlich keiner Ersatzpflicht zugrunde gelegt werden können. Äußerlich wird dies dokumentiert durch die Wortwahl: eine Entschädigung ist möglich und diese muß angemessen oder billig sein. Mit anderen Worten bedeutet dies, daß ein objektiv meßbarer Schaden gerade nicht festgestellt werden kann. Genau das aber ist bei entwerteten Aufwendungen anders; ihr Ausmaß ist ohne Schwierigkeiten zu ermitteln.[38] Von einer Entschädigung kann daher keine Rede sein: der nachgewiesene (Vermögens-)Schaden ist zu ersetzen, der Betrag der Aufwendungen, soweit sie entwertet worden sind.[39]

Würde man dagegen frustrierte Aufwendungen tatsächlich als Nichtvermögensschaden begreifen, müßte dies auch dann gelten, wenn BGB-Normen den Ersatz des negativen Interesses ausdrücklich anordnen. Auf den Gedanken, die §§ 122 Abs. 1, 179 Abs. 2, 307, 309, 523 Abs. 1, 524 Abs. 1, 600, 611 a Abs. 2, 795 Abs. 2, 1298, 1299 BGB als Ausnahmeregelungen zu § 253 BGB zu verstehen, die den Ersatz immaterieller Schäden betreffen, ist soweit ersichtlich denn auch noch niemand gekommen.[40]

Wirklichkeit immaterieller Umstand ist, der ökonomisiert wurde, um § 253 BGB aus dem Wege zu gehen.

33 Eingehend BGHZ 106, 28, 30 = NJW 1989, 766; dazu Grunsky, JZ 1989, 345 und Schlund, JR 1989, 238.

34 AG Berlin-Schöneberg NJW 1989, 2824: Freizeitgenuß durch Vertragskonsens kommerzialisiert!

35 OLG Köln ZIP 1989, 1583, 1584.

36 Dazu Ott / Schäfer, JZ 1990, 563.

37 BAG BB 1989, 630; dazu kritisch Wiese, JuS 1990, 357 m. weit. Nachw.

38 Wenn es darum geht, Arbeitskraft zu bewerten, gilt anderes; vgl. Weimar, NJW 1989, 3246 m. weit. Nachw.

39 Lapidar LG Frankfurt NJW-RR 1989, 1213: Frustrationsschaden ist allgemeiner Vermögensschaden.

40 Nur hingewiesen sei auf den Umstand, daß heute die mit § 253 BGB angeblich vom BGB verfolgten Ziele schon deswegen skeptisch zu beurteilen sind, weil die Gesetzgebungsgeschichte Zweifel daran aufkommen läßt, daß die Väter des BGB sich der Tragweite des § 253 BGB vollkommen bewußt waren. Magnus nimmt an, daß die Mitglieder der Ersten Kommission lediglich den grundsätzlichen Ersatz immaterieller Schäden ausschließen und dies dann in Vorschriften im Obligationen- und Deliktsrecht im Stile der heutigen §§ 847, 1300 BGB in Sonderfragen korrigieren wollten. Dieser Beschluß — so seine Vermutung — sei dann infolge des komplizierten Beratungsganges und der Tatsache, daß v. Kübel als Redaktor des Schuldrechts infolge Krankheit keinen Gesamtentwurf, sondern nur Teilentwürfe zu einzelnen Materien vorlegte und vor dem Abschluß der Arbeiten verstorben war (1884) und daher für das restliche Schuldrecht auf den Dresdener Entwurf von 1866 zurückgegriffen werden mußte, in Vergessenheit geraten oder doch in seiner Bedeutung in den folgenden Jahren verkannt worden. Es habe daher — so die Schlußfolgerung — keineswegs die Absicht der BGB-Verfasser bestanden, den Grundsatz des § 253 BGB in dieser Stringenz durchzuhalten. Vgl. näher Magnus, Schaden und Ersatz, 1987, S. 312.

d) Verzicht auf Kausalität?

Einzugehen ist weiterhin auf eine Kausalitätsfrage. Man könnte der vorgeschlagenen Konzeption vorhalten, sie verzichte auf die Kausalität zwischen Pflichtverletzung und Schaden, da die Aufwendungen auch bei vertragsgerechter Lieferung angefallen wären und somit keine Verbindung zu der Leistungsstörung bestehe.[41] Wenn sich dieser Einwand als tragfähig erweisen würde, stünde ein bereits gegen die Frustrationslehre erhobenes Bedenken in Rede, das mit der hier vertretenen Lösung gerade vermieden werden sollte.

Der Einwand beruht jedoch auf einer Verkennung der Aufbaustruktur des negativen Interesses. Der zeitliche Ablauf von Fällen, in denen es um den Ersatz entwerteter Aufwendungen geht, kann skizzenhaft folgendermaßen umschrieben werden: Vertragsschluß = haftungsbegründendes Element — Anfallen der Aufwendungen — haftungsauslösendes Moment = Entwertung und damit Ersatzfähigkeit der Aufwendungen. Es ist also gerade ein Charakteristikum des Vertrauensschadens, daß der Schaden vor dem die Haftung nach sich ziehenden Umstand angelegt, aber erst danach als solcher entstanden ist. Es ist geradezu denklogisch unmöglich, daß es zu den Ausgaben erst nach dem entsprechenden Verhalten des Schädigers gekommen ist, denn zu diesem Zeitpunkt bestand für ein Vertrauen kein Anlaß mehr, das den Ersatz rechtfertigen könnte. Man kann von einer zweistufigen Struktur der Kausalität sprechen: der Vertragsschluß löst den Aufwand aus; auf einer zweiten Stufe führt die Pflichtwidrigkeit zur Ersatzfähigkeit als Schaden. Die Kausalität kann somit nicht ernsthaft bezweifelt werden, wie dies bei den Normen, die Ersatz negativen Interesses zusprechen, denn auch nicht geschieht.[42] Dies hat zur Konsequenz, daß Aufwendungen, die nach dem Wegfall des Vertrauenstatbestandes vorgenommen wurden, mangels Kausalität dem Schadensersatzanspruch nicht zugrunde gelegt werden können.

Im übrigen kommt dem Einwand mangelnder Kausalität auch gegenüber der Frustrationslehre kein ausschlaggebendes Gewicht zu. Wenn die Frage nach einer Ergänzung der Differenzhypothese bejaht und der enge Schadensbegriff normativ erweitert wird, ist es inkonsequent, einem Kausalbegriff im naturwissenschaftlichen Sinne verhaftet zu bleiben. Dies gilt auch für ein Verharren in der Vorstellung, daß jeder Schaden der Pflichtverletzung unter allen Umständen zeitlich nachfolgen muß.[43] Das Verständnis von Kausalität ist vielmehr ein in gleicher Weise normatives wie beim Schaden; sein Inhalt wird nicht begrifflich oder zeitlich, sondern wertend bestimmt.[44]

---

41 BGHZ 99, 182, 201.

42 So schon RG Recht 1912, Nr. 1594; allerdings mit der unzutreffenden Schlußfolgerung, daß die entwerteten Aufwendungen daher als Nichterfüllungsschaden anzusehen seien.

43 So aber Stark, Festschrift für Max Keller, 1989, S. 311, 315.

44 Zur Kausalität von Vorhaltekosten Lieb, Festschrift für Steindorff, 1990, S. 705, 716 f.

e) Widersprüchliches, zur Besserstellung führendes Gläubigerverhalten?

Auf einem ähnlichen Vorverständnis beruht der Einwand, daß der Gläubiger nicht einerseits am Vertrage festhalten, also das Erfüllungsinteresse verlangen, und andererseits Ersatz frustrierter Aufwendungen auf der Basis des negativen Interesses beanspruchen könne; ein solches Verhalten sei widersprüchlich.[45]

Dem kann nur zugestimmt werden. Der Einwand trifft jedoch nicht das in Rede stehende Problem, denn daß sich die Schadensberechnung zugleich positiv und negativ vornehmen läßt, ist grundsätzlich ausgeschlossen. Es geht vielmehr um die Frage, ob es nicht einen konstruktiv und vom Ergebnis her diskussionswürdigen Ansatz gibt, der zum Ersatz aller Arten von nutzlos gewordenen Aufwendungen führen kann. Als solcher könnte sich der Vertrauensgedanke erweisen. Das negative Interesse würde nicht neben das positive treten können, sondern im wesentlichen unter bestimmten Voraussetzungen lediglich alternativ an dessen Stelle. Ob mit dem Aufwendungsersatz eine ungerechtfertigte Besserstellung verbunden ist, was den Ersatzumfang angeht, hängt von der Frage ab, ob das Erfüllungsinteresse in allen Fällen die Obergrenze des zuzusprechenden Vertrauensschadens bildet. Dies ist für die einzelnen Rechtsbehelfe und auch für die unterschiedlichen Rechtsfolgen in gesonderter Weise zu beantworten.[46]

4. Übertragbarkeit ins Deliktsrecht?

Letztlich sei auf die Frage eingegangen, ob und wenn ja, inwieweit der Ersatz entwerteter Aufwendungen auf der hier vorgeschlagenen Grundlage auf Ansprüche aus unerlaubter Handlung übertragen werden kann. Dies erscheint nur eingeschränkt möglich, weil bei Haftungsbegründung und Interessenlage miteinander nicht vereinbare Wertungsgesichtspunkte kollidieren. Zum einen fehlt der Vertrauensaspekt im Deliktsrecht vielfach und bildet doch andererseits das entscheidende Moment für die Herleitung der Ersatzpflicht bei Vertragsstörungen. Das allgemeine Vertrauen in ein pflichtgemäßes Verhalten aller am Rechtsleben Teilnehmenden, oder bezogen auf den Schädiger gar nur das Verbot, fremde Rechtsgüter zu beeinträchtigen, reicht zur Haftungsbegründung nicht aus. Die Intensität eines abstrakten Vertrauens bleibt hinter dem der Sonderbeziehung „Vertrag" typischerweise maßgeblich zurück. Gefordert ist ein konkretisierbares Vertrauen in bestimmte Zusagen des Inanspruchgenommenen. Lenkt man den Blick auf die Interessenlage, so gilt für das Vertragsrecht, daß der Schuldner durch sein Versprechen die Ursache für den Aufwand gesetzt hat. Durch den Vertragsinhalt ist der Umfang der bei der Schadensberechnung zu berücksichtigenden Aufwendungen hinreichend genau bestimmbar. An beiden Merkmalen

[45] So Ströfer, Schadensersatz und Kommerzialisierung, 1982, S. 266.

[46] Vgl. dazu unten den nach Rechtsbehelfen aufgegliederten 3. Teil B.

fehlt es im Deliktsrecht. Der Schädiger müßte für die Disposition des Geschädigten einstehen, ohne, was Anlaß oder Umfang angeht, darauf Einfluß gehabt zu haben. Der geschädigte Vertragspartner ist demgegenüber schützenswerter — zudem auch schutzbedürftiger —, da er die Aufwendungen im Hinblick auf die Zusage ordnungsgemäßer Erfüllung getätigt hat. Insoweit muß deutlich zwischen vertraglicher und deliktischer Haftung unterschieden und von der Anspruchsgrundlagenunabhängigkeit des allgemeinen Schadensrechts Abschied genommen werden.[47]

Anderes mag in Ausnahmefällen gelten, wenn auch der deliktische Anspruch auf ein Sondervertrauen oder — ähnlich wie im Rahmen des § 839 BGB[48] — ein gleichwertiges Surrogat gestützt werden kann, das den Ersatz der entwerteten Aufwendungen rechtfertigt. Damit wird dem Umstand Rechnung getragen, daß Vertrauen keine vertragsspezifische Besonderheit ist, sondern auch im nichtvertraglichen Bereich einen Geschehensablauf steuern kann. Im Deliktsrecht ist dieser Tatbestand jedoch gesondert festzustellen, während bei Vertragsstörungen auf den Vertragsschluß zurückgegriffen werden kann. Besteht eine vergleichbare Sonderbeziehung, wird auch die Interessenlage entsprechend zu beurteilen sein.

Ob der Gedanke, das Deliktsrecht beziehe sich auf den Schutz bereits bestehender Vermögenspositionen, während es beim Aufwendungsersatz im Vertragsrecht um die Disposition über zukünftigen Erwerb und damit eine weniger gesicherte und daher weniger schutzwürdige Rechtsposition gehe, den Ersatz frustrierter Aufwendungen im Deliktsrecht rechtfertigen kann,[49] braucht hier nicht entschieden zu werden. Es erscheint jedoch als zweifelhaft, ob das isolierte Rechtsgut, auf das die Aufwendungen gemacht wurden, der richtige Anknüpfungspunkt ist; kommt es — auch mit der Intention einer Haftungsbegrenzung — nicht vielmehr darauf an, ob und inwieweit ein Zusammenhang zwischen den Aufwendungen und dem konkreten Verhalten des Schuldners besteht? Einem relativen Recht innerhalb einer Sonderbeziehung kann daher sehr wohl weitreichenderer Schutz innewohnen, als einem absoluten im allgemeinen Rechtsverkehr.

---

47 Undeutlich z. B. Lange, Schadensersatz, 1990, S. 254, der zwar das Fehlen eines Vertrauenstatbestandes nur mit Delikt in Verbindung bringt, damit aber gleichzeitig suggeriert, dieser Umstand spreche auch gegen den Ersatz entwerteten Aufwands auf vertraglicher Ebene.

48 Dazu oben 2. Teil C II 3 a bb.

49 So Gillig, Nichterfüllung und Sachmängelgewährleistung, 1984, S. 422 Fn. 536.

3. Teil

Der Ersatz entwerteter Aufwendungen als Rechtsfolge zu vertretender Vertragsstörungen

Die vorgeschlagene vertrauensbezogene Konzeption kann als solche den Ersatz entwerteter Aufwendungen nur schwer legitimieren. In unserem auf Anspruchsgrundlagen und dogmatische Stimmigkeit ausgerichteten Denken ist für eine allgemeine Vertrauenshaftung nur wenig Raum.[1] Das ist zumindest solange berechtigt, wie es gesetzliche Anknüpfungspunkte gibt, auf die sich ein Vorschlag stützen kann. Die normative Regelung gibt dem Rechtsanwender Kriterien an die Hand, die Voraussetzungen und Rechtsfolgen (mit-)bestimmen. Ohne gesetzliche Verankerung müßten diese frei gefunden werden, was die Gefahr einer gewissen Beliebigkeit nach sich zöge. Diese ist gerade dann besonders groß, wenn allein aus Vertrauenserwägungen konkrete Lösungen abgeleitet werden sollen, da sich unterschiedlichste Regelungen in letzter Konsequenz als Verfeinerungen dieses Prinzips darstellen.

Die Suche nach gesetzlichen Anhaltspunkten kommt an einer gravierenden Differenzierung unseres Rechtssystems nicht vorbei, dem Vertreten-Müssen.[2] Während in diesem Bereich angesichts des Schuldvorwurfs das Alles-oder-Nichts-Prinzip beherrschend ist, kommt in der Kategorie der nicht zu vertretenden Vertragsstörungen einer Vielzahl von Wertungsgesichtspunkten Bedeutung zu, die eine getrennte Untersuchung erforderlich machen. Zunächst daher zu den zu vertretenden Vertragsstörungen.

---

1 Der BGH lehnt eine allgemeine Vertrauenshaftung nicht von vornherein ab, wenn er formuliert: „... geht es vielmehr um eine Weiterführung der Grundgedanken einer Vertrauenshaftung ... in einem bestimmten, vom Gesetzgeber als regelungsbedürftig nicht vorhergesehenen, aber ausfüllungsbedürftigen Bereich; vgl. BGHZ 79, 337, 341. Vgl. auch BGHZ 70, 337, 343, wo der BGH einen Dritten, der selbst nicht am Vertrag beteiligt war, wegen Enttäuschung des in Anspruch genommenen Vertrauens nach Vertragsschluß für schadensersatzpflichtig hielt.

2 Zur Ausrichtung des Leistungsstörungsrechts nach Verantwortungsbereichen vgl. Soergel / Wiedemann, Vor § 275, Rdnr. 11 ff.

A. Versuch einer einheitlichen Ableitung

I. Analoge Anwendung der §§ 307, 309, 523 Abs. 1, 524 Abs. 1 BGB

Ein Anspruch auf Aufwendungsersatz könnte sich aus der analogen Anwendung von schuldrechtlichen Normen ergeben, die ein Vertreten Müssen des in Anspruch Genommenen auf der Tatbestandsseite und als Rechtsfolge den Ersatz des negativen Interesses vorsehen. Diese Voraussetzungen werden von den §§ 307, 309, 523 Abs. 1, 524 Abs. 1 BGB erfüllt. Im strukturellen Aufbau unterscheiden sie sich nur beim Grad des Verschuldens: während für die §§ 307, 309 BGB Fahrlässigkeit ausreicht, ist bei den §§ 523 Abs. 1, 524 Abs. 1 BGB die besondere Vorsatzform der Arglist erforderlich. Anknüpfungspunkt für die Haftung ist die Sondersituation des Vertragsschlusses. Die §§ 307, 309 BGB enthalten die Rechtsfolgen für ein Verhalten, das trotz des Wissens um die Unwirksamkeit des Vertrages die Verpflichtung eingeht und den anderen Teil einem Schadensrisiko aussetzt; die Haftung entfällt dann schlüssigerweise, wenn der Geschädigte selbst das Hindernis (fahrlässig nicht) kannte. Die §§ 523 Abs. 1, 524 Abs. 1 BGB beruhen auf dem Gedanken einer arglistig unterlassenen Aufklärung beim Vertragsschluß.

Das Gemeinsame der angeführten Normen ist, daß das haftungsbegründende Verhalten beim Vertragsabschluß liegt. Diese Situation ist für den Ersatz entwerteter Aufwendungen aber gerade nicht typisch. Zwar wird mit Abgabe der eigenen Willenserklärung ein Vertrauen erzeugt; dies stellt jedoch keine Pflichtwidrigkeit dar. Der Vorwurf entsteht erst durch ein späteres Verhalten, das zu der Entwertung führt und den Ersatz rechtfertigt. Auf der Voraussetzungsseite besteht — neben dem abweichenden Grad des Verschuldens — ein gravierender Unterschied zwischen den §§ 307, 309, 523 Abs. 1, 524 Abs. 1 BGB und dem Aufwendungsersatz. Eine Analogie, die darüber hinwegsehen und allein die (auch nur teilweise) Übereinstimmung in den Rechtsfolgen als maßgeblich ansehen würde, wäre in der Rechtsanwendung wenig hilfreich. Gegen eine Analogie zu den §§ 307, 309 BGB spricht zudem, daß die Rechtfertigung dieser Regelungen verbreitet in Zweifel gezogen und ihre Aufhebung im Wege der Schuldrechtsreform vorgeschlagen wird.[1] Die aufgezeigte Analogie ist daher abzulehnen.

---

[1] Larenz, Schuldrecht I, 1987, § 8 III, S. 104; Medicus, Gutachten I, 1981, S. 479, 510 f.; ders., AcP 188 (1988), 168, 173; die Regelung verteidigend Fikentscher, Schuldrecht, 1985, § 43 II 4, S. 231.

II. Analoge Anwendung des § 252 BGB

Eine Analogie setzt zunächst die Feststellung des Regelungshintergrundes von § 252 BGB voraus. § 252 S. 1 BGB hat nur deklaratorische Bedeutung; der Gedanke der Totalreparation findet schon in § 249 BGB hinreichend Ausdruck. Der Gesetzgeber wollte klarstellen, daß von der Leistung des ganzen Interesses sowohl die positive Vermögenseinbuße (damnum emergens) als auch der entgangene Gewinn, die negative Vermögenseinbuße (lucrum cessans) erfaßt wird.[2] § 252 S. 2 BGB kommt dagegen im Zusammenhang mit § 287 ZPO eine eigenständige Bedeutung zu: er enthält eine Beweiserleichterung dahingehend, daß es ausreicht, wenn der Gläubiger darlegt und beweist, welchen Gewinn er nach gewöhnlichem Verlauf der Dinge wahrscheinlich erwirtschaftet hätte.[3] Die Geltendmachung eines weiteren Gewinns ist ihm nicht zu verweigern, wenn er dessen Entgang durch die Pflichtverletzung zur vollen Überzeugung des Gerichts beweisen kann.

Anknüpfungspunkt für eine Analogie könnte der Gesichtspunkt sein, daß § 252 BGB Dispositionsschutz gewährt und zwar im Hinblick auf weggefallene Vermögensmehrungen. Man könnte das so verstehen, daß das Vertrauen des Gläubigers in den verkehrsüblichen Verlauf geschützt wird: dann hätte er einen Gewinn wahrscheinlich erzielt. Das Prinzip des Aufwendungsersatzes sieht auf den ersten Blick ähnlich aus. Bei vertragsgemäßem Verhalten des Schuldners wären die Gläubigeraufwendungen nicht entwertet und der verfolgte Zweck erreicht worden.

Dem stehen gleichwohl Bedenken entgegen. § 252 S. 2 BGB stellt eine bloße Beweiserleichterung dar. In den Motiven zum BGB heißt es: „Durch ihn erhält die Praxis im Hinblicke auf § 260 ZPO die nöthige Anweisung, aus der erhellt, daß einestheils die volle Gewißheit ... nicht erforderlich sei, andererseits aber auch die bloße Möglichkeit ... nicht ausreiche, daß vielmehr eine gewisse Wahrscheinlichkeit entscheide".[4] Damit wird dem Umstand Rechnung getragen, daß es dem Gläubiger in einer Vielzahl von Fällen äußerst schwer fallen würde, darzulegen und zu beweisen, aufgrund welcher Besonderheiten er welchen Ge-

---

2 Motive, Band II, S. 17.

3 Die gegenteilige Auffassung, die in § 252 S. 2 BGB eine materielle Begrenzung für die Ersatzfähigkeit des entgangenen Gewinns sah — der Gläubiger sollte in allen Fällen daran gehindert sein, mehr als den wahrscheinlichen Gewinn verlangen zu können — kann als überholt gelten; vgl. aus der ersten Hälfte des 20. Jahrhunderts schon auf der Basis des heutigen Verständnisses RGZ 68, 165; Enneccerus, Lehrbuch des Bürgerlichen Rechts, I. Band, II. Abteilung, 1910, § 235 IV, V, S. 31; Oertmann, BGB, 1928, § 252, Anm. 2 b; aus neuerer Zeit BGHZ 29, 393, 397; 77, 16, 19; BGH NJW 1979, 865, 866; BGH WM 1989, 1259; Soergel / Mertens, § 252, Rdnr. 1.
Vertreter der materiellen Betrachtungsweise waren in der zweiten Hälfte des 20. Jahrhunderts etwa Staudinger / Werner, 10./11. Aufl. 1967, § 252, Rdnr. 8, 11; Steindorff, AcP 158 (1959/60), 431, 462.

4 Motive, Band II, S. 18.

winn erwirtschaftet hätte; das soll ihm erleichtert werden. Weitergehende, generalisierende Aussagen insbesondere über die Entwertung von Vermögenseinsatz und wohl auch über die Reichweite der Dynamisierung des Vermögens überhaupt sind in § 252 BGB nicht enthalten und können sinnvoll in ihn auch nicht hinein interpretiert werden.

Der gewichtigste Einwand gegen eine entsprechende Anwendung des § 252 BGB ist aus dem Vertrauensgedanken abzuleiten. Aufwendungen der hier interessierenden Art werden im Vertrauen auf die Zusagen des Schuldners vorgenommen und infolge der Pflichtverletzung entwertet. Dieses zeitliche Zwischenstadium entfällt für den Gewinnersatz vollständig. Daran zeigt sich, daß der Gesichtspunkt des Vertrauens keine Rolle spielt; unabhängig von konkretem oder abstraktem Vertrauen auf das Verhalten des Schuldners gestattet es die Rechtsordnung dem Gläubiger, seiner Ersatzforderung eine bestimmte Berechnungsmethode zugrunde zu legen. Durch das Vertrauen als solches wird nichts veranlaßt. Alleiniger Bezugspunkt ist die Pflichtverletzung. Die Vorschrift, die eingeschränkt positiven Dispositionsschutz gewährt, würde daher inhaltlich überdehnt, wenn man sie zur Grundlage umfassenden, auch negativen Dispositionsschutzes machen würde. Eine analoge Anwendung des § 252 BGB kann den Ersatz entwerteter Aufwendungen daher ebenfalls nicht rechtfertigen.

III. Verletzung einer Offenbarungspflicht

1. Culpa in contrahendo

Denkbar wäre eine Anwendung der Grundsätze über die culpa in contrahendo auf den Ersatz entwerteter Aufwendungen. Haftungsauslösendes Moment könnte die Verletzung einer Offenbarungspflicht beim Abschluß des Vertrages sein. Daß der Schaden erst später entsteht, spricht nicht gegen die Bejahung der Haftung, denn es ist gerade der bezeichnende Umstand für einen Hauptanwendungsbereich der culpa in contrahendo, daß der nach Erfüllung eintretende Schaden auf ein Ereignis bei Vertragsschluß zurückbezogen wird.

Gleichwohl ist dieser Ansatz ähnlichen Bedenken ausgesetzt wie die Analogie zu den §§ 307, 309, 523 Abs. 1, 524 Abs. 1 BGB, was darauf beruht, daß diese Normen weit überwiegend als Sonderfälle des Verschuldens bei Vertragsverhandlungen angesehen werden, die von den Verfassern des BGB im Gegensatz zur allgemeinen culpa in contrahendo ausdrücklich geregelt worden sind.[5] Hinzu-

---

[5] Zu §§ 307, 309 BGB: BGHZ 76, 16, 30; BGH LM Nr. 1 zu § 307 BGB; Jauernig / Vollkommer, § 307, Anm. 1 a; MünchKomm / Söllner, § 307, Rdnr. 1; Soergel / Wiedemann, Vor § 275, Rdnr. 102 f.; a. A. Flume, Allgemeiner Teil II, 1975, § 10 5, S. 129; Hans Stoll, Festschrift für v. Caemmerer, 1978, S. 435, 439.
Zu §§ 523 Abs. 1, 524 Abs. 1 BGB: Krückmann, AcP 101 (1907), 1, 235; Larenz,

kommt, daß das Vertrauen an die Erfüllungszusage des Schädigers bzw. die Vertragsgerechtigkeit der Leistung anknüpft. Es wäre lebensfremd, ihn gleichzeitig zu verpflichten, seine spätere Nichterfüllung anzukündigen; ganz davon abgesehen, daß in aller Regel zunächst die Bereitschaft zur Erfüllung bestehen wird. Die Konstruktion einer Aufklärungspflichtverletzung wäre in den meisten Fällen nicht nur eine denkbare Fiktion, sondern ein ausgeschlossenes Vehikel. Ausnahmen wären lediglich in dem Sinne denkbar, daß der Schuldner davon positiv Kenntnis hat, daß der Gläubiger im Vertrauen auf seine Leistungszusage Aufwendungen tätigt oder tätigen wird. Dies kann ihn dann verpflichten, auf seine mangelnde Vertragstreue hinzuweisen.[6] Im Regelfall wird die Annahme einer derartigen, gegenüber der Hauptpflicht selbständigen, Nebenpflicht jedoch abzulehnen sein.

2. Positive Vertragsverletzung

Auch nach dem Vertragsschluß bestehen Offenbarungspflichten fort.[7] Denkbar wäre eine Pflicht dahingehend, den Vertragspartner über Leistungshindernisse, fehlende Erfüllungsbereitschaft usw. aufzuklären. Dies würde jedoch das Entstehen zweier Haftungsgründe mit sich bringen, was wiederum zu einem Zusammentreffen der Rechtsfolgen aus dem Verstoß gegen die Aufklärungspflicht und dem gegen die vertragliche Hauptpflicht führen würde. Man stünde vor der Frage, diese Rechtsbehelfe aufeinander abstimmen zu müssen, also einem Konkurrenzproblem. Darüberhinaus ist einzuwenden, daß eigentlich nur ein Pflichtenverstoß vorliegt, dieser aber im Wege der Fiktion auf zwei Ebenen verteilt wird, um ein als billigenswert empfundenes Ergebnis zu legalisieren. Auch im Rahmen der positiven Vertragsverletzung setzt zudem eine Pflicht zur Aufklärung die Möglichkeit dazu voraus. In vielen Fällen wird aber diese Erkenntnis erst mit der Hauptpflichtverletzung zusammenfallen; der Fiktionscharakter wird dann besonders deutlich.

Letztlich würde die Ableitung einer Informationspflicht eine weitere Unterscheidung nach sich ziehen: in Aufwendungen vor und nach Kenntnis des Schädigers von der nicht vertragsgerechten Leistung. Diese Grenzziehung ist jedoch nicht sachgerecht, denn unabhängig von dem Zeitpunkt der Kenntnis sind die Aufwendungen im Vertrauen auf das Versprechen des Schuldners entstanden, seinen Vertragspflichten nachzukommen. Für den Gläubiger ändert aber die Tatsache nichts, ob der Schuldner schon Kenntnis von seiner späteren nicht

Schuldrecht II/1, 1986, § 47 II, S. 203; Staudinger / Reuss, § 523, Rdnr. 1, § 524, Rdnr. 2; Hans Stoll, JZ 1985, 384, 386.

6 Vgl. etwa BAG AP Nr. 10 zu § 276 Vertragsbruch (m. Anm. Hoffmans); Bengelsdorf, BB 1989, 2390, 2391.

7 Vgl. die Zusammenstellung bei Soergel / Wiedemann, Vor § 275, Rdnr. 467 ff.; zum vorvertraglichen Informationsmodell durch Aufklärungs- und Beratungspflichten ebenfalls Soergel / Wiedemann, Vor § 275, Rdnr. 153.

vertragsgemäßen Erfüllung hatte oder nicht; insbesondere wird dadurch nicht sein Vertrauen beeinträchtigt. Zwischen dem Vertragsschluß und der Vertragsstörung würde ein Bereich existieren, in dem der Ersatz von Aufwendungen von zufälligen Ereignissen in der Person des Schuldners abhinge. In dem Extremfall, daß die Vertragsstörung und die Kenntnis des Schuldners zusammenfielen, wäre für Aufwendungsersatz gar kein Raum mehr. Das vermag nicht zu überzeugen und wird vermieden, wenn unmittelbar an die Vertragsstörung als solche angeknüpft und auf die Herleitung einer selbständigen Offenbarungspflicht verzichtet wird.

B. Der Ersatz entwerteter Aufwendungen neben einzelnen Rechtsbehelfen

Von den in Betracht kommenden Möglichkeiten zur analogen Anwendung bestimmter Vorschriften — in deren weiteren Kreis auch noch die §§ 122 Abs. 1, 179 Abs. 2, 1298 BGB, § 2 Abs. 1 S. 1 AbzG, § 42 Abs. 3 S. 1, 2 UrhG, § 35 Abs. 2 S. 1 VerlG mit einbezogen werden könnten — vermochte keine zu überzeugen. Die entscheidende Frage, ob und unter welchen Voraussetzungen das negative Interesse auch bei Vertragsverletzungen und nicht nur bei Störungen im Vertragsabschlußstadium schützenswert ist, ließ sich damit nicht zufriedenstellend beantworten. Im folgenden soll daher an die gängigen Rechtsbehelfe angeknüpft und davon ausgehend gesondert untersucht werden, ob sie den Ersatz entwerteter Aufwendungen umfassen können.

I. Schadensersatz wegen Nichterfüllung und Aufwendungsersatz

1. Herkömmliche Berechnung

Schadensersatz wegen Nichterfüllung als *der* große Rechtsbehelf des deutschen Rechts wird vom BGB gewährt in den §§ 179 Abs. 1, 1. Alt., 280, 283, 286 Abs. 2, 325, 326, 463, 480 Abs. 2, 523 Abs. 2, 524 Abs. 2, 538,[1] 541, 635, 651 f, 1613 Abs. 1 BGB und ansonsten etwa in den §§ 31 Abs. 2, 35 Abs. 2 S. 2 VerlG, § 840 Abs. 2 S. 2 ZPO und § 52 VerglO; qua Richterrecht kann auch mit der positiven Vertragsverletzung in bestimmten Fallgruppen Schadensersatz wegen Nichterfüllung verlangt werden. Sachlich ist damit ein Schadensersatz statt Erfüllung gemeint: der Sekundäranspruch verdrängt den Primäranspruch und tritt an dessen Stelle. Gleichwohl enthält das BGB keine inhaltliche Formulierung des Ersatzumfangs. § 249 S. 1 BGB bestimmt nur, daß der Zustand herzustellen ist, wie er ohne das schädigende Ereignis bestehen würde, sagt aber nichts darüber, ob dies im Sinne einer Herstellung des status quo ante oder unter hypothetischer Zugrundelegung der Erfüllung geschehen soll; der Bezugspunkt fehlt also.

---

1 In § 538 BGB gebraucht der Gesetzgeber zwar den Begriff "Schadensersatz wegen Nichterfüllung"; im heutigen Verständnis zutreffend ist das jedoch nur, wenn an die Stelle des mietvertraglichen Primäranspruchs ein Sekundäranspruch tritt. In aller Regel hat der Anspruch aus § 538 BGB daher den Charakter als Begleitschaden; vgl. Wiedemann, Festschrift Rechtsw. Fak. Köln, 1988, S. 367, 391 Fn. 97.

Das BGB setzt die Definition des Schadensersatzes wegen Nichterfüllung also voraus bzw. hat die Klärung Praxis und Wissenschaft überlassen. Damit hat es wohl angesichts der bis heute währenden Uneinigkeit eine weise Entscheidung getroffen. Die Formel, nach der im Grundsatz allgemein verfahren wird, obwohl ihr keine Gesetzeskraft zukommt, lautet: der Gläubiger kann verlangen so gestellt zu werden, wie wenn ordnungsgemäß erfüllt worden wäre.[2] Einzelheiten über die zugrundeliegenden Berechnungsfaktoren sind gleichwohl wenig geläufig. Als solche kommen vor allem ein etwaiger Wertverlust des Vertragsgegenstandes, die Zugrundelegung eines konkreten oder abstrakten Deckungsgeschäftes, die Ermittlung des entgangenen Gewinns oder der Ersatz von Schadensbeseitigungskosten in Betracht.[3] Anküpfungspunkt ist jeweils die gedachte Erfüllung durch den Schuldner.

2. Positiver — Negativer Vertrauensschutz

Betrachtet man diese Vorgehensweise als abschließend, bleibt von vornherein kein Raum für den Ersatz entwerteter Aufwendungen, denn diese würden auch bei pflichtgemäßem Verhalten des Schuldners zu Lasten des Gläubigers gegangen sein. Diese begriffliche Argumentation ignoriert jedoch den Umstand, daß das positive oder Erfüllungsinteresse ein Unterfall eines allgemeinen Vertrauensinteresses ist. Seit der grundlegenden Untersuchung von *Canaris*[4] unterscheidet man zwei Richtungen des Vertrauensschutzes: der Geschädigte kann entweder verlangen so gestellt zu werden, als habe er nicht vertraut, als sei vom Vertrag nie die Rede gewesen; dies ist in aller Regel mit „negativem Interesse" gemeint. Der Geschädigte kann aber auch so gestellt werden, als hätten die Tatsachen seinem Vertrauen entsprochen (positiver Vertrauensschutz). Das Erfüllungsinteresse stellt sich dann als Sonderfall positiven Vertrauensschutzes dar: der Gläubiger wird in die Lage versetzt, als wäre rechtzeitig geliefert worden oder die Sache mangelfrei gewesen.

Zwischen beiden Alternativen besteht ein Rangverhältnis. Nach einem Wort von *Rabel* handelt es sich beim negativen Interesse um das „schwächere Surrogat des Rechts auf Erfüllung".[5] Das wird deutlich an den BGB-Regelungen in den §§ 122 Abs. 1, 179 Abs. 2, 307, 309, 523 Abs. 1, 524 Abs. 1, 600, 611 a Abs. 2, 795 Abs. 2, 1298 BGB, die den Gläubiger im Ergebnis so stellen, als wenn er nicht vertraut hätte. Eine Erfüllungshaftung fehlt jeweils. Als weniger einschneidender Rechtsbehelf, der es dem Gläubiger gestattet, ohne Verlust aus dem Geschäft herauszukommen, wird das negative Vertragsinteresse zugebilligt. Eine

---

2 Zur vergleichbaren Berechnung des Schadensersatzes wegen Nichterfüllung im US-amerikanischen Recht vgl. Eisenberg, 36 Stan. L. Rev. 1107, 1127 (1984).

3 Dazu eingehend Soergel/Wiedemann, Vor § 275, Rdnr. 37 ff.

4 Canaris, Vertrauenshaftung im deutschen Privatrecht, 1971, S. 5 f.

5 Rabel, ZSR 27 (1908), 291, 325 = Gesammelte Aufsätze I (1965), 147, 175.

mögliche Besserstellung des Gläubigers wird durch die Begrenzung des Ersatzumfangs auf das Erfüllungsinteresse verhindert. Das negative Vertrauensinteresse erscheint damit nicht nur im Ansatz, sondern auch im tatsächlichen Wert als Minus gegenüber dem positiven in dem Sonderfall des Erfüllungsinteresses.[6]

Diese Wertung wird ebenfalls augenfällig in § 35 Abs. 2 S. 1, 2 VerlG. Der Verfasser eines Werkes ist nach dem Rücktritt wegen veränderter Umstände zum Aufwendungsersatz verpflichtet. Entschließt er sich trotzdem innerhalb eines Jahres danach, das Werk anderweitig zu veröffentlichen, kann der Verleger Schadensersatz wegen Nichterfüllung verlangen. Das Rücktrittsrecht als solches trägt dem Bedürfnis des Verfassers Rechnung, auf veränderte Umstände reagieren zu können. Er muß dann aber den Verleger vermögensmäßig wenigstens in den status quo ante zurückversetzen. Erweisen sich die vorgebrachten veränderten Rahmenbedingungen jedoch als Vorwand, vom Verlagsvertrag loszukommen, was bei anderweitiger Herausgabe innerhalb eines Jahres unwiderleglich vermutet wird, ist der Verleger berechtigt, sein Erfüllungsinteresse geltend zu machen. Der Schadensersatz wegen Nichterfüllung stellt eine Besserstellung des Verlegers auf Kosten des Verfassers im Verhältnis zum bloßen Vertrauensschaden in Form entwerteten Aufwands dar.

Wenn damit auch dem Schadensersatz wegen Nichterfüllung eine Vertrauenskomponente innewohnt und andererseits für den Ersatz wertentkleideter Aufwendungen dieser Gedanke wegweisend ist, muß es im Grundsatz möglich sein, ein qualitatives Weniger zum Gegenstand von Normen zu machen, deren Inhalt typischerweise ein qualitatives Mehr ist.

3. Vergleich mit der culpa in contrahendo

Für diese Wertung spricht auch ein Vergleich mit der vorvertraglichen Haftung, insbesondere der Fallgruppe des Abbruchs der Vertragsverhandlungen. Seit 1969 entspricht es gesicherter Rechtsprechung, daß Vertragsverhandlungen nicht ohne triftigen Grund abgebrochen werden dürfen, wenn vorher der Eindruck erweckt wurde, daß es mit Sicherheit oder unter bestimmten Voraussetzungen zu einem Vertragsabschluß kommen werde.[7] Rechtsfolge dieser richterrechtlichen Einschränkung der Privatautonomie ist grundsätzlich der Ersatz des Vertrauensschadens, vor allem also Ersatz der entwerteten Aufwendungen. Daß in Ausnahmefällen auch in der Fallgruppe des Abbruchs von Vertragsverhandlungen ein Anspruch auf das positive Interesse besteht, kann hier vernachlässigt werden.[8]

---

[6] Vom gleichen Verständnis geht Hans Stoll, JZ 1987, 517, 519 aus; unausgesprochen liegt es auch den Ausführungen von Lieb, DB 1988, 2495, 2499 zugrunde.

[7] BGH WM 1969, 595, 597; BGH NJW 1970, 1840; BGH NJW 1984, 866; BGHZ 92, 164, 176; BGH ZIP 1988, 89, 90; BGH WM 1989, 685, 686; OLG Düsseldorf NJW-RR 1988, 988; vgl. den Überblick bei Soergel/Wiedemann, Vor § 275, Rdnr. 130 ff.

[8] BGHZ 71, 386, 396; BGH LM Nr. 3, 11 und 43 zu § 276 (Fa).

Sucht man nach Parallelen zu den Rechtsfolgen bei Vertragsverletzungen, stellt man fest, daß ein Weniger an rechtlicher Bindung u. U. ein Mehr an Ersatz nach sich ziehen kann. Überspitzt formuliert, könnte man von einer Schutzfunktion des Vertrages sprechen: weiß der Schuldner etwa um die immaterielle Zielsetzung des Gläubigers, ist es für ihn günstiger, den Vertrag abzuschließen und seinen Verpflichtungen dann nicht nachzukommen, als schon den Vertragsschluß zu verweigern. Im ersten Fall steht die mangelnde Rentabilität einem Aufwendungsersatz entgegen, den er im zweiten Fall befürchten müßte. Die Situation läßt sich noch weiter zuspitzen, wenn an die Stelle der culpa in contrahendo die Haftung aus § 122 BGB tritt. Die Anfechtung durch den Schuldner würde ihn Aufwendungsersatzansprüchen aussetzen; hat sich das Vertrauen zu einem beständigen Vertrag verdichtet, soll der Ersatz ausgeschlossen sein?

4. Schlußfolgerung: im Grundsatz Erfüllungsinteresse

Ein schon auf den ersten Blick unschlüssiges Ergebnis. Konsequenz: die mangelnde Zweckerreichung von Aufwendungen bei Vertragsuntreue des anderen Teiles muß zu einer wertenden Korrektur bei der Zubilligung des Erfüllungsinteresses führen. Gleichwohl ist Vorsicht geboten, denn die getroffene Regelung entpuppt sich bei näherem Hinsehen als im Prinzip richtig. Nach dem wirksamen Vertragsschluß darf Maßstab des beiderseitigen Verhaltens nur noch die jeweilige Erfüllung sein.

Hat die Disposition zu einer Entscheidung für den Vertrag geführt, kann nur noch dessen hypothetische Durchführung dem Schadensersatz zugrunde gelegt werden. Gläubiger und Schuldner haben mit dem Vertragsschluß der zukünftigen Schadensberechnung übereinstimmend einen neuen Bezugspunkt durch die geänderte Festsetzung der zu vergleichenden Vermögenslagen gegeben. Insbesondere der Gläubiger des späteren Ersatzanspruchs hat sein Interesse am Nichtzustandekommen des Vertrages durch den Geschäftsabschluß zurückgestellt. Betriebswirtschaftlich gesprochen, hat er sein Interesse an der Durchführung des Vertrages und den damit verbundenen Risiken höher bewertet als das Absehen von dem Geschäft. Die daraus abzuleitenden Folgerungen — günstige und nachteilige — muß er daher in Kauf nehmen. Einseitig darf er sich davon grundsätzlich nicht lösen.

Als Pendant zum Ersatz entwerteten Aufwands ist der Gläubiger nun vor allem auf den Ersatz des konkreten oder abstrakten Schadens oder des entgangenen Gewinns festgelegt. Man kann plastisch von einer Art *Unterwerfungserklärung unter eine neue Maxime* sprechen. Der Schutz des negativen Vertrauensinteresses schlägt um in den Schutz des Erfüllungsinteresses. Davon sind entwertete Aufwendungen grundsätzlich nicht erfaßt. Auf dieser Basis erscheint als der primäre Rechtsbehelf der Schutz des negativen Interesses: man kann bei Pflichtverletzungen des anderen Teiles grundsätzlich immer verlangen, so gestellt zu werden, als sei vom Vertrag nie die Rede gewesen. Ausnahmsweise kann der Geschädigte auf der Grundlage eines bestehenden Vertragsverhältnisses noch weitergehende Rechte geltend machen: als Besonderheit kann er verlangen, so gestellt zu werden, als sei der Schädiger seinen Vertragspflichten nachgekommen. Diesem Umstand wohnt auch eine Schutzkomponente für den Schädiger inne, der sicher sein kann, daß Bezugspunkt des Schadensersatzes nur noch die hypothetische Erfüllung ist. Der Zeitpunkt, oder besser das Ereignis, das den Umschlag bewirkt, ist der Vertragsschluß, das Leistungsversprechen. Der positive Vertrauensschutz erscheint danach als ein Teilbereich des im Anwendungsbereich umfassenderen negativen Vertrauensschutzes.

Wenn vom positiven Interesse entwertete Aufwendungen nicht erfaßt sind, kann der Schadensersatz wegen Nichterfüllung diese grundsätzlich auch nicht zum Inhalt haben. Von diesem Prinzip gibt es jedoch Ausnahmen. Wenn nämlich ein positives Interesse, das Bezugspunkt der Schadensberechnung sein könnte, nicht existiert oder sich nur unverhältnismäßig schwer feststellen und/oder beweisen läßt, darf dieser Umstand nicht zu Lasten der vertragstreuen Partei gehen. Der Schädiger würde einseitig begünstigt, wenn er aufgrund eines außerhalb seiner Einflußsphäre liegenden Grundes trotz des Vertragsbruchs um eine Ersatzpflicht herumkäme. Hier erweisen sich die vorgenommenen Wertungen als tragfähig. Der Weg, jeden Ersatz zu versagen, stellt sich als Scheinalternative heraus: wenigstens das negative Vertragsinteresse, entwertete Aufwendungen sind zuzusprechen. Die „Unterwerfung" unter die Maxime des Vertrages wird von einem *sachlichen Grund* überwunden, der den Rückgriff auf den Ersatz der entwerteten Aufwendungen rechtfertigt. Diese Form des Schadensersatzes war durch den Vertragsschluß nicht unwiderbringlich untergegangen, sondern latent — quasi in Wartestellung — noch vorhanden. Sie durfte dem Ersatzanspruch wegen vorgreiflicher Wertungsgesichtspunkte lediglich vorübergehend nicht zugrunde gelegt werden. Bei deren Wegfall lebt sie als Ausprägung des negativen Vertrauensschutzes wieder auf.

Wird dagegen die Aufwandsberechnung dem Gläubiger in jedem Fall von Schadensersatz wegen Nichterfüllung wahlweise zur Verfügung gestellt,[9] wird die Bedeutung des Vertragsschlusses für den Schadensumfang unterschätzt. Die Vorstellung, daß ein einmal verwirklichtes Vertrauensinteresse durch den Vertragsschluß nicht untergehen könne, ist nur bedingt richtig: der Vertrauensschutz geht zwar nicht unter, verändert aber seine Zielrichtung vom negativen ins positive. Auf das negative Interesse darf dann nur noch unter besonderen Voraussetzungen zurückgegriffen werden, die es erlauben, den Schadensposten zu reaktivieren.

Das zeigt sich wiederum deutlich bei der culpa in contrahendo. In deren Grobgliederung ist zu unterscheiden zwischen den Fallgruppen des nicht zustande

[9] Soergel/Wiedemann, Vor § 275, Rdnr. 44, 52; Wiedemann, Festschrift für Hübner, 1984, S. 719, 729; eingeschränkter Hans Stoll, JZ 1987, 517, 519.

gekommenen Vertrages und des wirksamen, aber nicht erwartungsgerechten Vertrages. Während in der ersten grundsätzlich nur das negative Interesse verlangt werden kann,[10] ist der Gläubiger in der zweiten so zu stellen, als wenn die Pflichtverletzung unterblieben wäre.[11] Ausschlaggebender Gedanke ist die neue Zielbestimmung durch den Vertragsschluß. Dadurch geht die Berechtigung zum Ersatz des negativen Interesses in Form entwerteter Aufwendungen nicht unter, sondern sie wird ins zweite Glied gestellt. Kann die vorrangige Berechnungsmodalität nicht zum Zuge kommen, lebt der Aufwendungsersatz wieder auf.

5. Ausnahme: negatives Interesse in Form entwerteter Aufwendungen

Raum für den Ersatz entwerteter Aufwendungen als Inhalt des Schadensersatzes wegen Nichterfüllung bleibt also, wenn ein positives Interesse nicht besteht oder nicht oder nur unter unverhältnismäßigem Aufwand festgestellt oder bewiesen werden kann. Beide Kategorien können sich überschneiden; sie dienen lediglich zur Verdeutlichung.

a) Positives Interesse nicht oder nur unter unverhältnismäßigem Aufwand feststell- und/oder beweisbar

aa) Anwendungsbereich

Erforderlich und kennzeichnend ist, daß ein objektiver Wertverlust nicht vorliegt, ein Deckungsgeschäft, das die Aufwendungen kompensiert, d. h. die Entwertung verhindert hätte, nicht in Frage kommt[12] oder — wohl am wichtigsten — ein entgangener Gewinn nicht mit vertretbarem Aufwand festgestellt werden kann. Deutlich ist dies z. B. bei Spekulationsgeschäften. Die Grenze zwischen der Verlust- und Gewinnzone kann sehr dünn werden; das Risiko kann zur einen oder anderen Seite ausschlagen. Der Erfolg des Projekts hängt in aller Regel maßgeblich von Faktoren ab, auf die die Vertragsparteien keinen oder nur geringen Einfluß haben. Das Prinzip Zufall kann hier nicht bestimmen, ob Ersatz für Vertragsverletzungen verlangt werden kann oder nicht. Wenigstens die nutzlos gewordenen Aufwendungen kann der Gläubiger ersetzt verlangen.

---

10 RGZ 103, 47, 51; 132, 76, 79; BGHZ 18, 248, 252; 49, 77, 82; BGH NJW 1981, 1035; OLG Frankfurt WM 1988, 632, 635.

11 RGZ 95, 58, 60; 103, 47, 51; 132, 76, 80; BGH WM 1987, 1336, 1337; BGH NJW 1988, 2234, 2237; BGH WM 1988, 1700, 1702; OLG Karlsruhe NJW-RR 1988, 1237; OLG Koblenz NJW-RR 1988, 1137, 1138.

12 Die Vornahme eines Deckungsgeschäftes kann zu den Obliegenheiten des Gläubiges gehören; vgl. nur OLG Köln WM 1989, 1529, 1532.

Ein kumulatives Zusammentreffen von Deckungsgeschäft und Aufwendungsersatz ist möglich, wenn auch durch eine korrekte Ersatzbeschaffung die Entwertung der Investitionen nicht verhindert werden konnte. Zu denken ist etwa an einen Hersteller von Modeartikeln, der bei einem Stoffproduzenten Ware mit einer bestimmten Reißfestigkeit bestellt, die dieser vorgibt, im Programm zu haben. Nach Lieferung und Bearbeitung stellt sich heraus, daß die gewünschte Qualität nicht erreicht werden kann, weil die Reißfestigkeitswerte erheblich unter den geforderten liegen. Die hergestellte Ware ist daher unverwertbar. Grundlage des Schadensersatzes können für diesen Fall neben den für die Ersatzbeschaffung angefallenen Mehrkosten die Investitionen in die Ausrüstung des Erststoffes sein, weil auch mit der Verwendung der nachgelieferten Ware die Entwertung dieser Aufwendungen nicht verhindert werden kann. Anders gilt etwa für Kosten der Stoffmusterentwicklung. Diese Aufwendungen behalten ihren Wert, weil der Nutzen sich auf die Verarbeitung des Zweitstoffes erstreckt. Sie müssen daher bei der Schadensberechnung außen vor bleiben.

Auch die Tatsache, daß ein Gewinn wohl erwirtschaftet worden wäre, dieser sich aber nur schwer beziffern läßt, darf nicht zu Lasten des vertragstreuen Teiles gehen. Ein solcher Fall läge beispielsweise vor, wenn für die Einführung eines neuen Produktes auf dem Markt ein von langer Hand vorbereiteter Werbefeldzug gestartet würde. Erfüllt ein Zuliefererbetrieb seine Verpflichtungen schuldhaft nicht und erweist sich die Werbekampagne als nutzlos, da das Produkt wegen des Zuliefererverhaltens erst verspätet offeriert werden kann, kann die Feststellung des entgangenen Gewinns schwierig sein, wenn nicht nachgewiesen werden kann, wie die Nachfrage sich zu dem Zeitpunkt wahrscheinlich entwickelt hätte. Die nutzlos gewordenen Werbungskosten können dann zum Gegenstand des Schadensersatzes gemacht werden.

In Betracht kommen weiter Fälle, in denen ein ökonomisch meßbares positives Interesse zwar besteht, sich aber nicht in eine Schadensersatzforderung transformieren läßt. Beispielhaft ist folgende Fallkonstellation:

> Eine OHG ist Herausgeberin zweier Zeitschriften. Ihre Gesellschafter suchen nach Interessenten, die sich daran beteiligen wollen, um langfristig größere Marktsegmente durch eine intensivere Angebotspolitik erreichen zu können. Im Zuge der Verhandlungen mit B einigen sich beide Teile darauf, daß B sich nicht nur beteiligt, sondern die Herausgabe der Zeitschriften alleinverantwortlich übernimmt. Ein entsprechender Vertrag wird unterzeichnet. Die OHG verweigert später schuldhaft die Durchführung. B verlangt Ersatz seiner Aufwendungen, die er im Vertrauen auf die Vertragsdurchführung getätigt hat; im einzelnen macht er die Vergütung für einen Wirtschaftsprüfer geltend, den er vor dem Vertragsschluß mit der Prüfung der Gewinnchanen beauftragt hat; außerdem verlangt B den Ersatz von Rechtsanwaltsgebühren, die nach dem Vertragsschluß für ein Gutachten über die Eingliederung der Zeitschriften in das Unternehmen des B angefallen sind.[13]

[13] Der Fall ist BGH NJW-RR 1989, 627 = WM 1989, 685 nachgebildet; er unterscheidet sich vom Original vornehmlich dadurch, daß eine Vertragsverletzung vorliegt, während im Ausgangsfall eine culpa in contrahendo in Rede stand.

Ein wirtschaftlich ausdrückbares positives Interesse besteht zwar in dem Interesse an der Herausgabe der Zeitschriften. Wenn der Vertragspreis dem tatsächlichen Wert und dem Marktpreis der Objekte entsprach, was jeweils nur schwer feststellbar wäre, bleibt als Grundlage eines Schadensersatzanspruchs der entgangene Gewinn. Dieser würde davon abhängen, wie sich die Zeitschriften auf dem Markt hätten durchsetzen können; das wäre nicht einfach vorauszusagen — auch nicht unter den verringerten Anforderungen des § 252 BGB —, vor allem wenn B einschneidende Änderungen in der Konzeption der Zeitschriften angestrebt hätte. Dann bietet der ausnahmsweise Ersatz der entwerteten Aufwendungen eine Ausweichmöglichkeit, die es dem Gläubiger ermöglicht, wenigstens verlustfrei aus dem Vertrag herauszukommen. Die Rechtsanwaltsgebühren stellen kein Problem dar, da der Vertrauensbezug eindeutig ist. Anders die Vergütung des Wirtschaftsprüfers; sie liegt in Verhalten vor dem Vertragsschluß begründet und ist nur dann ersatzfähig, wenn sie auch von der culpa in contrahendo in der Fallgruppe des Abbruchs der Vertragsverhandlungen erfaßt worden wäre.[14]

Letztlich wäre als den Ersatz entwerteter Aufwendungen rechtfertigende Sondersituation anzuführen, daß ein verdrängendes positives Interesse — also vor allem entgangener Gewinn — sich nicht in prozessual hinreichender Gewißheit darlegen und beweisen läßt. Stellt sich dies erst nach Klageerhebung heraus und wird daraufhin der Klageantrag auf den Aufwendungsersatz umgestellt, so läge darin eine Klageänderung nach § 263 ZPO, die von den Gerichten als jedenfalls sachdienlich zugelassen werden sollte. Die Häufigkeit des Auftretens dieser Konstellation sollte nicht unterschätzt werden. Zum einen gehen gerade die Anforderungen der Untergerichte an die Substantiierung des entgangenen Gewinns teilweise über das vom Bundesgerichtshof geforderte Maß hinaus. Die Darlegungs- und Beweiserleichterungen, die § 252 S. 2 BGB und § 287 ZPO gewähren — insbesondere die Schätzung eines Mindestschadens[15] —, werden dabei nicht hinreichend beachtet. Zum anderen lassen sich vor allem bei Handelsgeschäften aus den vorhandenen Zahlen keine gerichtsverwertbaren Wahrscheinlichkeitsprognosen gewinnen; dies gilt auch unter Berücksichtigung der Vorteile, die die abstrakte Schadensberechung in diesem Zusammenhang bieten kann. Diesem „Darlegungs- und Beweisnotstand" kann mit der hier vorgeschlagenen Ersatzlösung begegnet werden.

Ein ähnliches Ergebnis kann über die Minderung in den §§ 634 Abs. 1 S. 3, Abs. 4, 472 BGB erzielt werden, wenn die Mangelhaftigkeit zu einem vollständigen Wertverlust führt.[16] Diese Art des Ersatzes darf jedoch nicht davon abhängen, ob eine Minderung von den anwendbaren Gewährleistungsvorschriften — soweit überhaupt vorhanden — zugelassen ist oder nicht. Bei zu vertretender Vertragsuntreue sind wenigstens die entwerteten Aufwendungen zu ersetzen.

---

14 Näher unten 5. Teil A.

15 Vgl. dazu BGH NJW 1987, 909, 910.

16 OLG Hamm GRUR 1988, 564.

bb) Grenze: Verlusteinwand

Diese beschriebenen Ausnahmen vom Grundsatz, daß das positive Interesse den Maßstab des Schadensersatzes wegen Nichterfüllung bildet, können wiederum nicht uneingeschränkt gelten. Begrenzt werden sie von dem Gedanken, daß das Geschäft für den Gläubiger mit Verlust abgeschlossen worden wäre. Würde eine Schadensberechnung in Form entwerteter Aufwendungen hier bedingungslos zugelassen, würde dies im Ergebnis auf eine Risikoverlagerung zu Lasten des Schuldners hinauslaufen. Der Gläubiger könnte auf Kosten des vertragsbrüchigen Teiles kalkulieren — Vertragsverletzung als unerwarteter Glücksfall. Dem ist dadurch abzuhelfen, daß es dem Schuldner gestattet wird, darzulegen und bei Bestreiten zu beweisen, daß ein Verlust erwirtschaftet worden wäre. Dieser Betrag ist dann von den geltend gemachten Aufwendungen abzusetzen.

Wodurch der Verlust begründet wird, ist unerheblich. Es spielt keine Rolle, ob das Gesamtgeschäft als solches eine Fehlinvestition war, oder ob der Fehlbetrag schon in der mangelnden Gleichwertigkeit von Leistung und Gegenleistung angelegt war. Auf der Basis einer Lösung, die als Maßstab auch des Ersatzes entwerteter Aufwendungen das Erfüllungsinteresse ansieht, besteht für eine Differenzierung kein Anlaß.[17]

Hat also ein Gläubiger vor dem Vertragsbruch DM 10.000 aufgewendet und wäre bei Erfüllung nur ein Ertrag von DM 6.000 erwirtschaftet worden, hätte das Geschäft mit einem Verlust von DM 4.000 geendet. Diese sind vom Aufwand abzuziehen, so daß der Geschädigte Aufwendungsersatz in Höhe von DM 6.000 verlangen könnte. Das um DM 10.000 minimierte Gläubigervermögen wäre bei vertragsgerechter Erfüllung um DM 6.000 vermehrt worden. Fällt diese Kompensationsmöglichkeit aus, muß der Schuldner sie summenmäßig übernehmen. Dem Gläubiger bleibt der Verlust, den er auch ohne die Vertragsuntreue zu tragen gehabt hätte.

Gegen diese Verteilung der Darlegungs- und Beweislast könnte eingewandt werden, daß der Schädiger im Zweifel von der Kalkulation des Gläubigers keine Kenntnis besitzt und das Verlustrisiko daher nicht abschätzen kann. Dem ist im Prinzip zuzustimmen; die Probleme sind jedoch im konkreten Fall nicht so groß, wie es zuerst scheint. Wenn der Gläubiger seinen Schaden auf der Grundlage der entwerteten Aufwendungen berechnen will, muß er dies begründen — z. B. kein Gewinn angefallen oder nicht feststellbar. Dazu muß er einen Einblick in seine Kalkulation gewähren. Damit hat dann aber der Schuldner die Möglichkeit, den Verlust zu beweisen. Diese Rollenverteilung läuft auf eine Spaltung von Darlegungs-und Beweislast hinaus. Den Interessen beider Parteien wird damit hinreichend Rechnung getragen.

---

[17] Das ist anders, wenn der Ersatz nutzloser Aufwendungen dem Gläubiger ohne strenge Bindung an das Erfüllungsinteresse zugestanden wird; vgl. Soergel/Wiedemann, § 325, Rdnr. 53, 55. Dazu oben 3. Teil B I 4, S. 93.

cc) Grenzaufhebung: gläubigereigene Leistung

Der Verlusteinwand ist dem Schuldner in einem Fall verwehrt, und zwar wenn es um die gläubigereigene Leistung geht, soweit diese bereits erbracht ist. Diese kann der Gläubiger auf jeden Fall in vollem Umfang zurückverlangen. Insoweit erweist sich der Gedanke des Mindestschadens in der Rechtsprechung als zutreffend. Er beruht jedoch anders als bei sonstigem entwerteten Aufwand auf der Parteibestimmung, die Leistung und Gegenleistung als subjektiv gleichwertig ansieht.[18]

b) Immaterieller Vertragszweck

Während der erste Fall, in dem entwertete Aufwendungen dem Schadensersatz wegen Nichterfüllung zugrunde gelegt werden können, darauf abstellte, daß ein monetarisierbares positives Interesse zwar tatsächlich bestanden haben konnte, eine Bezifferung jedoch nicht möglich war, geht es nunmehr um Fälle, in denen ein in Geld ausdrückbares Interesse an der Erfüllung des Vertrages schon im Ansatz nicht bestehen kann. Für die Beurteilung dieses Umstandes ist nicht die Primärebene des Leistungsaustausches entscheidend, die von dem — in aller Regel materiellen — Austauschzweck beherrscht wird. Für die Berechnung des Schadensersatzes wegen Nichterfüllung ist vielmehr auf die Entwicklung nach hypothetischer Vertragsdurchführung, also auf die Erwartungen des Gläubigers, seine Motivationen zurückzugreifen. Dies wird bei der Geltendmachung entgangenen Gewinns besonders deutlich; für die Fragestellung ist nur dann Raum, wenn ein solcher überhaupt angestrebt wurde. Gleiches gilt hinsichtlich des Aufwendungsersatzes für den Zweck, den der Geschädigte mit der Vertragsdurchführung verbunden hat. Auch insoweit ist der sogenannte Sekundärzweck entscheidend; es geht mit anderen Worten um Störungen der Verwendungsplanung des Gläubigers.

Ist der Sekundärzweck immaterieller oder ideeller Natur, führt dies nicht dazu, daß auch der aus der Vertragsstörung entstehende Schaden als immaterieller einzuordnen ist. Diese Differenzierung zwischen (Sekundär-)Zweck und Schaden wird von der herrschenden Rechtsprechung und Rechtswissenschaft nicht hinreichend gewürdigt. In ihrer Sichtweise entfällt mit der nicht monetarisierbaren Sekundärzweckstörung jede Möglichkeit, den Schaden mittels der herkömmlichen Modalitäten — Wertersatz, Kostenrechnung, Deckungsgeschäft, Gewinnentgang — zu berechnen. Damit ist über den Charakter des Schadens selbst jedoch noch nichts gesagt. Diesem kommt vielmehr ein Vermögenswert zu, so daß von einem immateriellen Schaden nicht gesprochen werden kann. Über die Enttäuschung der Verwendungserwartung hinaus — dies wäre der tatsächlich

[18] Vgl. oben 1. Teil C II 3 a; Hans Stoll, JZ 1987, 517, 519; zur teilweisen Frustration des Reisepreises LG Frankfurt NJW-RR 1989, 1213, 1214.

immaterielle Umstand, an den die Frustrationslehre anknüpft —, ist der Einsatz von vertrauens- und daher zweckbezogenen Vermögensmitteln entwertet worden, mithin ein materieller Schaden entstanden.[19] Als Alternative diesen zu berechnen, wird hier der Rückgriff auf die entwerteten Aufwendungen vorgeschlagen.

Ist der mit der kontraktlichen Bindung verfolgte Sekundärzweck *ausschließlich immateriell,* versteht sich ein Ersatz der wertentkleideten Aufwendungen (fast) von selbst: die Pflichtverletzung würde ansonsten sanktionslos bleiben.[20] Der Gläubiger hat sein Interesse an der Vertragsdurchführung gerade nicht vermögensmäßig festgelegt, sondern auf eine derartige Inhaltsbestimmung verzichtet. Davon wird das negative Interesse jedoch nicht erfaßt. Dies ist vielmehr in Form der entwerteten Aufwendungen genau bezifferbar. Um den Wegfall jeder Sanktionsmöglichkeit zu verhindern, ist daher der Rückgriff auf den Vertrauensschaden — das Erfüllungsinteresse stellt lediglich einen Sonderfall positiven Vertrauensschutzes dar — zuzulassen.

Diese nicht materielle Zweckrichtung ist — in aller Regel unausgesprochen — auch der Grund dafür, warum im Rahmen des § 651 f Abs. 1 BGB nutzlos gewordene Urlaubskosten nach allgemeiner Ansicht ersatzfähig sind (nicht zu verwechseln mit der nutzlos aufgewendeten Urlaubszeit in § 651 f Abs. 2 BGB).[21] Das Prinzip gilt indes nicht nur für Pauschalreisen, sondern es muß auch auf andere Verträge über Teil-Reiseleistungen und sonstige Verträge mit — vom Geschädigten aus gesehen — immaterieller Zielrichtung Anwendung finden.

Beispiel: Ein mittelständisches Unternehmen richtet jährlich ein Betriebsfest als Sommerfest aus. Dafür wird bei einem Zeltverleih ein Festzelt angemietet; Vertragsgegenstand sind Auf- und Abbau und Nutzung des Zeltes gegen Entgelt. Zur Gestaltung des Festes hat das Unternehmen ein Gesangsduo verpflichtet; außerdem wurde ein kaltes Bufett in Auftrag gegeben. Der Zeltverleih kommt seinen Verpflichtungen schuldhaft nicht nach; das Fest muß ausfallen, da es Ausweichmöglichkeiten in zumutbarer Entfernung nicht gibt. Können die trotzdem anfallenden Kosten für Bufett und Gesangsduo dem Zeltverleih auferlegt werden?

Nach den herkömmlichen Formulierungen — ist so zu stellen, als wenn erfüllt worden wäre — wäre eine Kostenverlagerung auf den Zeltverleih ausgeschlossen. Die Aufwendungen wären auch bei Erfüllung angefallen und daher kein Nichterfüllungsschaden im engeren Sinn. Auch mittels der Rentabilitätsvermutung ergäbe sich nichts anderes: mit der jährlichen Durchführung des Festes sollten Kollegialität und Motivation der Mitarbeiter gefördert werden; ein wirtschaftlich meßbarer Gewinn war nicht beabsichtigt. Dabei sollte jedoch nicht stehengeblieben

---

19 Vgl. dazu eingehend oben 2. Teil B II 3 c.

20 Im Ergebnis ebenso Hans Stoll, JZ 1975, 252, 255; ders., Festschrift für Duden, 1977, S. 641, 658: der Schuldner muß sich bei immateriellem Interesse des Gläubigers dessen Interessenbewertung gefallen lassen; nach der Stoll'schen Grundkonzeption sind die Aufwendungen jedoch Bestandteil des positiven Interesses. Für Aufwendungen im Gefolge der Pflichtverletzung Schack, JZ 1986, 305, 308.

21 Vgl. näher oben 1. Teil C II 4.

werden. Die Investitionen sind im Vertrauen auf die Erfüllungszusage angefallen und an einen bestimmten Zweck gebunden, der infolge der Vertragsverletzung nicht erreicht werden konnte. Damit ist der Rückgriff auf diese Aufwendungen, was den Vermögens-Schadensersatz angeht, eröffnet.

Schwieriger ist es zu beurteilen, wenn nicht von nur einem Sekundärzweck gesprochen werden kann, sondern wenn von dem Gläubiger *mehrere Ziele* verfolgt werden, die *nicht* ausschließlich immaterieller Natur sind. Diese können gleichwertig sein; ihnen kann jedoch auch unterschiedliches Gewicht zukommen. Die Frage, wann in einer derartigen Konstellation der Schadensersatz wegen Nichterfüllung nach den entwerteten Aufwendungen berechnet werden kann, richtet sich nach dem Schwerpunkt der Sekundärzielrichtungen. Sind diese in der Hauptsache von Gewinnstreben gezeichnet, wird damit die Richtung und gleichzeitig die Grenze des Schadensersatzes vorgegeben:[22] Maßstab ist das positive Interesse. Wer sein Interesse selbst vermögensmäßig bewertet, muß sich auch für den Fall einer Vertragsstörung daran festhalten lassen. Tritt dagegen ein erstrebter Gewinn gegenüber der Hauptzielsetzung derart in den Hintergrund, daß er nur als „bei Gelegenheit des Vertrages" verfolgter anzusehen ist, bleibt es auch für den Schadensersatz bei der Berücksichtigung des ideellen Sekundärzwecks. Hier ist gerade keine vermögensmäßige Festlegung vom Geschädigten getroffen worden, die den Kern seiner Verwendungserwartung bildet; damit erscheint eine Besserstellung gerechtfertigt. Die Zuordnung läßt sich insoweit nicht allgemeingültig vornehmen. Sie richtet sich bei einer mehrgliedrigen Sekundärzweckbestimmung danach, welchem Bereich — materieller oder immaterieller Sekundärzweck mit den unterschiedlichen Folgen für den Ersatz entwerteter Aufwendungen — die Motivation des Geschädigten näher steht.

Ein dem erstgenannten Bereich mit Schwerpunkt auf einem materiellen Sekundärzweck zuzuordnender Fall läge etwa in folgendem Beispiel vor:

> Ein Hersteller von Glas- und Porzellanwaren, der seine Produkte ausschließlich über ausgewählte Händler vertreibt, veranstaltet sogenannte Regionalausstellungen, auf denen er den Weiterverkäufern jährlich seine neue Angebotspalette vorstellt. Gleichzeitig ordern die Händler die ihnen zu liefernden Waren.

Vordergründig dient die Präsentation der Information der Händler über das Warenangebot; der Sekundärzweck ist insoweit ein immaterieller. Daneben tritt jedoch das normale Gewinnstreben eines Unternehmers, wenn er gleichzeitig seine Auftragsbücher füllen lassen will. Dies wird im Interesse von beiden — Hersteller und Wiederverkäufer — liegen. Damit wird jedoch der immaterielle Sekundärzweck von einem materiellen verdrängt, der den eigentlichen Schwerpunkt der Verwendungserwartung darstellt. Damit ist auch für die Bemessung des Schadensersatzes — der Vermieter der Ausstellungsräume hat diese verschul-

---

22 Vgl. zur Beschränkung des Schadensersatzes wegen Nichterfüllung auf das positive Interesse oben 3. Teil B I 5 a aa.

det doppelt vermietet, die Ausstellung kann nicht wie vorgesehen stattfinden — lediglich auf diesen Hauptzweck abzustellen. Etwaige entwertete Aufwendungen könnten daher nur nach dem oben beschriebenen Regel-Ausnahme-Verhältnis dem Schadensersatz wegen Nichterfüllung zugrunde gelegt werden.[23]

Zu einem Fall doppelten Sekundärzwecks des Geschädigten, der dem zweitgenannten Bereich zuzuordnen wäre, ist die Grundsatzentscheidung des Bundesgerichtshof vom 10.12.1986 ergangen:

> Ein eingetragener Verein, der nach seiner Satzung politische Ziele verfolgte, hatte 1984 für eine Vortragsveranstaltung eine Stadthalle angemietet; diese wurde von einer städtischen Eigengesellschaft in der Rechtsform der GmbH als öffentliche Einrichtung betrieben. Wegen angekündigter Gegendemonstrationen und der Gefahr von Zerstörungen und Beschädigungen städtischen Eigentums wurde der Vertrag von der GmbH auf Anweisung der Stadtverwaltung einen Tag vor dem geplanten Beginn der Veranstaltung gekündigt und dem Verein die Gebrauchsüberlassung verweigert. Der Verein machte im Prozeßwege als Schaden nutzlos gewordene Aufwendungen u. a. für Werbung, Honorare und Übernachtungen in Höhe von ungefähr DM 31.300,— und entgangenen Gewinn aus dem Verkauf von Druckschriften und dem Eingang von Spenden in Höhe von ca. DM 1.400,— geltend.[24]

Der Bundesgerichtshof wertete das Verhalten der GmbH als schuldhafte Leistungsstörung, die über die positive Vertragsverletzung in Form der ernsthaften Erfüllungsverweigerung — als Anspruchsgrundlage wohl favorisiert — bzw. über § 325 BGB zum Schadensersatz wegen Nichterfüllung führe. Das Verhalten der GmbH könne weder auf den vertraglich vereinbarten Rücktrittsvorbehalt gestützt werden, noch rechtfertige es sich aus den geplanten Gegendemonstrationen. Daß von den Teilnehmern der Veranstaltung selbst Gefahren für die Unversehrtheit städtischen Eigentums ausgegangen seien, sei nicht hinreichend substantiiert dargetan. Für die Anweisung der Stadtverwaltung habe die GmbH entsprechend § 31 BGB einzustehen.

Hinsichtlich der behaupteten Schadensposten differenziert der Bundesgerichtshof: der entgangene Gewinn wird im Grunde zugesprochen; der VIII. Senat sah sich lediglich gezwungen, zurückzuverweisen, weil noch nicht geklärt war, ob und inwieweit die Miete für den Gewinnumfang bereits berücksichtigt war. Der Großteil der Ausführungen des Bundesgerichtshofes gilt jedoch dem Aufwendungsersatz. Ersatz vergeblich angefallener Aufwendungen könne ausschließlich auf der Basis der Rentabilitätsvermutung verlangt werden.[25] Die Zielsetzung der

---

[23] Vgl. eingehend oben 3. Teil B I 4, 5 und 6.

[24] BGHZ 99, 182, 195 ff. Die politische Zielrichtung des Vereins, der in Verfassungsschutzberichten des Landes NW für 1982 und des Bundes für 1983 als rechtsextrem eingestuft worden war, und Gegenstand und Inhalt des geplanten Vortrags können für die Lösung des Falles außer Betracht bleiben; die rechtliche Bewertung ist von dieser Konstellation insoweit unabhängig.

[25] Der BGH hat im Rahmen seiner Bewertung der Rentabilitätsvermutung darauf abgestellt, daß der Nichterfüllungsschaden nicht in den Aufwendungen, sondern im Verlust der Kompensationsmöglichkeit liege. Dem ist entgegenzuhalten, daß damit —

Veranstaltung sei dagegen eine ideelle gewesen; die Zweckvereitelung stelle daher einen lediglich immateriellen Schaden dar, dessen Ersatz § 253 BGB entgegenstehe. Der Begründung mit Vertrauenserwägungen hält der Bundesgerichtshof entgegen, daß das Vertrauensinteresse nur bei besonderer gesetzlicher Anordnung verlangt werden könne; ein Wahlrecht zwischen positivem und negativem Interesse bei vertraglichen Ersatzansprüchen sei abzulehnen.

Gegen diese grundsätzliche Positionsbestimmung des Aufwendungsersatzes bestehen Bedenken, die sich sowohl auf Begründung als auch das Ergebnis der Entscheidung erstrecken. Es geht bei der Herleitung der Ersatzpflicht für entwertete Aufwendungen nicht um die Installierung einer allgemeinen Vertrauenshaftung. Das Erfüllungsinteresse stellt einen Sonderfall positiven Vertrauensschutzes dar und bildet bei Schadensersatz wegen Vertragspflichtverletzungen daher den normalen Bezugspunkt der Schadensberechnung. Wenn ein derartiger in Geld ausdrückbarer Schaden nicht existiert oder nicht mit hinreichender Sicherheit festgestellt werden kann, ist es gerechtfertigt, dem Geschädigten im Rahmen der herkömmlichen Rechtsbehelfe ein Ausweichen auf das negative Interesse zu gestatten. Damit wird keineswegs — wie der Bundesgerichtshof zu befürchten scheint — ein prinzipielles Wahlrecht zwischen Erfüllungs- und Vertrauensschaden eingeräumt, da der Wechsel der Berechnungsmodalitäten von zusätzlichen Kautelen abhängig gemacht wird. Zudem wird aus dem immateriellen Vertragszweck nicht auch auf das Immaterielle des Schadens geschlossen; eine Divergenz, der Rechtsprechung und Lehre bisher zuwenig Bedeutung beimessen. Wenn der Bundesgerichtshof ausführt, daß das Erfüllungsinteresse entsprechend den §§ 122, 307 BGB die Obergrenze des zu ersetzenden Vertrauensschadens darstelle, weil das enttäuschte Vertrauen sich nicht als „profitabler" als das erfüllte Vertrauen erweisen könne, so ist dem beizupflichten, wenn ein solches Erfüllungsinteresse besteht. Für den Fall, daß ein derartiger Nichterfüllungsschaden nicht festgestellt werden kann, verfängt die Argumentation jedoch nicht. Mit ihr läßt sich die grundsätzliche Ablehnung des Ersatzes entwerteter Aufwendungen daher kaum halten.[26]

Anknüpfend an das oben Gesagte zum mehrteiligen Sekundärzweck kann dem Bundesgerichtshof, auch was das Ergebnis angeht, nicht beigepflichtet werden. Schwerpunkt der Vortragsveranstaltung war die Information der Teilnehmer. Im Vordergrund stand der Zweck, geschichtliche, politische oder gesellschaftliche Tatsachen (?) oder Wertungen zu vermitteln. Dies ist als immaterieller Vertragszweck einzuordnen. Damit könnte, wenn es dabei geblieben wäre, ohne weiteres

---

ebenso wie von der Frustrationslehre im klassischen Gewand — an einen immateriellen Umstand angeknüpft würde, der zu bewerten wäre; diese Begründung ist daher insoweit ebenfalls dem aus § 253 BGB hergeleiteten Einwand ausgesetzt, der durch die Rentabilitätsvermutung gerade vermieden werden sollte.

26 Zum Einwand des BGH, auch bei der Herleitung des Aufwendungsersatzes aus hervorgerufenem und enttäuschtem Vertrauen mangele es an der Kausalität vgl. oben 2. Teil B II 3 d.

auf die entwerteten Werbekosten, Honorare und Aufwendungen für Übernachtungen zurückgegriffen werden. Der Verein hat jedoch anläßlich der Veranstaltung zusätzlich Druckschriften verkaufen und Spenden entgegennehmen wollen. Diese zusätzlichen Intentionen können nicht dazu führen, den Aufwendungsersatz zu paralysieren. Ansonsten wäre mit dem ergänzenden Angebot gleichzeitig eine Beschränkung des Schadensersatzes auf eben diesen Zusatz verbunden. Soweit darf die Berücksichtigung des materiellen Zwecks hier jedoch nicht gehen; er steht soweit im Hintergrund, daß er das Gepräge der Veranstaltung selbst nicht zu ändern vermag. In der oben vorgeschlagenen Terminologie: der Verkauf der Druckschriften und die Annahme von Spenden sollten bei Gelegenheit der Veranstaltung erfolgen. Der Schwerpunkt wäre dadurch nicht beeinträchtigt worden.

Daraus folgt, daß es dem Verein auf der Basis der vorgeschlagenen Konzeption nicht verwehrt werden durfte, seinen Schaden nach den entwerteten Aufwendungen zu berechnen. Das bedeutet im Umkehrschluß jedoch nicht, daß der angestrebte Gewinn gänzlich außen vor bleiben dürfte. Zum einen kann er nicht zusätzlich zu den entwerteten Aufwendungen ersetzt verlangt werden: eine kumulative Geltendmachung von positivem und negativem Interesse kommt insoweit nicht in Betracht. Dem ist der Bundesgerichtshof zurecht entgegengetreten. Der entgangene Gewinn erlangt jedoch noch eine andere Bedeutung: sein Umfang ist von der behaupteten und bei Bestreiten zu beweisenden Summe der entwerteten Aufwendungen abzusetzen. Bezogen auf die Gesamtkalkulation der Veranstaltung hatte der Verein mit einem Verlust in einer bestimmten Höhe (Differenzbetrag zwischen Kosten und Erträgen) gerechnet. Darauf ist die Ersatzpflicht zu begrenzen. Im rechnerischen Gesamtergebnis bezog sich nur auf diese Summe das zu schützende Vertrauen.

Wenig hilfreich erscheint es demgegenüber, die in dem Urteil angesprochene Problematik allein auf der Schiene des Gebrauchsentgangs oder des Nutzungsausfalls lösen zu wollen.[27] Zwar ist die Nähe des Ersatzes entwerteter Aufwendungen zum Richterrecht des Gebrauchsentgangs nicht zu leugnen. Der Ansatz ist jedoch ein anderer. Bei Vertragsverletzungen entsteht die Schadensersatzpflicht grundsätzlich bereits mit der schuldhaften und kausalen Pflichtverletzung. Eine zweite davon zu unterscheidende Frage ist, welche Schäden ersetzt werden müssen. Hier ist im Rahmen des positiven Interesses vor allem an einen Wertersatz, eine Kostenrechnung, an die Durchführung eines Deckungsgeschäftes oder an die

---

[27] So Flessner/Kadner, JuS 1989, 879, 884 im Anschluß an Flessner, JZ 1987, 271 ff. Ausgegangen wird von der Erwägung, daß es bei den Fragen des Nutzungsentgangs weniger um den Schadensbegriff oder die Kategorien des Vermögens- oder Nichtvermögensschadens gehe, sondern um die Begründung der Schadensersatzpflicht. Auf der Grundlage dieser Schadenskonzeption wird eine Entschädigung gewährt, wenn nach den Maßstäben der Erforderlichkeit, der Verhältnismäßigkeit der Ersatzbeschaffung und der Zumutbarkeit der Schadensbegrenzung der Gläubiger zu einer tatsächlichen Ersatzversorgung auf Kosten des Schuldners berechtigt gewesen wäre. Kritisch zu dieser Vorstellung Medicus, NJW 1989, 1889, 1893.

Zugrundelegung des entgangenen Gewinns zu denken.[28] Soweit derartige Schäden entstanden sind, besteht für eine Bewertung des Gebrauchsentgangs von vornherein kein Anlaß. Die Idee, für den Fall, daß die Übereignung einer Eigentumswohnung verschuldet verweigert wird, neben den zusätzlichen Kosten der Ersatzbeschaffung und den Aufwendungen für eine zeitweilige Hotelunterbringung, kumulativ eine Entschädigung für entgangene Gebrauchsvorteile zuzusprechen, führt vor diesem Hintergrund zu einer Überkompensation. Hinzukommt, daß die Folgen für die Rechtspraxis unabsehbar sind, wenn neben die normalen Rechtsfolgen von Vertragsverletzungen eine vollständig neue Kategorie mit dem materiellen Gehalt einer Entschädigung treten würde. Für diese wäre vom Prinzip her in allen Fällen von schuldhafter Nicht- oder verspäteter Leistung Raum. Die Wertung ist auf den Ersatz entwerteter Aufwendungen zu übertragen. Soweit diese der Schadensberechnung nach dem beschriebenen Regel-Ausnahme-Verhältnis zugrunde gelegt werden können, erscheint ein Rückgriff auf die zusätzliche Kommerzialisierung von Nichtvermögenswerten nicht erforderlich, zudem übertrieben künstlich. Dies wird anschaulich, wenn für den Umfang der Entschädigung nicht die tatsächlich angefallenen Werbekosten herangezogen werden sollen, sondern auf den für eine vergleichbare Veranstaltung gewöhnlich betriebenen Aufwand zurückgegriffen wird.[29]

Diese Ungereimtheiten erlauben es möglicherweise, wie für den Ersatz entwerteter Aufwendungen auch für den Gebrauchsentgang die bisher weitgehend befürwortete Anspruchsgrundlagenparallelität des allgemeinen Schadensrechts von Delikt und Vertrag in Zweifel ziehen. Im Bereich der unerlaubten Handlungen kann als Schadensposten oftmals tatsächlich nur an den Gebrauchsentgang angeknüpft werden.[30] Für vertraglich eingeräumte Gebrauchsmöglichkeiten bilden dagegen die Vertragspflichten alternative, wohl auch abschließende Bewertungsgrundlagen. Dieses Moment wird vom Bundesgerichtshof vernachlässigt, wenn er bei der Weigerung, das in einer Scheidungsvereinbarung festgeschriebene Nutzungsrecht an einem Ferienhaus zu gewähren, für die Schadensberechnung ausschließlich auf die entgangene Gebrauchsmöglichkeit abstellt und dadurch gezwungen wird, diesen Umstand zu bewerten.[31] Systemgerechter erscheint der in den Entscheidungsgründen kurz mitgeteilte, vom Bundesgerichtshof jedoch als verfehlt verworfene Ansatz der Berufungsinstanz, auf die durch die Pflichtverletzung entstandenen Mehrkosten für entsprechende Hotelaufenthalte abzuheben und den Schadensersatz darauf zu beschränken.

---

28 Vgl. dazu Soergel/Wiedemann, Vor § 275, Rdnr. 41 ff.

29 Flessner/Kadner, JuS 1989, 879, 884.

30 Zutreffend daher die vorsichtige Formulierung des Großen Senats für Zivilsachen im Leitsatz des Beschlusses vom 09.07.1986 — BGHZ 98, 212 —, der sich nur auf deliktische Eingriffe bezieht.

31 BGHZ 101, 325, 332.

6. Einschränkung des Regel-Ausnahme-Verhältnisses

Dies Regel-Ausnahme-Verhältnis von positivem und negativem Vertrauensschutz bei Vertragsstörungen gilt seinerseits nicht unbeschränkt. Grundlage des Anspruchs auf Schadensersatz wegen Nichterfüllung kann die sogenannte *Kostenrechnung* sein; darunter ist eine Berechnungsmodalität zu verstehen, nach der der Geschädigte die durch die Vertragsverletzung bereits entstandenen oder notwendigerweise noch entstehenden Kosten oder Aufwendungen ersetzt verlangen kann, die z. B. das Schadensereignis kompensieren oder die Auswirkungen der Vertragsverletzung rückgängig machen. Angesprochen sind etwa Mängelbeseitigungs- oder Rückabwicklungskosten. Ihm ist also zu diesem Zeitpunkt bereits eine positive Vermögenseinbuße entstanden oder aber eine solche wird zwingend in der Zukunft noch eintreten. Wie oben gezeigt, gehören die dafür anfallenden Kosten zum positiven Interesse und sind streng von den entwerteten Aufwendungen zu unterscheiden.[32] Gleichwohl haben sie für den Geschädigten die gleiche Bedeutung: er wird feststellen, daß der Vertrag und die Vertragsverletzung bei ihm einen konkreten Vermögensverlust hervorgerufen haben; die juristische Unterscheidung der Kostengruppen wird ihn nicht davon überzeugen können, sich nun für eine Kategorie zu entscheiden, was den Ersatz angeht. Dies ist auch unmittelbar einsichtig, da ansonsten ein einheitlicher Lebensvorgang in zwei künstliche Teile aufgespalten würde.

Für bereits eingetretene oder absehbare konkrete Vermögenseinbußen gilt das Stufenverhältnis somit nicht: beide Kostengruppen können vielmehr kumulativ geltend gemacht werden. Dogmatisch ist das damit zu begründen, daß es beim oben beschriebenen Grundsatz darum geht, einen hypothetischen Zustand wenigstens wertmäßig herzustellen. Wenn dafür das positive Interesse keine Anhaltspunkte liefert, kann der Gläubiger verlangen, in seine vorvertragliche Position zurückversetzt zu werden. Dies hat bei bereits erlittenen oder bevorstehenden Vermögenseinbußen keine Aussagekraft. Sachlich besteht trotz des dogmatischen Unterschieds zwischen beiden Aufwendungsgruppen eine Einheit. Welche Aufwendungen im einzelnen vom positiven Interesse erfaßt werden und neben dem frustrierten Aufwand ersetzt werden können, muß hier offen bleiben, da es sich insoweit nicht um entwertete Aufwendungen handelt. In diesem Zusammenhang sei nochmals darauf hingewiesen, daß entwertete Aufwendungen auch neben den Mehrkosten eines Deckungsgeschäftes zu ersetzen sind, wenn auch die Ersatzbeschaffung den Schadenseintritt nicht zu verhindern vermochte.[33]

---

[32] Siehe oben 1. Teil C I.

[33] Vgl. oben 3. Teil B I 5 a aa.

7. Zwischenergebnis

Als Ergebnis ist daher festzuhalten, daß entwertete Aufwendungen dem Schadensersatz wegen Nichterfüllung nur ausnahmsweise zugrunde gelegt werden dürfen. Als tragfähig hat sich die Vorstellung erwiesen, daß ab dem Vertragsschluß Bezugspunkt der Schadensberechnung nur die gedachte Erfüllung sein kann. Lediglich wenn ein solches hypothetisch herzustellendes positives Interesse nicht besteht — vor allem immaterieller Vertragszweck — oder sich jedenfalls nicht oder nicht mit ausreichender Sicherheit und vertretbarem Aufwand feststellen und gerichtsverwertbar beweisen läßt, bleibt Raum für den Ersatz entwerteter Aufwendungen.[34] Der Schuldner wird damit nicht überbelastet, denn er ist durch den Verlusteinwand hinreichend geschützt; dieser bezieht sich allerdings nicht auf die gläubigereigene Leistung, die in jedem Fall den Mindestschaden bildet. Wenn ein wirtschaftlich ausdrückbares Erfüllungsinteresse nicht besteht, ist für den Verlusteinwand naturgemäß kein Raum. Das Rangverhältnis gilt nicht beim Aufeinanderprallen von entwerteten Aufwendungen und bereits konkret eingetretenen Vermögenseinbußen, also etwa Mängelbeseitigungs- oder Rückabwicklungskosten; ebenso ist das alternativ ausgerichtete Wahlrecht nicht zwingend, wenn es um die Mehrkosten eines ordnungsgemäß durchgeführten Deckungsgeschäftes geht, das die Entwertung gleichwohl nicht hat verhindern können. Insoweit können beide Kostengruppen neben dem Aufwendungsersatz kumulativ geltend gemacht werden.

Im Ergebnis richtig ist daher folgende Entscheidung des OLG Düsseldorf:

> Aufgrund eines Mietvertrages hatte der Vermieter eine Gaststätte mit einer Gewerbeküche ausgestattet. Wegen vorzeitiger, vertragswidriger Kündigung des Mieters wurde dieser Aufwand teilentwertet. Der neue Mieter konnte die Küche in diesem Umfang nicht nutzen, so daß sich der Mietzins minderte.[35]

Anstatt dieses positive Interesse geltend zu machen, wollte der Vermieter seinen Schaden nach den nutzlosen Aufwendungen berechnen. Dies wurde ihm vom Gericht verwehrt. Dem ist zuzustimmen, da für ein Abgehen von der Berechnung auf der Grundlage der Erfüllungshypothese kein Anlaß bestand: der Vermieter hätte den entgangenen Gewinn in Form des verringerten Mietzinses verlangen müssen.[36]

Nach der hier vorgeschlagenen Lösung zum Wahlrecht zwischen den einzelnen Berechnungsmodalitäten des Schadensersatzes wegen Nichterfüllung im Verhältnis zum Ersatz entwerteter Aufwendungen scheint letzterer de iure nur in Ausnahmefällen und bei immateriellem Sekundärvertragszweck möglich zu sein. De facto reduziert sich das Wahlrecht jedoch auf den gegenseitigen Ausschluß von

---

34 Zum Ersatzumfang im einzelnen unten 5. Teil.

35 OLG Düsseldorf NJW-RR 1988, 652, 653.

36 In dieser Hinsicht richtig verhalten hat sich der Kläger in OLG Hamm NJW-RR 1989, 601, 602 a. E.

Aufwendungsersatz und entgangenem Gewinn. Insoweit ist der Satz, der Geschädigte könne nicht am Vertrag festhalten und den Gewinn liquidieren und gleichzeitig seine fruchtlosen Investitionen ersetzt verlangen, zutreffend. Hinsichtlich der Kostenrechnung besteht das Regel-Ausnahme-Verhältnis nicht; Deckungsgeschäfte werden in der Regel — von Ausnahmen wie den Transportkosten, soweit sie als entwertete Aufwendungen anzusehen sind, einmal abgesehen — der Entwertung entgegenwirken und damit den Haftungsgrund entfallen lassen.

8. Übertragung auf das kauf- und werkvertragliche Gewährleistungsrecht

Die Bedeutung dieser Aussagen wäre erheblich eingeschränkt, wenn sie nicht auch auf die §§ 463, 480 Abs. 2, 635 BGB Anwendung fänden. Das erscheint fraglich, da von einer mittlererweile gefestigten Rechtsprechung ein Spannungsfeld um die Begriffe des Mangel- und des Mangelfolgeschadens aufgebaut worden ist. Auf der Basis dieser Unterscheidung soll im folgenden ein Vorschlag zur Einordung der entwerteten Aufwendungen unterbreitet werden.

a) Unterscheidung von Mangel- und Mangelfolgeschäden

Der momentane Stand der Rechtsprechung zur kaufvertraglichen Sachmängelhaftung kann skizzenhaft wie folgt dargestellt werden. Die §§ 463, 480 Abs. 2 BGB finden Anwendung auf alle Mangelschäden und die weiteren Mangelfolgeschäden, auf deren Verhinderung sich die Zusicherung erstreckt hat. Liegen diese Voraussetzungen nicht vor, bleibt Raum für die positive Vertragsverletzung.[37] Sie ist allerdings auf Mangelfolgeschäden beschränkt und die Ansprüche daraus verjähren nach § 477 BGB.[38] Hintergrund dieser Doppelspurigkeit ist es, den Verkäufer auch bei Fahrlässigkeit und bedingtem Vorsatz haften zu lassen. Die allgemeine Verschuldenshaftung hat sich gegen die kaufrechtliche Sonderregelung damit weitgehend durchgesetzt.

Im Werkvertragsrecht wird ähnlich differenziert. Der Anwendungsbereich des § 635 BGB wird auf Kosten der positiven Vertragsverletzung zusätzlich dadurch erweitert, daß nächste Folgeschäden, die zwar außerhalb des Werkes auftreten, aber in engem Zusammenhang mit dem Mangel stehen, unter die Gewährleistung fallen. § 638 BGB wird auf die positive Vertragsverletzung nicht angewandt.[39]

---

37 Emmerich will die §§ 325, 326 BGB anstelle der positiven Vertragsverletzung unmittelbar eingreifen lassen; vgl. Emmerich, Recht der Leistungsstörungen, 1986, S. 196.

38 BGHZ 50, 200, 201; 57, 292, 298; 58, 305, 307; 77, 215, 219; BGH NJW 1973, 276; BGH NJW 1973, 843, 845; BGH NJW-RR 1989, 1043, 1044.

39 BGHZ 27, 215, 216; 35, 130, 132; 46, 238, 239; 58, 85, 87; 67, 1, 5; 87, 239, 241; 98, 45, 46; OLG Stuttgart NJW-RR 1989, 917, 918.

Da § 635 BGB auf Voraussetzungs- und Rechtsfolgenseite der allgemeinen Verschuldenshaftung entspricht, erscheint als Motiv für die Schadensdreiteilung im Werkvertragsrecht, § 638 BGB für entferntere Mangelfolgeschäden nicht eingreifen zu lassen.

b) Vorschläge zur Einordnung entwerteter Aufwendungen

Für eine Einordnung der entwerteten Aufwendungen sind bisher wenige, zudem voneinander abweichende Vorschläge gemacht worden.

aa) Rechtsprechung

In der Rechtsprechung läßt sich eine einheitliche Linie in der Behandlung frustrierten Aufwands nicht ausmachen. Dieser Befund gilt schon für das Reichsgericht.

Erster Markstein ist der Roggenfall aus dem Jahre 1902:

> Zwei Getreidehändler hatten einen Kaufvertrag über die Lieferung von 20 Tonnen Roggen geschlossen. Wegen eines Sachmangels — das Getreide war naß und daher nicht mahlfähig — kam es zur Wandlung des Kaufvertrages. Zusätzlich verlangte der Käufer den Ersatz von Frachtkosten und Rollgeld, die beim Weitertransport zu seinem Abnehmer angefallen waren.[40]

Das Reichsgericht billigte den Schadensersatzanspruch neben der Wandlung zu und leitete ihn aus § 276 BGB ab. Sachlich handelte es sich dabei um eine positive Vertragsverletzung. Das Reichsgericht behandelte die nutzlos gewordenen Aufwendungen in heutiger Terminologie also als Mangelfolgeschaden.[41]

Zu einer anderen Beurteilung kam das Reichsgericht im Schotteranlagefall vom 20. September 1918:

> In Erfüllung eines Werkvertrages hatte die Beklagte der Klägerin eine Schotteranlage geliefert und in den Gebäuden der Vertragspartnerin auf eigens errichteten Fundamenten angebracht. Nach mängelbedingter Wandlung verlangte die Bestellerin Ersatz von Aufwendungen, die zur Herstellung der Gebäude und Fundamente entstanden waren.[42]

Das Reichsgericht nahm einen echten Mangelschaden an: § 635 BGB betreffe nur Schäden, die in unmittelbarem Zusammenhang mit den beiderseitigen Leistungen stünden. Der Anspruch aus § 276 BGB — wir würden heute wiederum positive Vertragsverletzung sagen — erfasse dagegen den Schaden, der durch das Hinzutreten eines weiteren selbständigen Ereignisses vermittelt werde. Da

---

40 RGZ 52, 18.

41 RGZ 53, 200, 202; 56, 166, 169 bestätigen die Entscheidung als zutreffend.

42 RGZ 95, 2, 4; im Ergebnis folgend RG Recht 1926, Nr.1667.

die Entwertung des Aufwands auf der Mangelhaftigkeit der Anlage selbst beruhe, sei nur ein Anspruch aus § 635 BGB möglich, der aber wegen bereits erfolgter Wandlung ausgeschlossen sei.

Eine Verfestigung der Rechtsprechung im Sinne der letztgenannten Entscheidung brachte der bekannte Bongossiholzfall:

> Ein Zimmermeister hatte in eigenem Namen für fremde Rechnung afrikanisches Bongossiholz erworben, das er für einen bestimmten Auftrag verwenden wollte. Nach der Verlegung des Holzes auf den Fußboden einer Mühle bildeten sich Risse und Fugen. Der Auftraggeber verlangte Neuverlegung. Mit der Klage beantragte der Zimmermeister, festzustellen, daß der Holzlieferant ihn von allen Schadensersatzansprüchen des Mühlenbetreibers freizustellen habe.[43]

Das Reichsgericht unterschied zwischen Schäden infolge der Nichterfüllung — dann Gewährleistungsrecht — und nur mittelbaren der mangelhaften Erfüllung — dann positive Vertragsverletzung. Es verwies die Sache mit dem Hinweis an das Berufungsgericht zurück, daß als mittelbare Schäden nur solche in Betracht kämen, die durch die Verwendung des nicht genügend getrockneten Holzes verursacht worden seien. Ausgenommen waren davon Aufwendungen, die erst zur Verlegung und damit Nutzung führen sollten. Im Ergebnis wurden diese als Mangelschäden angesehen.

Die Rechtsprechung nach 1945 hat sich diesem Diktum des Reichsgerichts angeschlossen. Die Einordnung entwerteter Aufwendungen in das Gewährleistungssystem ist als problematisch nicht mehr empfunden worden. Auf eine sachliche Auseinandersetzung wurde in den wenigen Fällen, in denen Gerichte sich mit dieser Frage beschäftigten, in der Regel verzichtet. Der Bundesgerichtshof hat Zinsen für die Beschaffung von Krediten zur Finanzierung des Kaufpreises, die infolge Mangelhaftigkeit des Vertragsgegenstandes entwertet wurden, im Ergebnis als Mangelschaden behandelt.[44] Führte die Lieferung mangelhafter Dachpfannen dazu, daß ein Dach neu eingedeckt werden mußte, waren die Kosten für das erstmalige Eindecken entwertet. Der Bundesgerichtshof prüfte jedoch weder Ansprüche aus § 463 BGB bzw. § 480 Abs. 2 BGB noch aus positiver Vertragsverletzung. Unmittelbar bestand dazu allerdings auch keine Veranlassung, da der Käufer Wandlung verlangt hatte und der Bundesgerichtshof § 467 S. 2 BGB eingreifen ließ.[45] Die Vorinstanz hatte beide Ansprüche schon auf der Voraussetzungsseite abgelehnt, ohne eine Abgrenzung vorgenommen zu haben.[46] Das OLG Oldenburg hat dagegen nutzlose Kosten für eine Montagekolonne und Arbeitsgerät ohne nähere Begründung als Mangelfolgeschaden angesehen, der auch neben der vollzogenen Wandlung verlangt werden könne.[47]

---

43 RG DR 1941, 637, 638 (m. Anm. Herschel).

44 BGHZ 60, 319, 320; vgl. auch BGHZ 71, 234, 236, wo entwertete Zahlungen nicht als Vermögensschaden angesehen werden.

45 BGHZ 87, 104.

46 OLG Hamm NJW 1982, 772.

Als Fazit aus der Rechtsprechungsanalyse bleibt festzuhalten, daß ein eindeutiger Standpunkt vom Bundesgerichtshof ausdrücklich noch nicht eingenommen wurde. Im Ergebnis wurden entwertete Aufwendungen zumeist als Mangelschaden behandelt. Gleichwohl ist nicht auszuschließen, daß bei geeigneter Gelegenheit anders entschieden würde. Grund für diese einzelfallorientierte Zuordnung ist wohl vor allem das mangelnde Problembewußtsein bei den Gerichten und den Prozeßparteien, deren Anträge in der Regel auf den Ersatz des positiven Interesses gerichtet sind. Damit wird den Gerichten die Möglichkeit, der Zwang genommen, sich mit Entwertungsschäden zu befassen. Hinzukommt, daß die positive Vertragsverletzung als Ergänzungsrechtbehelf nicht nur hinter den Schadensersatzregeln der §§ 463, 480 Abs. 2, 635 BGB steht, sondern auch neben die Wandlung treten kann;[48] die Wertungen sind jeweils nicht die gleichen. Außerdem bleibt der Rechtsprechung in Sonderfällen die Möglichkeit, Aufwendungsersatz wegen der Verletzung von Auskunfts- oder Offenbarungspflichten im Rahmen der culpa in contrahendo zu gewähren.[49]

bb) Rechtswissenschaft

Ausdrückliche Zuordnungsvorschläge werden von der Rechtswissenschaft vorgetragen, wiewohl die Behandlung entwerteter Aufwendungen auch hier eher zu den Randfragen gehört. Davon hat bisher keiner vermocht, sich durchzusetzen.

---

47 OLG Oldenburg JZ 1979, 398; Streck spricht in der Anmerkung a. a. O. von einem "sicherlich richtigen, anscheinend selbstverständlichen Ergebnis".
Der Wackelspatzenfall (BGHZ 35, 130) kann dagegen für die Auffassung, der BGH sehe in nutzlosen Reklamegebühren einen Mangelfolgeschaden, nicht in Anspruch genommen werden, denn im Verhältnis des Klägers (= Zwischenhändlers) zum Beklagten (= Hersteller) waren die Gebühren, die der Kläger seinem Abnehmer erstatten mußte, keine entwerteten Aufwendungen des Klägers, sondern ein typischer Nichterfüllungsschaden; entstanden war der Aufwand als Folge der mangelhaften Herstellung des Werbeträgers. Als Mangelfolgeschaden waren die Gebühren daher aus positiver Vertragsverletzung zu ersetzen. Anderes gilt für die Gebühren im Verhältnis des Zwischenhändlers zu seinem Abnehmer; für letzteren waren die Gebühren tatsächlich entwertete Aufwendungen. Darum ging es jedoch in der Entscheidung nicht.
Für die Behandlung entwerteter Aufwendungen ebenfalls unergiebig ist BGH NJW 1967, 340, 341 (insoweit in BGHZ 46, 238 nicht abgedruckt). Bei entgangenen Zinsen für Gelder, die zur Finanzierung eines Gebäudes aufgewendet wurden, handelt es sich ebenfalls nicht um entwertete Kosten, sondern um einen Nichterfüllungsschaden.
Beide Fälle des BGH und die unzutreffende Wertung Muschelers [AcP 187 (1987), 343, 375 f.] zeigen, wie wichtig die Differenzierung in Aufwendungen infolge des Vertragsversprechens und solchen, die durch die Pflichtverletzung entstehen, ist; vgl. dazu oben 1. Teil C I.

48 Dazu unten 3. Teil B VI 3.

49 Vgl. aus neuerer Zeit nur BGH WM 1987, 1303; BGH NJW-RR 1988, 623.

aaa) Betrachtung als Mangelschaden

Anknüpfend an das Wertungskriterium des Reichsgerichts im Bongossiholzfall werden vergebliche Aufwendungen als Mangelschaden betrachtet, weil die Frustrierung unmittelbare Folge der Pflichtverletzung bzw. der mangelhaften Leistung sei; ein weiterer Umstand müsse nicht hinzutreten.[50]

Der Befund ist zwar richtig, vermag aber die Schlußfolgerung nicht zu decken. Er trifft vielmehr auch auf die Verletzung von Integritätsinteressen zu, wenn allein die Mangelhaftigkeit des Kaufgegenstandes zu der Beeinträchtigung führt. Gleichwohl wird die Einordnung derartiger Schäden als Mangelfolgeschaden nicht angegriffen. Zwar werden andere Rechtsgüter außerhalb des Leistungsinteresses betroffen. Gleiches kann man jedoch auch von den entwerteten Aufwendungen sagen: das Vermögen ist gemindert, da der Aufwand als nutzloser nicht gewollt war. Hinzukommt, daß auch der Bundesgerichtshof den Differenzierungsansatz des Reichsgerichts insoweit korrigiert hat, als er für die Zuordnung nächster Mangelfolgeschäden im Werkvertragsrecht nicht mehr allein auf den unmittelbaren, kausalen Zusammenhang abstellt, sondern ein lokales Element einführt, das sich am Leistungsobjekt selbst orientiert.[51] Damit wird anerkannt, daß auch Mangelfolgeschäden ohne das Eingreifen einer weiteren Ursachenkette entstehen können, und daß zur Ergänzung andere Kriterien herangezogen werden müssen. Auf der anderen Seite werden etwa Mangelbeseitigungskosten den Mangelschäden zugerechnet.[52] Diese fallen jedoch nicht schon allein aufgrund der Fehlerhaftigkeit der Kaufsache an, sondern entstehen als Folge eigenverantwortlichen Verhaltens des Geschädigten oder eines Dritten.

Das ausschließliche Abstellen auf den tatsächlichen Verlauf, der zur Entwertung der Aufwendungen führt, vermag als maßgeblicher Gesichtspunkt nicht zu überzeugen.

bbb) Differenzierung nach Art der Aufwendung

Nach anderer Ansicht ist entsprechend dem Charakter der Aufwendungen zu unterscheiden. Dem Erfüllungsinteresse zuzuordnen und damit als echte Mangelschäden anzusehen seien Minderwertschäden, Mängelbeseitigungskosten, Vertragskosten, Verlustschäden, entgangener Gewinn, Deckungsgeschäftsschäden und die Haftpflichtschäden, die auf dem Einstehen-Müssen für die Nichterfüllung beruhten. Der Gesamtgüterbereich sei dagegen angesprochen, wenn Eigen- oder Fremdgüterschäden, Körperschäden, zusätzliche oder nutzlose Aufwendungen

---

[50] Muscheler, AcP 187 (1987), 343, 378; Reinicke / Tiedtke, Kaufrecht, 1989, S. 216.

[51] BGHZ 67, 1, 8; 87, 239, 241; Emmerich, Recht der Leistungsstörungen, 1986, S. 200; Soergel / Mühl, § 635, Rdnr. 14 f.

[52] Vgl. etwa BGHZ 77, 215, 218; BGH NJW 1978, 2241; Soergel / Huber, § 463, Rdnr. 83.

oder Haftpflichtschäden, bei denen es um Ersatz von Begleitschäden gehe, geltend gemacht würden.[53]

Der Gedanke, nicht jeden Schadensinhalt gleich zu behandeln, kann für sich in Anspruch nehmen, die Zuordnung von Mangel- und Mangelfolgeschäden typisierend zu vereinfachen. Der Schluß vom Pflichtenprogramm und der Art der Pflichtverletzung auf die Schadenskategorie wird überflüssig, der in der Rechtsprechung immer wieder anklingt. Der Einwand, eine Typologie produziere immer neue Grenzfälle, mag als Feststellung zutreffen, ist aber gleichzeitig ein Charakteristikum jedes abstrahierenden Ansatzes.

Maßgebende Bedeutung kommt dagegen der Schlüssigkeit der Typologie zu. Für die Behandlung von entwerteten Aufwendungen bestehen hier erhebliche Bedenken. Mängelbeseitigungskosten werden zutreffend als Nichterfüllungsschaden angesehen, zusätzliche Aufwendungen dagegen als Begleitschaden; das erscheint widersprüchlich, da die Mängelbeseitigungskosten den größten Anteil an zusätzlichem Aufwand ausmachen. Unzutreffend ist die Differenzierung in Vertragskosten einerseits und nutzlose Aufwendungen andererseits; erstere bilden einen Bestandteil von letzteren und sind jeweils dem negativen Vertragsinteresse zuzurechnen.[54] In der Gleichsetzung von zusätzlichen und nutzlosen Aufwendungen offenbart sich dann der grundsätzliche Mangel des Katalogs: es wird nicht unterschieden zwischen Aufwendungen, die als Folge des Vertrauens auf die Vertragsdurchführung entstanden sind und solchen, die erst durch die Schlechterfüllung hervorgerufen wurden. Eine einheitliche Behandlung dieser Kategorien — die wiederum mit nur schwer einsehbaren Ausnahmen versehen wird — ist jedoch nicht möglich.

Eine Einordnung entwerteter Aufwendungen mittels der dargestellten Typologie vermag daher ebenfalls nicht zu überzeugen.

ccc) Differenzierung nach Art des Kaufs

Vorgeschlagen wird weiter eine Differenzierung nicht nach der Entstehung oder dem Charakter der Aufwendungen, sondern nach der Art des zugrundeliegenden Kaufvertrages. Beim Spezieskauf seien entwertete Aufwendungen unter § 463 BGB zu subsumieren, ein Ersatz bei Fahrlässigkeit daher ausgeschlossen. Beim Gattungskauf sei dagegen, von den Voraussetzungen des § 480 Abs. 2 BGB unberührt, auf die positive Vertragsverletzung zurückzugreifen, die auch Aufwendungsersatz gewähre.[55] Die Differenzierung beruht auf dem jeweiligen Pflichtenkatalog des Verkäufers. Beim Stückkauf muß dieser die Sache in dem

---

53 Todt, Schadensersatzansprüche des Käufers, Mieters und Werkbestellers bei Lieferung eines mangelhaften Vertragsobjektes, 1970, S. 146; ders., BB 1971, 681, 683 f.

54 Vgl. zur grundsätzlichen Einordnung oben 1. Teil C I; zur Behandlung von Vertragskosten vgl. unten 3. Teil B VI 1 b.

55 Streck, JZ 1979, 398, 399.

Zustand liefern, in dem sie sich befindet. Beim Gattungskauf ist der Verkäufer nach § 243 Abs. 1 BGB verpflichtet, Ware mittlerer Art und Güte auszuwählen. Damit kommt man zu einer „Verdoppelung der Pflichtenstellung": Lieferung der mangelhaften Sache — sanktioniert in § 480 Abs. 2 BGB — und fehlerhafte Auswahl — sanktioniert durch die positive Vertragsverletzung. Gestützt wird diese Ansicht mit § 286 BGB. Für den Verkäufer sei es unerheblich, ob die Entwertung auf einem Fehler oder dem zeitweiligen Ausbleiben der Leistung beruhe.

Die vorgenommene Unterscheidung knüpft an eine heute aufgegebene Rechtsprechung des Reichsgerichts an.[56] Sie führt für den Gattungskauf zu einer weitergehenden Anwendung der allgemeinen Verschuldenshaftung als beim Stückkauf und war auch von dieser Zielsetzung motiviert. Aus der Sicht der Reformbewegungen zum Schuldrecht wird also in die richtige Richtung gegangen.

Gleichwohl kann ihr zum momentanen Zeitpunkt nicht gefolgt werden. Das Gewährleistungsrecht beim Kauf würde von einer weiteren Differenzierung zusätzlich verzerrt.[57] Die Bemühungen, der allgemeinen culpa-Haftung den Vorrang gegenüber kaufrechtlichen Spezialregelungen einzuräumen, müssen ihre Grenze spätestens da finden, wo Essentialia des Kaufrechts berührt werden. Der Besonderheit des Auswahlverschuldens wird beim Gattungskauf mit dem Nachlieferungsanspruch in § 480 Abs. 1 BGB Rechnung getragen. Weitere Konsequenzen sind aus der unsorgfältigen Auswahl des gelieferten Gegenstandes nicht zu ziehen. Insoweit muß beim Stück- und Gattungskauf Gleiches gelten. Dem Argument, es sei für den Käufer irrelevant, ob die Entwertung aufgrund Verzuges oder infolge mangelhafter Auswahl eintrete, kann bedingungslos zugestimmt werden. Die Behebung dieser Divergenz muß jedoch auf allgemeinerer Ebene ansetzen; sie würde im übrigen auch auf den Vergleich von Verzug und Stückkauf passen und ebenso im Werkvertragsrecht und bei allen Verträgen ohne besondere Gewährleistungsregelungen Geltung beanspruchen können.

Dem Vorschlag einer Differenzierung nach Art des Kaufvertrages ist daher nicht zu folgen.

ddd) Einheitliche Anwendung der positiven Vertragsverletzung

Umfassender Ersatz entwerteter Aufwendungen wird mit einer nach Fallgruppen ausgerichteten Anwendung der positiven Vertragsverletzung erreicht. Die Anzahl der bei Schlechterfüllung möglichen Schadenstypen wird auf drei festgelegt: die Käuferaufwendungen, der Nichterfüllungsschaden im engeren Sinn und

[56] RGZ 52, 18, 19; 56, 166, 169; 66, 289, 291.

[57] Erman / Weitnauer, § 480, Rdnr. 15; Honsell, JR 1976, 361, 364; Huber, RabelsZ 43 (1979), 413, 496; Soergel / Wiedemann, 11. Aufl. 1986, Vor § 275, Rdnr. 250; Staudinger / Honsell, § 480, Rdnr. 22.

sonstiger Personen- oder Sachschaden. Die Käuferaufwendungen würden durch die Verletzung der vertraglichen Hauptpflicht entwertet. Da der Schaden auch nicht dadurch wiedergutgemacht werden könne, daß der Verkäufer ordnungsgemäß nachliefere, den Sachmangel behebe oder Wertersatz leiste, sei ein umfassender Schutz über die positive Vertragsverletzung zu gewähren.[58]

Für diese Auffassung spricht ihre relativ leichte praktische Handhabung. Übersehen wird jedoch, daß ein Einheitstatbestand für alle Arten von eigennützigen Aufwendungen nicht in sich stimmig aufgestellt werden kann. Die grundsätzliche Unterscheidung in Aufwendungen im Vertrauen auf die Vertragsdurchführung und solchen zur Beseitigung oder infolge der Pflichtverletzung steht dem entgegen. Nur erstere können durch den Vertragsbruch entwertet werden, die letzteren dienen gerade der Nutznießung durch Beseitigung der Schadensfolgen oder der Rückabwicklung. Die Vermischung beider Kategorien wird offensichtlich, da sowohl die gegebenen Beispiele als auch die verschiedenen Argumentationsstufen mal auf den einen, mal auf den anderen Fall abstellen.[59] Die daraus abgeleiteten Schlußfolgerungen können naturgemäß nicht beide Kategorien abdecken. Im Ergebnis führt die einheitliche Behandlung allen Aufwands im Anwendungsbereich der §§ 463, 480 Abs. 2 BGB zu einer doppelspurigen Haftung: neben den Mangelschaden treten die Aufwendungen — sowohl die entwerteten wie die zum positiven Interesse gehörenden — aus positiver Vertragsverletzung. Wie dieses Nebeneinander für den Ersatzumfang aufgelöst werden soll, bleibt offen; es ist auch nicht für alle Aufwendungen identisch zu beantworten.[60]

Auch die prinzipielle Anwendung der positiven Vertragsverletzung neben dem besonderen Gewährleistungsrecht auf alle Arten von Aufwendungen vermag daher nicht zu überzeugen.

eee) Versagung jeden Aufwendungsersatzes

Die andere Extremposition tritt für die Versagung jeglichen Aufwendungsersatzes im Zusammenhang mit Schadensersatzansprüchen bei Mängeln des Vertragsgegenstandes ein. Nutzlos gewordene Aufwendungen seien dem negativen Inter-

---

[58] Huber, AcP 177 (1977), 281, 286; ähnlich Larenz, Schuldrecht II/1, 1986, § 41 II c, S. 61; ergänzend Soergel / Huber, § 463, Rdnr. 66.

[59] Zum gleichen Befund kommt Muscheler, AcP 187 (1987), 343, 378.

[60] Die Einschätzung Hubers, der Ersatz von entwerteten Aufwendungen sei als Gewohnheitsrecht anzusehen [AcP 177 (1977), 281, 292], kann nicht geteilt werden. Sollte die Schlußfolgerung dagegen auf einem Rückschluß von den Mängelbeseitigungskosten auf entwertete Aufwendungen beruhen, zeigt sich die Notwendigkeit einer strikten Unterscheidung der Aufwendungsarten wiederum plastisch.
Die Berufung auf Heck zur Frage des Gewohnheitsrechts führt nicht weiter. Heck bezieht sich nur auf die Tatsache, daß die Gewährleistungshaftung nach allgemeiner Ansicht teilweise von der allgemeinen Verschuldenshaftung überrundet wird; über den Inhalt des Anspruchs aus positiver Vertragsverletzung in Form von Aufwendungen sagt er dagegen nichts (vgl. Heck, Grundriß des Schuldrechts, 1929, S. 280).

esse zuzuordnen. Dafür sei beim Schadensersatz wegen Nichterfüllung kein Raum, weil die §§ 463, 480 Abs. 2, 635 BGB und die positive Vertragsverletzung auf das positive Interesse ausgerichtet und damit abschließend seien. Lediglich bei der Wandlung sei eine Analogie zu den §§ 467 S. 2, 122 Abs. 1, 179 Abs. 2, 307, 309 BGB geboten und umfassender Aufwendungsersatz zu gewähren.[61]

Der Befund, daß entwertete Aufwendungen dem negativen Vertragsinteresse zuzurechnen seien, trifft zu.[62] Daraus allerdings den Schluß zu ziehen, beim Schadensersatz wegen Nichterfüllung sei jeglicher Ersatz dieser Kosten ausgeschlossen, heißt, auf halbem Wege stehen zu bleiben. Eine nur begriffsjuristische Argumentation kann insofern nicht überzeugen; wertende Momente dürfen nicht gänzlich außer Acht gelassen werden. Das Manko zeigt sich deutlich, wenn bei zu vertretender Vertragsuntreue — nur dann Schadensersatz wegen Nichterfüllung — Aufwendungsersatz ausgeschlossen sein soll, während er bei der Wandlung, die auf einer Garantiehaftung im Sinne des § 462 BGB beruht, in umfassendster Weise ermöglicht wird.

Eine vollständige Verneinung jeden Aufwendungsersatzes aus formallogischen Erwägungen ist daher ebenfalls abzulehnen.

c) Eigener Lösungsvorschlag

aa) Grundsatz

Das Ziel des Schadensersatzes wegen Nichterfüllung in den §§ 463, 480 Abs. 2, 635 BGB ist sowohl in der Alternative des „großen" wie des „kleinen" Schadensersatzes den Käufer/Besteller wertmäßig so zu stellen, als wenn vertragsgemäß erfüllt worden wäre. Vor diesem Hintergrund gibt die Einteilung in Mangel- und Mangelfolgeschäden einen einsehbaren Sinn. Verletzungen von Rechtsgütern des Sach- und Werkleistungsgläubigers außerhalb des Leistungsinteresses haben mit der Mängelgewährleistung sachlich nur am Rande zu tun. Für diese ist eher die allgemeine culpa-Haftung einschlägig. Für das negative Vertragsinteresse erscheint diese Differenzierung jedoch als beliebig. Die Zuordnung zu der einen oder anderen Kategorie ist eher zufällig. Es läßt sich mit ebenso guten Argumenten vertreten, daß die Mangelhaftigkeit des Vertragsgegenstandes zur Entwertung geführt hat, und daher ein Mangelschaden vorliegt, wie angeführt werden kann, daß ein außerhalb des unmittelbaren Leistungsinteresses liegendes Rechtsgut betroffen ist, es sich also um einen Mangelfolgeschaden handelt. Das wird durch den angeführten Meinungsstreit belegt.

---

[61] Rengier, Abgrenzung des positiven Interesses vom negativen Vertragsinteresse und vom Integritätsinteresse, 1977, S. 58, 86.

[62] Vgl. im einzelnen oben 2. Teil B II 1.

Aus diesem Dilemma darf jedoch nicht der Schluß gezogen werden, daß Aufwendungsersatz neben der Gewährleistungshaftung prinzipiell ausgeschlossen ist. Der Gläubigerschutz der allgemeinen Verschuldenshaftung ist auf die Gewährleistung zu übertragen. Es ist unerheblich, ob die Entwertung infolge Unmöglichkeit, Verzug, Mangelhaftigkeit des vermeintlichen Erfüllungsgegenstandes oder wegen anderer vom Vertragspartner zu vertretender Störungen eingetreten ist. Der Erfüllungszusage des Schuldners kommt in allen Fällen gleiche Bedeutung zu. Die Benennung des Störungstatbestandes kann nicht zu einem divergierenden Ersatzumfang führen. Dies mag durch folgende Beispiele anschaulich belegt werden:

> Der Kläger hatte bei der Beklagten eine Ferienwohnung für einen bestimmten Zeitraum gebucht. Die Anreise erfolgte mit dem eigenen Pkw. Am Ferienort angekommen, mußte der Kläger feststellen, daß keine Wohnung für ihn frei war und eine Ersatzunterkunft nicht ausfindig gemacht werden konnte. Daraufhin reiste er zurück und verlangte von der Beklagten die Erstattung der Reisekosten, Tunnelgebühren und der Aufwendungen für eine Auslandskrankenversicherung; nutzlose Aufwendungen für Urlaubsbekleidung hatte die Haftpflichtversicherung der Beklagten bereits erstattet.

Da das Reisevertragsgesetz noch nicht galt, war der Vertrag als Werkvertrag zu qualifizieren. Der Kläger stützte sein Begehren auf eine positive Vertragsverletzung, auf die § 638 BGB nicht angewandt wird. Die Beklagte hielt dagegen § 635 BGB für einschlägig und berief sich auf Verjährung. Das LG Frankfurt ging von einem nachträglichen Unvermögen aus und leitete den Anspruch aus § 325 BGB ab.[63] Unabhängig von der sachlichen Richtigkeit der Entscheidung für die eine oder andere Regelung kann das Schicksal des Aufwendungsersatzanspruchs davon nicht abhängen; ob die Wohnung gar nicht oder in einem unbewohnbaren Zustand zur Verfügung gestellt wird, muß für das Ergebnis unerheblich sein.

Schließt ein Einzelhändler mit einer Werbeagentur einen Geschäftsbesorgungsvertrag, so hat dieser Werkvertragscharakter, wenn es nur um die Durchführung einer einzelnen Werbemaßnahme geht. Die Schlechterfüllung richtet sich nach § 635 BGB.[64] Führt der Händler die Werbemaßnahme dagegen selbst durch und läßt sich von der Werbeagentur nur über die wettbewerbsrechtliche Zulässigkeit beraten, hat die Vereinbarung dienstvertragliches Gepräge; Rechtsfolgen von Pflichtverletzungen würden sich nach der allgemeinen culpa-Haftung richten. Der Ersatz entwerteter Aufwendungen kann von dem jeweiligen Vertragsinhalt jedoch nicht abhängen. Wertungsmäßig unterstützt wird dies Ergebnis von § 467 S. 2 BGB, der nach § 634 Abs. 4 BGB auch für das Werkvertragsrecht gilt. Wenn schon bei der Wandlung, bei der Verschulden im Sinne persönlichen Fehlverhaltens und Vorwerfbarkeit keine Rolle spielt, Vertragskosten ersetzt

---

63 LG Frankfurt FVE 10 Nr. 1055, S. 237, 238.

64 Das Beispiel ist OLG Hamm GRUR 1988, 564 nachgebildet.

werden, muß dies bei Rechtsbehelfen, die ein Vertreten Müssen im technischen Sinne voraussetzen, ebenso möglich sein. Besonders deutlich wird dies für den Fall des „großen Schadensersatzes", der die Wandlung sachlich beinhaltet.

Wenn daher die Geltendmachung von entwerteten Aufwendungen im kauf- und werkvertraglichen Gewährleistungsrecht als wünchenswert erscheint, die dort zu findenden Schadenskategorien aber nur für den „positiven Schaden" einschlägig sind, bleibt die Möglichkeit, dieses — weitere — Defizit des Gewährleistungsrechts hinzunehmen; dann aber weiterzufragen, ob nicht aufgrund wertender Betrachtung die §§ 463, 480 Abs. 2, 635 BGB und die positive Vertragsverletzung auch nutzlos gewordene Aufwendungen umfassen können. Kennzeichnend ist, daß nicht eine a priori-Festlegung in dem Sinne vorgenommen wird, daß entwertete Aufwendungen nur zu der einen oder anderen Kategorie gehören können, sondern die Erkenntnis, daß in beiden Normenkomplexen dafür Raum vorhanden ist. Es ist also jeweils zu prüfen, ob dann, wenn entweder die Voraussetzungen der einschlägigen Norm des Gewährleistungsrechts oder die der positiven Vertragsverletzung vorliegen, als Rechtsfolge der Ersatz entwerteter Aufwendungen vom Schutzzweck umfaßt sein kann.

Für die Beantwortung dieser Frage ist auf die obigen Ausführungen zurückzugreifen.[65] Grundsätzlich ist für den Aufwendungsersatz im Rahmen des Schadensersatzes wegen Nichterfüllung wegen der „Unterwerfung" unter die Vertragsmaxime kein Raum. „Sachliche Gründe" für eine Ausnahme liegen vor, wenn ein positives Interesse nicht oder nur unter unverhältnismäßigem Aufwand festgestellt werden kann. Dann ist ein Abgehen von der Berechnung auf der Basis hypothetischer Erfüllung erlaubt und als minderes Recht, eine Restitution in den vorvertraglichen Zustand mit den genannten Einschränkungen durch den Verlusteinwand anzustreben. Auch hier gilt, daß bereits eingetretene Vermögenseinbußen und ein die Entwertung nicht kompensierendes Deckungsgeschäft, die zum positiven Interesse gehören, den Ersatz entwerteter Aufwendungen nicht ausschließen, sondern daß insoweit eine Kumulation in Betracht kommt.

bb) Geltung für die Garantiehaftung wegen besonderer Zusicherung

Für die Arglisthaftung der §§ 463, 480 Abs. 2 BGB und das Einstehen-Müssen nach § 635 BGB macht die Wertung keine Probleme, da der Grad des Vertreten-Müssens über den der allgemeinen culpa-Haftung hinausgeht oder mit diesem zumindest deckungsgleich ist; daß der Schadensersatz wegen Nichterfüllung als Minus den Vertrauensschaden mit einschließt, erscheint folgerichtig. Anderes könnte für die Garantiehaftung wegen Zusicherung besonderer Eigenschaften gelten. Das Verschulden an der Fehlerhaftigkeit der Kaufsache ist hier unerheblich. Daraus könnte abzuleiten sein, daß es dem Verkäufer dann nicht zugemutet werden könne, für die Dispositionen des Gläubigers einstehen zu müssen.

---

[65] Vgl. oben 3. Teil B I 4, 5.

Diese These wird begrenzt schon durch § 467 S. 2 BGB ad absurdum geführt. Hinzukommt, daß an die Stelle des Vertreten-Müssens die Zusicherung der bestimmten Eigenschaften tritt. Das Vertrauen in die Mangelfreiheit des Vertragsgegenstandes wird also bewußt erhöht. Die Enttäuschung dieses besonderen Vertrauens rechtfertigt die Haftung für Käuferinvestitionen. Wer das Risiko nicht eingehen will, sollte mit ausdrücklichen Zusicherungen vorsichtig sein und bei konkludenten Aussagen weiterreichenden Anschein vermeiden. Ansonsten kann er an dieser Erklärung festgehalten werden.

cc) Besonderheit im Werkvertragsrecht

Während für das Kaufrecht die Durchführung in der Praxis keine Schwierigkeiten bereiten dürfte, da § 477 BGB auch auf die positive Vertragsverletzung angewandt wird, ist die Erfassung der entwerteten Aufwendungen im Werkvertragsrecht wichtig im Hinblick auf § 638 BGB, da diese Verjährungsvorschrift nicht auf die positive Vertragsverletzung angewandt wird.[66] Man wird, wenn man an der Unterscheidung zwischen Mangel- und Mangelfolgeschaden festhält, folgendes sagen müssen: im Grundsatz ist auf entwertete Aufwendungen nur § 635 BGB anwendbar. Führt aber die Schlechterfüllung zu einer Rechtsgutsverletzung, die man als Mangelfolgeschaden bezeichnen würde, so sind die dadurch entwerteten Aufwendungen Inhalt des Anspruchs aus positiver Vertragsverletzung, auf die dann § 638 BGB keine Anwendung findet. Zu beachten ist auch hier, daß für ein Abgehen von der herkömmlichen Berechnungsart des Erfüllungsinteresses die genannten Voraussetzungen gegeben sein müssen.

dd) Einheitstatbestand

Eingewandt werden könnte gegen diesen Vorschlag, daß ein sich lückenlos ergänzendes Ineinandergreifen von allgemeiner und Gewährleistungshaftung auf Konkurrenzebene ausgeschlossen sei. Der Vorrang der Sondernormen könne nicht in dem Maße zurückgedrängt werden. Dies trifft für den Aufwendungsersatz jedoch nicht zu. Die Konkurrenzprobleme entstehen nur dann, wenn die entwerteten Aufwendungen apodiktisch einer Schadenskategorie zugeordnet werden. Das ist jedoch nicht zwingend und unmittelbar einsichtig möglich. Vielmehr ist die Zuordnung jeweils anhand der gegebenen Tatbestandsvoraussetzungen und der Schadensfolge zu ermitteln.

Mit dieser wertenden Betrachtungsweise wird im Ergebnis ein Einheitstatbestand für alle entwerteten Aufwendungen im Zusammenhang mit dem Schadensersatz wegen Nichterfüllung angeboten. De lege lata ist ein solcher bereits in § 651 f Abs. 1 BGB verwirklicht; de lege ferenda wird er von der Kommission

---

[66] Vgl. oben 3. Teil B I 8 a.

zur Reform des Schuldrechts angestrebt.[67] Solange die besonderen Gewährleistungsvorschriften jedoch bestehen, bietet er für den Ersatz entwerteter Aufwendungen die Möglichkeit, Widersprüche und Ungereimtheiten zwischen allgemeinem und besonderem Leistungsstörungsrecht zu vermeiden. Unabhängig davon, ob der Gesetzgeber besondere Regelungen für die Schlechterfüllung getroffen hat oder nicht, verläuft der Aufwendungsersatz in allen Bereichen parallel. Fiktionen von Pflichtverletzungen oder deren Zerlegung in mehrere Akte, um selbständige Ansprüche wegen Nebenpflichtverletzungen begründen zu können, werden dadurch überflüssig.

II. Begleitschäden und Aufwendungsersatz

Das BGB enthält neben den Normen für den Schadensersatz wegen Nichterfüllung und denen, die die Geltendmachung des negativen Interesses gestatten, Vorschriften über Begleitschäden. Ihr Kennzeichen ist, daß sie neben den Erfüllungsanspruch treten. Die wichtigsten sind die §§ 286 Abs. 1, 538 Abs. 1 BGB; hinzukommt die positive Vertragsverletzung, soweit sie nicht Fallgruppen betrifft, die zum Schadensersatz wegen Nichterfüllung führen. Lediglich erwähnt seien dagegen die §§ 160, 545 Abs. 2, 1. Halbs., 694, 1243 Abs. 2 BGB.

Auch für diese läßt sich die Vertrauenskonzeption durchführen. Wer entwertete Aufwendungen auf der Basis der §§ 286 Abs. 1, 538 Abs. 1 BGB oder der positiven Vertragsverletzung verlangt, macht sein Interesse dahingehend geltend, zeitlich, inhaltlich, sachlich oder gegenständlich begrenzt, so gestellt zu werden, als wenn er vom Vertragsschluß Abstand genommen hätte. Seine im Vertrauen auf die Erfüllungszusage — so vor allem bei § 286 Abs. 1 BGB — oder die Vertragsgerechtigkeit der Leistung erbrachten Aufwendungen sind entwertet worden.[1] Dieser Schaden ist als Minus auch in Begleitschäden enthalten, die sich grundsätzlich an der Nichterfüllung orientieren.

Die oben vorgenommenen Wertungen gelten auch hier. Soweit ein wirtschaftlich ausdrückbares positives Interesse festgestellt und bewiesen werden kann, besteht für eine wertende Korrektur des Ersatzumfangs kein Anlaß. Ist das jedoch nicht der Fall, also insbesondere wenn ein Gewinn nicht realisiert werden konnte oder bei immateriellem Vertragszweck, darf dies nicht zu einer Schlechterstellung des Gläubigers führen. Dann besteht auch im Rahmen von Begleitschäden die Möglichkeit des Ersatzes nutzlos gewordener Aufwendungen.[2] Ebenso gilt auch

---

67 Medicus, AcP 188 (1988), 168, 172, 174; in der Tendenz mehr auf die Rechtsbehelfe und weniger auf den Störungstatbestand abstellend Schlechtriem, Schuldrechtsreform, 1987, S. 23; rechtsvergleichend Basedow, Reform des deutschen Kaufrechts, 1988, S. 74.

1 Vgl. oben 2. Teil B II 1.

2 Zu § 286 BGB: im Ergebnis ebenso AK / Dubischar, Vor §§ 275 ff., Rdnr. 57; Erman / Battes, § 286, Rdnr. 4; Hölder, Recht 1911, Sp. 673; Mertens, Begriff des Vermögensschadens, 1967, S. 159; Planck / Siber, § 286, Anm. 2 a; Soergel / Wiede-

für die Begleitschäden, daß Schadensersatz auf der Basis einer Kostenrechnung und eines die Entwertung nicht verhindernden Deckungsgeschäftes mit dem Ersatz der entwerteten Aufwendungen kumulativ verbunden werden kann.[3] De facto verliert der Aufwendungsersatz damit in diesem Bereich von Schadensersatzansprüchen seine Hilfsfunktion weitestgehend, da die Kostengruppen, die vom Verzögerungsschaden des § 286 Abs. 1 BGB erfaßt werden, aus dem beschriebenen Regel-Ausnahme-Verhältnis herausfallen; dies gilt für die meisten anderen Begleitschäden entsprechend.

Hinzuweisen ist noch auf den Umstand, daß nicht alle Begleitschäden ein Vertreten Müssen voraussetzen. Das kann jedoch für den Ersatz entwerteter Aufwendungen dann keine Rolle spielen. Wenn der Gesetzgeber es für angemessen hält, in bestimmten Fällen garantieähnliche Haftungen anzuordnen, hat dies nicht nur für den positiven Schaden, sondern auch für das negative Interesse Bedeutung. Besonders sorgfältig ist jedoch zu prüfen, ob die im Einzelfall vorgebrachten Aufwendungen vom Schutzzweck der Norm umfaßt sind.

III. Rücktritt und Aufwendungsersatz

Das BGB stellt dem Gläubiger bei zu vertretenden Vertragsverletzungen in den §§ 325 Abs. 1 S. 1, 326 Abs. 1 S. 2 BGB — unter Umständen über die Verweisungsnorm des § 440 Abs. 1 BGB — das Recht zur Verfügung, vom Vertrag zurückzutreten; gleiches gilt für bestimmte Formen der positiven Vertragsverletzung, insbesondere die Erfüllungsverweigerung und die Vertragszweckgefährdung. Jeweils werden über § 327 S. 1 BGB die §§ 346 ff. BGB für anwendbar erklärt. In diesem Normgefüge ist ein Anspruch auf Ersatz entwerteter Aufwendungen als Bestandteil des negativen Interesses nicht ausdrücklich enthalten. Ob ein solcher gleichwohl de lege lata angenommen werden kann, soll Gegenstand der folgenden Erörterungen sein.[1] Zunächst ist zu fragen, ob es allgemeingültige Erwägungen gibt, die dem Aufwendungsersatz neben dem Rücktritt entgegenstehen könnten.

---

mann, § 286, Rdnr. 17; Staudinger / Löwisch, § 286, Rdnr. 7; Hans Stoll, JZ 1971, 593, 594; a. A. BGHZ 71, 234, 239.
Zu § 538 BGB: im Ergebnis ähnlich Palandt / Putzo, § 538, Anm. 5 b; wohl auch Soergel / Kummer, § 538, Rdnr. 16; MünchKomm / Voelskow, § 538, Rdnr. 13 (aber in sich nicht folgerichtig, da unnütze Vertragskosten mit der Rechtsprechung dem Nichterfüllungsschaden, sonstige entwertete Aufwendungen dem Vertrauensschaden zugerechnet werden); Staudinger / Emmerich, § 538, Rdnr. 34 (die Notwendigkeit einer Haftung wird in bestimmten Fällen anerkannt, aber auf cic und pVV beschränkt).

[3] Näher zu diesem Verhältnis oben 3. Teil B I 6.

[1] In diesen Zusammenhang gehört auch der Anspruch auf Ersatz von Verwendungen in § 347 S. 2 BGB mit dem Verweis auf das Eigentümer-Besitzer-Verhältnis. Insoweit soll jedoch auf die einschlägige Literatur verwiesen werden.

1. Bewertung möglicher Versagungsgründe

a) Alternativität von Rücktritt und Schadensersatz

Weit überwiegend wird ein Anspruch auf Ersatz nutzlos gewordener Aufwendungen neben dem gesetzlichen Rücktritt abgelehnt. Vornehmlich wird zur Begründung auf die elektive Konkurrenz zwischen beiden Rechtsbehelfen hingewiesen, die sich aus den §§ 325 Abs. 1 S. 1, 326 Abs. 1 S. 2 BGB ergeben soll: ... Schadensersatz wegen Nichterfüllung (zu) verlangen *oder* vom Vertrage zurück(zu-)treten. ... Dies ist vor der These konsequent, daß die Aufwendungen dem positiven Interesse zugeordnet werden.[2] Die Argumentation taucht aber auch — zum Teil unausgesprochen — mit direktem Bezug zum negativen Interesse auf.[3] Nach dem im Grundsatz eindeutigen Wortlaut der §§ 325, 326 BGB besteht eine zwingende Alternativität von Rücktritt und Schadensersatz wegen Nichterfüllung in der Berechnungsmethode des positiven Interesses.[4] Ob dies de lege lata auch für das Aufeinandertreffen von Rücktritt und Ersatz des negativen Interesses gilt, ist fraglich.

Die Entstehungsgeschichte des BGB ist zu dieser Frage nicht eindeutig. Für einen umfassenden Ausschluß jeden Schadensersatzes neben dem gesetzlichen

---

2 RGZ 50, 255, 256; 75, 199, 202; RG JW 1910, 229; OLG München DB 1984, 114; vgl. auch BGHZ 85, 301, 304; 88, 46, 48; aus dem Schrifttum van den Daele, Probleme des gegenseitigen Vertrages, 1968, S. 108; Erman / Battes, § 325, Rdnr. 25, 29; MünchKomm / Janßen, Vor § 346, Rdnr. 32 f.; Schöller, GruchBeitr 45 (1901), 511, 512; Staudinger / Otto, § 325, Rdnr. 37 f.; Titze, Unmöglichkeit der Leistung, 1900, S. 185; M. Wolf, JurA 1969, 119, 128 f.

3 MünchKomm / Emmerich, § 325, Rdnr. 29 (anders im Ergebnis noch die Voraufl. § 325, Rdnr. 58); ders., Recht der Leistungsstörungen, 1986, S. 111; Staudinger / Werner, 9. Aufl. 1930, § 346, Nr. II 2; Staudinger / Kaduk, 10./11. Aufl. 1967, § 326, Rdnr. 153, § 346, Rdnr. 46.

4 A. A. Evangelou / Muscheler, BB 1989, 1439, 1441.
Diese Ausschließlichkeit ist keineswegs, wie oftmals angeführt, logisch zwingend (wer am Vertrag festhält und Schadensersatz wegen Nichterfüllung verlangt, kann sich nicht gleichzeitig vom Vertrage lossagen). Da die Vertragsaufhebung nur Wirkung für die Zukunft zeitigt, können bis zu diesem Zeitpunkt begründete Schadensersatzansprüche durchaus neben den Rücktritt treten, ohne mit dessen Zielen zu kollidieren.
Dementsprechend ist in ausländischen Rechtsordnungen eine Verbindung beider Rechtsbehelfe möglich (z. B. in Frankreich: Art. 1184 Code Civil, in Italien: Art. 1453, 1494, 1223 Codice Civile, in Österreich: § 921 ABGB, in den Niederlanden: Art. 6.5.4.20 N.B.W., in Schweden: arg. § 25 KL, in den USA: §§ 2-106 Abs. 4, 2-711 Abs. 1 UCC, in England nach dem leading case Johnson v. Agnew (1980) A.C. 78 = (1979) 2 W.L.R. 487, 493, 498). Gleiches galt für das Haager Einheitliche Kaufrecht (Art. 82, 84 EKG) und gilt nunmehr für das Uncitral-Abkommen über den internationalen Kauf beweglicher Sachen (Art. 45 Abs. 1, 49, 61 Abs. 1, 64, 74-77, 81 Abs. 1 UN-Kaufrecht).
Für das BGB-Schuldrecht geht möglicherweise der Vorschlag der Schuldrechtsreformkommission de lege ferenda in diese Richtung (vgl. Medicus, AcP 188 (1988), 168, 174); de lege lata ist die Kumulation im Reisevertragsrecht ausdrücklich vorgesehen; dasselbe praktische Ergebnis wird zudem in vielen Fällen durch die Anwendung der Differenztheorie erreicht.

Rücktritt scheint eine Stelle in den Motiven zum BGB zu sprechen. Dort heißt es: „In Uebereinstimmung mit dem H.G.B. (Art. 354, 355) ist hiernach die Geltendmachung irgend eines Schadensersatzanspruches neben dem Rücktritte ausgeschlossen (Schweiz. Bd. Ges. Art. 122, 124; bayr. Entw. Art. 138; dresd. Entw. Art. 305; vergl. preuß. A.L.R. I, 5 §§ 384, 398, 410)."[5] Diese Textstelle scheint auf den ersten Blick eindeutig zu sein: jeder Schadensersatz neben dem Rücktritt soll ausgeschlossen sein.

Diese Feststellung wird durch die zitierten Belegstellen aus Gesetzen oder Gesetzesvorschlägen scheinbar gestützt. Anknüpfen wollten die BGB-Verfasser an die Rechtslage im ADHGB von 1861, das erstmals in Deutschland ein gesetzliches Rücktrittsrecht eingeführt hatte. Die Art. 354, 355 ADHGB stellten dem Verkäufer/Käufer drei Rechtsbehelfe zur Wahl, wenn der Kaufgegenstand noch nicht übergeben und der andere Vertragsteil mit seinen Verpflichtungen (Kaufpreiszahlung, Übergabe der Ware) im Verzuge war: Erfüllung und Verzögerungsschaden kumulativ, Schadensersatz wegen Nichterfüllung oder Rücktritt. Einigkeit bestand darüber, daß neben dem Rücktritt kein zusätzlicher Schaden geltend gemacht werden konnte.[6] Dies Ergebnis war in den Beratungen zum ADHGB erst in der 3. Lesung zustande gekommen, nachdem noch die Entwürfe aus Österreich und Preußen ein umfassendes, gesetzliches Rücktrittsrecht vorgesehen hatten. Ausschlaggebend dafür war eine Einigung über die Wirkungen des Rücktritts. Unabhängig von der Vereinbarung einer „Erlöschensklausel" zwischen den Vertragsparteien oder von einem Richterspruch sollte der Vertrag durch Parteierklärung ex tunc aufgehoben werden;[7] für Schadensersatzansprüche bestand dann nach damaliger Auffassung keine Grundlage mehr.

Das zeigte sich deutlich in der Behandlung von Nebenschäden, die aus der Nichterfüllung entstanden waren (z. B. Lager-, Versicherungs- oder Transportkosten). Nach den Art. 354, 355 ADHGB sollte der Vertrag so angesehen werden, als wenn er nie geschlossen worden wäre. Ein Antrag, dem Verkäufer den Ersatz der Nebenschäden zuzusprechen, wurde wegen der ex tunc-Wirkung abgelehnt.[8] Damit wurde aber übersehen, daß der status quo ante nur bei Zubilligung dieser Zusatzschäden erreicht werden konnte, was für Verkäufer und Käufer gleichermaßen galt. Die Unsicherheit in den Rechtswirkungen des gesetzlichen Rücktritts, die letztendlich zu der nur beschränkten Regelung geführt hat, zeigt sich auch bei der Festlegung des Anwendungsbereichs. Ein Rücktritt war beiden Parteien nur möglich, wenn die Ware noch nicht übergeben worden war. Dem Rücktritt kam daher nur Befreiungswirkung zu; Rückgewährpflichten konnten nicht entstehen und brauchten auch nicht geregelt zu werden. Von einer in sich stimmigen

---

5 Motive, Band II, S. 210 a. E.

6 Protokolle zum ADHGB, S. 4593; Anschütz, ADHGB, 1874, S. 321; Keyssner, ADHGB, 1878, S. 374, 379.

7 Lutz, Protokolle zum ADHGB, III. Theil, S. 1402.

8 Protokolle zum ADHGB, S. 4593.

Rechtslage, die das BGB aus dem ADHGB übernehmen konnte, kann daher keine Rede sein.

Wenn die BGB-Verfasser Übereinstimmung mit dem ADHGB suchten, wollten sie die Lösungen der außerdem zitierten Gesetze und Gesetzesentwürfe gerade nicht übernehmen, die in unterschiedlichem Ausmaß eine Kombination von Rücktritt und Schadensersatz zuließen. Art. 138 des Entwurfs für Bayern aus den Jahren 1861-1864 sah für den Verzug bei einem gegenseitigen Vertrag eine Kumulation von Auflösung des Kontraktes, Rückgabe des bereits Geleisteten und Schadensersatz vor. Der Dresdener Entwurf von 1866 gestattete es in Art. 305 dem Gläubiger, rücktrittsähnliche Rechte unbeschadet weiterer Schadensersatzansprüche geltend zu machen. Das preußische Allgemeine Landrecht von 1794 schließlich gewährte Entschädigung bzw. Schadloshaltung, wenn eine Partei wegen veränderter Umstände ausnahmsweise „von dem noch nicht erfüllten Vertrage wieder abgehen“ konnte (pr. ALR I, 5, §§ 377-384). Für den Fall der Nichterfüllung stellte es verschiedene Regeln für Innominatkontrakte (Vertragsgegenstand ist eine Handlung) und Nominatkontrakte (andere Vertragsgegenstände) auf. Für die ersteren ließ das pr. ALR I, 5, § 408 den Rücktritt grundsätzlich zu und erlaubte dem Gläubiger, dessen Berechtigung zum Rücktritt gerichtlich festgestellt worden war, die Eintreibung von „allem aus seinem contractwidrigen Verhalten, bis zum Zeitpunkte des erklärten Rücktritts, wirklich entstandenen Schaden“ (pr. ALR I, 5, § 410). Für den praktisch wichtigeren Teil der Nominatverträge wurde auch der Rücktritt selbst erst nach gerichtlicher Untersuchung zugelassen. War die Nichterfüllung unberechtigt, so konnte der Gläubiger zurücktreten und zusätzlichen Schaden ersetzt verlangen (pr. ALR I, 5, §§ 397, 398). Dies Nebeneinander von Rücktritt und Schadensersatz wollten die Väter des BGB nicht übernehmen; das scheint also ebenfalls auf einen generellen Ausschluß von Schadensersatz und Rücktritt hinzudeuten.

Durch den fortlaufenden Text der Motive wird diese zunächst scheinbar unmittelbar einsichtige Deutungsmöglichkeit jedoch ausgeschlossen. Es heißt anknüpfend an das obige Zitat weiter: „Rücktritt und aus dem Vertrage entspringender Schadensersatz schließen sich aus. Denn der Rücktritt soll die Betheiligten in die Lage versetzen, als ob der Vertrag nicht geschlossen wäre (§ 427). Hiermit verträgt sich ein Anspruch auf das Erfüllungsinteresse nicht. Das Interesse des Gläubigers ist durch das Wahlrecht genügend gewahrt.“[9] Der Text ist mit einer Fußnote versehen, in der es heißt: „anders z. B. § 566 Abs. 1 S. 2“ (bei dieser Norm handelt es sich um den heutigen § 628 Abs. 2 BGB). Damit wird ganz deutlich, daß die Alternative nur zwischen dem Rücktritt und dem Erfüllungsinteresse gesehen wurde. Der Gläubiger sollte das Recht haben, entweder rechnerisch die Durchführung des Vertrages verlangen oder auf Rückabwicklung bestehen zu können.

---

[9] Motive, Band II, S. 211.

Die Konstellation, daß der Gläubiger im Vertrauen auf die Vertragserfüllung einen Schaden erleiden könnte, der durch den Rücktritt allein nicht kompensiert wird, haben die Gesetzesverfasser allerdings nicht gänzlich übersehen, wie man angesichts der zitierten Stelle den Motiven entnehmen könnte. In den lange Zeit unveröffentlichten Quellen wird zu den Überlegungen aus der Debatte vom 06.10.1882, soweit sie über den in den Motiven mitgeteilten Umfang hinausgingen, vermerkt: „... solle der Rücktritt die Betheiligten in die Lage versetzen, als wenn der Vertrag nicht geschlossen sei (Beschluß vom 21. April d. J. ...), sei also höchstens mit einem Anspruche auf das negative Vertragsinteresse, nicht aber mit dem aus dem Vertrage entspringenden Anspruche auf Erfüllung desselben — sei es durch Naturalerfüllung, sei es durch Schadensersatzleistung — vereinbar“.[10] Sehenden Auges ist also in den Beratungen die Alternativität auf Rücktritt und Schadensersatz wegen Nichterfüllung in der Form des positiven Interesses bezogen worden. Aussagen über das Aufeinandertreffen von Rücktritt und Vertrauensschaden wurden dagegen weder in bejahender noch in verneinender Weise gemacht. Das ist wohl nur damit zu erklären, daß über die Rechtwirkungen des Rücktritts nach wie vor Unsicherheiten bestanden, die sich auch schon in den Beratungen des ADHGB fanden. Verschärfend mag hinzugekommen sein, daß auch der Begriff des negativen Vertragsinteresses keineswegs bereits gesichert war.[11]

Dies Ergebnis könnte noch einmal in Frage gestellt werden durch eine Stelle in den Protokollen zum BGB. Dort wird im Zusammenhang mit einem Änderungsantrag über die Rechtsfolgen eines erfolgten Rücktritts ausgeführt, daß die Geltendmachung von negativem Vertragsinteresse nicht neben dem Rücktritt erfolgen könne.[12] Diese Aussage bezieht sich jedoch nur auf den vertraglich vorbehaltenen Rücktritt. In diesem Zusammenhang gibt sie sachlich auch einen guten Sinn. Zum einen sollte die Anwendung des § 467 S. 2 BGB ausgeschlossen werden. Zum anderen fügt sie sich in die Struktur des negativen Interesses nahtlos ein. Beim vertraglichen Rücktritt besteht für ein Vertrauen auf die Vertragsdurchführung, das zur Vornahme von Aufwendungen oder zum Unterlassen von anderen Geschäften führt, kein Anlaß. Jede Partei muß damit rechnen, daß der andere Teil von seinem Recht, den Vertrag aufzuheben, Gebrauch macht. Eigene Dispositionen vor dem Zeitpunkt, ab dem dies nicht mehr möglich ist, gehen auf eigenes Risiko. Beim gesetzlichen Rücktritt entfällt dieses Risiko; wegen fehlender Kenntnis besteht gerade Raum für schützenswertes Vertrauen.

---

10 Zitat nach Jakobs / Schubert, Beratung des BGB, Recht der Schuldverhältnisse, Teil I, 1978, S. 273.

11 Nur angemerkt sei hier, daß nach allg. A. die Alternativität von Rücktritt und Schadensersatz in Form des Erfüllungsinteresses Ansprüche aus cic und pVV wegen Verletzung von Neben- oder Schutzpflichten nicht ausschließt; vgl. MünchKomm / Janßen, Vor § 346, Rdnr. 33; Soergel / Hadding, Vor § 346, Rdnr. 4.

12 Protokolle, Band VI, S. 158.

Als Fixpunkt kann daher festgehalten werden, daß die elektive Konkurrenz de lege lata nur das Verhältnis von Rücktritt und Schadensersatzansprüchen betrifft, die auf dem Erfüllungsinteresse aufbauen.[13] Über das Nebeneinander von Rücktritt und negativem Vertragsinteresse lassen sich daraus keine Schlußfolgerungen ableiten; das gilt für positive ebenso wie für negative Aussagen zur in Rede stehenden Kumulation.

b) Abschließende Regelung der Rücktrittsfolgen

Gegen eine Verbindung von Rücktritt und Aufwendungsersatz wird eingewandt, daß der Normenkomplex der §§ 346 ff. BGB die Rücktrittsfolgen abschließend regele. Ergänzend wird § 467 S. 2 BGB herangezogen, der nur bei der Wandlung Anwendung finde. Er sei in die Verweisungsnorm des § 467 S. 1 BGB gerade nicht mit einbezogen worden; e contrario folge daraus, daß negatives Interesse neben dem Rücktritt nicht verlangt werden könne.[14]

Die Vorschriften der §§ 346 ff. BGB enthalten mehrere Verpflichtungen der Parteien des Rückgewährschuldverhältnisses. Im Vordergrund steht die Zurückübertragung der gegenseitig empfangenen Leistungen oder, falls dies wegen der Eigenart des Vertragsgegenstandes nicht möglich ist, die Vergütung des Wertes (§ 346 S. 1, 2 BGB). Neben oder an die Stelle dieser Primärpflicht kann ein Schadensersatzanspruch treten, wenn die Rückgewähr nur noch eingeschränkt oder gar nicht mehr möglich ist (§ 347 S. 1 BGB). Darüber hinaus muß der Rücktrittsgläubiger dem Schuldner bestimmte Verwendungen ersetzen; umgekehrt gilt ähnliches für den Ersatz von Nutzungen (§ 347 S. 2 BGB). Besteht der zurückzugewährende Gegenstand in einer Geldsumme, so ist diese von der Übergabe an zu verzinsen (§ 347 S. 3 BGB). Das Gemeinsame dieser Regelungen ist die jeweilige *Sachbezogenheit:* Rückgewähr der Leistungen, Wertvergütung, Verwendungs- und Nutzungsersatz und die Verzinsungspflicht verfolgen das Ziel, für beide Parteien, was ihre unmittelbaren vertraglichen Leistungen angeht, den status quo ante wiederherzustellen.

Weitergehende Aussagen über außerhalb dieses Bereichs liegende Pflichtverletzungen und deren Konsequenzen sind in den Regelungen dagegen nicht enthalten. Für den vertraglichen Rücktritt bestand bei der Schaffung des BGB auch kein Grund, weitere Folgeschäden zu berücksichtigen: Ansprüche auf den Ersatz des positiven Interesses waren mangels Vertragsverletzung ausgeschlossen; Ansprüche aus Verletzungen des Integritätsinteresses waren dem Deliktsrecht zugewiesen und für Ansprüche auf den Ersatz des Vertrauensschadens war kein Raum,

[13] Bemerkenswert ist in diesem Zusammenhang eine Formulierung des BGH in NJW 1990, 2068, 2069: mit dem Rücktritt „wird der Erfüllungsanspruch beseitigt, und es entfallen die auf das Erfüllungsinteresse gerichteten Schadensersatzansprüche".

[14] BGH NJW 1985, 2697; Planck / Siber, § 325, Anm. 1 b.

da der Rücktrittsvorbehalt Maßnahmen im Vertrauen auf die Beständigkeit der Vertragsbindung ausschloß. Die unreflektierte Anwendung dieser Regeln auf den gesetzlichen Rücktritt ist nur aus der Unsicherheit der BGB-Verfasser zu erklären, die bereits angesprochen wurde. Augenfällig wird dies besonders an § 347 BGB, der als entscheidenden Zeitpunkt auf den Empfang der Leistung abstellt; für den gesetzlichen Rücktritt wird dies jedoch als unbillig angesehen und korrigiert.[15] Aus der unvollständigen Regelung der Rücktrittsfolgen kann eine Abschlußwirkung über die sachbezogenen Ansprüche hinaus daher nicht konstruiert werden. Ähnliches gilt für die auf § 467 S. 2 BGB e contrario fußende Argumentation. Aus dieser auf die Wandlung beschränkten Sondernorm auf umfassende Abschlußwirkungen zu schließen, hieße deren Aussagegehalt weit zu überdehnen.

Schließlich noch zu einer Entscheidung, die einen Ersatzanspruch, der auf das negative Interesse gerichtet war, neben dem Rücktritt ausdrücklich abgelehnt hat.

Die Klägerin — ein Stromerzeugungsunternehmen — hatte sich verpflichtet, den Fabrikneubau des Beklagten mit einem Stromanschluß zu versehen. Sie verweigerte später die Erfüllung, worauf der Beklagte von dem Vertrag zurücktrat. Gegen die Klage auf Bezahlung bereits abgenommenen Stromes, den andere Anlagen des Beklagten verbraucht hatten, rechnete dieser mit einer Schadensersatzforderung auf, die er mit einem Vertrauensschaden begründete: im Vertrauen auf die Erfüllung des Vertrages habe er es unterlassen, beim Neubau der Fabrik eine Akkumulatorenbatterie aufzustellen. Der nachträgliche Einbau habe 25 M. 42 Pf. mehr gekostet, als wenn die Batterie bereits bei der Planung des Neubaus berücksichtigt worden wäre.[16]

Das Gericht schloß die Geltendmachung eines Vertrauensschadens neben dem Rücktritt unter Verweis auf die abschließende Regelung der Rücktrittsfolgen und auf § 467 S. 2 BGB aus. Der Entscheidung ist im Ergebnis, nicht in der Begründung zu folgen. Fehlerhaft ist die Annahme des Gerichts, es handele sich bei den 25 M. 42 Pf. um einen Vertrauensschaden. Vielmehr ist die Summe durch die Vertragsverletzung veranlaßt worden, mithin ein normaler Nichterfüllungsschaden. Um das vertraglich angestrebte Ziel zu erreichen, war die nachträgliche Installation der Batterie erforderlich. Mit der Konstruktion des Unterlassens von Vorkehrungen für den Fall der Nichterfüllung ließe sich jeder Nichterfüllungs- in einen Vertrauensschaden umwandeln (im Vertrauen auf die Erfüllung des Kaufvertrages hat der Käufer es unterlassen, einen Deckungskauf vorzunehmen; die Differenz zwischen Vertrags- und Marktpreis stellt nun seinen Vertrauensschaden dar!). Wenn zwischen den Parteien ein Vertrag zustande gekommen ist, ist ihr Schaden grundsätzlich am Erfüllungsinteresse auszurichten.[17]

---

15 BGHZ 53, 144, 147; BGH MDR 1968, 223; OLG Köln OLGZ 1970, 454; Jauernig / Vollkommer, § 347, Anm. 3; Palandt / Heinrichs, § 347, Anm. 3; RGRK / Ballhaus, § 347, Rdnr. 11; Soergel / Hadding, § 347, Rdnr. 6; a. A. noch RGZ 145, 79, 82 und neuerdings Huber, JZ 1987, 649, 654.

16 OLG Dresden, Ann. Kgl. Sächs. OLG Dresden 28 (1907), 45 (Sachverhalt vereinfacht).

Die Konstellation des OlG Dresden ist wohl daher zu erklären, daß der Beklagte vorschnell zurückgetreten war; wegen der Alternativität von Rücktritt und Schadensersatz wegen Nichterfüllung in Form des positiven Interesses konnte ein Nichterfüllungsschaden nicht mehr in Ansatz gebracht werden. Die Anwälte des Beklagten werden daher versucht haben, den Verlust über den Vertrauensschaden wieder hereinzuholen. Das hat das OLG Dresden im Ergebnis zutreffend versagt.

c) Rücktritt als beschränkter Rechtsbehelf

Grundlage dieser Sichtweise ist eine Neubestimmung der Funktionen des gesetzlichen Rücktritts. Die charakteristische Wirkung des Rücktritts sei zunächst die Befreiung vom Vertrag gewesen; hinzugekommen sei später die gegenständliche Rückabwicklung. Durch den Bezug des Schadensersatzes wegen Nichterfüllung auf das Synallagma unter den Stichworten Differenztheorie und Gesamtabrechnung [18] führe nunmehr auch das Schadensersatzverlangen zur Befreiung von den vertraglichen Verpflichtungen und die eigene Leistung stelle einen Rechnungsposten in der Gesamtkalkulation dar. Mit dem Schadensersatz wegen Nichterfüllung würden somit weite Teile der ursprünglich dem Rücktritt vorbehaltenen Rechtswirkungen erreicht. Als rücktrittsspezifisch bleibe nur die gegenständliche Rückforderung der eigenen Leistung erhalten. Dies reiche als einzige Funktion des Rücktritts nicht aus. [19]

Was den Rücktritt vom Schadensersatz wegen Nichterfüllung gravierend unterscheide, sei seine Reichweite. Daraus sei der eigentliche Zweck des Rücktritts abzuleiten: es handele sich um einen beschränkten Rechtsbehelf, der zwischen negativem und positivem Interesse stehe und einen typisierten Ausgleich biete. Die Rückgewähr erfasse nur einen Ausschnitt der Güterbewegung. Der Rücktritt trage daher einem *typisierten Minimalinteresse* Rechnung, mit dem der Gläubiger sich unter Verzicht auf vollen Ersatz auf einfachem, schnellem und sicherem Wege vom Vertrag lösen könne. Diese Zweckbestimmung wird vornehmlich auf eine Analyse des Verhältnisses von Rücktritt und positivem Interesse gestützt, aber danach auch übertragen auf die Beziehung des Rücktritts zum negativen Vertragsinteresse. [20]

---

17 Näher oben 3. Teil B I 1 und 4.

18 Vgl. dazu Soergel / Wiedemann, Vor § 275, Rdnr. 28.

19 Dieser Anwendungsbereich wird noch dadurch verkleinert, daß die gegenständliche Rückforderung der gläubigereigenen Leistung auf ein noch bestehendes Eigentumsrecht gestützt werden kann, wenn eine Übereignung noch nicht stattgefunden hatte. Bei der Berechnung des Schadensersatzes wird dies schadensmindernd berücksichtigt; vgl. BGHZ 87, 156, 159; BGH NJW 1981, 1834; KG BB 1984, 811 (m. Anm. Einbeck; dazu auch Brems, BB 1984, 1453); die ablehnende Ansicht von Niederländer, Festschrift für Wahl, 1973, S. 243, 248 konnte sich nicht durchsetzen.

20 Leser, Rücktritt vom Vertrag, 1975, S. 142.

Der beschriebene Ansatz, der sich auf eine Bestandsaufnahme über den Rücktritt im Rechtsleben gründet, hat für das Aufeinandertreffen von Rücktritt und Ersatz positiven Interesses einige Plausibilität für sich. Dem ist hier jedoch nicht nachzugehen. Bedenken bestehen jedoch gegen die Übertragung der These vom beschränkten Rechtsbehelf auf das Aufeinandertreffen von Rücktritt und negativem Vertragsinteresse. Das scheint auch der Autor zu spüren, denn die Begründung vermag an dieser Stelle die Schlußfolgerung nicht vollständig zu tragen.

Aus der Schwierigkeit, den Ersatzumfang im einzelnen bestimmen zu können, läßt sich eine prinzipielle Ablehnung der Kombination nicht herleiten.[21] Aber auch im Grundsatz besteht kein Widerspruch zwischen dem Ersatz entwerteter Aufwendungen und dem schon von den Gesetzesverfassern propagierten Ziel des Rücktritts, eine schnelle und einfache Rückgewähr der gegenseitigen Leistungen zu ermöglichen: beide Rechtsbehelfe bestehen nebeneinander. Der Rücktritt als solcher ist sachbezogen — das gilt auch für die Ansprüche aus § 347 BGB. Das negative Vertragsinteresse löst sich von diesem Bezug in einem bestimmten Umfang und kann daher geltend gemacht werden, ohne den Rücktritt hinsichtlich des Vertragsgegenstandes zu verzögern. Die Gesamtabrechnung, die der Schadensersatz wegen Nichterfüllung erzwingt und die ein schnelles Disponieren zumindest mit dem Wert der eigenen Leistung möglicherweise verhindert, findet auf andere Art und Weise ebenfalls im Rahmen des Schadensersatzes für entwertete Aufwendungen statt. Der Rücktritt selbst wird davon jedoch nicht beeinträchtigt.

Nicht gefolgt werden kann dem Argument, mit der Rücktrittserklärung verzichte der Gläubiger auf zusätzlichen Schadensersatz. Für das Verhältnis von Rücktritt und positivem Interesse mag dies wegen der elektiven Konkurrenz de lege lata zutreffen, obwohl auch hier bereits Aufweichungen zu verzeichnen sind.[22] Dagegen ist dieser Gedanke für Ansprüche auf Aufwendungsersatz eine glatte Fiktion. Zum einen, weil das negative Vertragsinteresse einer schnellen Wiedererlangung der Dispositionsfreiheit nicht entgegensteht; zum anderen, weil auch die These vom beschränkten Rechtsbehelf nicht begründet, warum bei Geltendmachung eines Minimalinteresses auf weitergehende Ansprüche verzichtet werden sollte.[23]

Auch die Begründung, daß der Rücktritt eine grundsätzliche Gleichbehandlung beider Vertragspartner erstrebe, und daß damit die volle Schadloshaltung einer Seite nicht zu vereinbaren sei, ist nicht tragfähig. Sie übersieht, daß die Gleichbehandlung nur für die sachbezogenen Ansprüche gilt. Bei darüber hinausgehenden Zielen rechtfertigt zwar nicht die Pflichtverletzung als solche den Aufwendungsersatz, wohl aber der Umstand des Vertreten-Müssens. Einem Schuldner, der

---

21 Vgl. zum Ersatzumfang im einzelnen unten 5. Teil.

22 Vgl. dazu oben 3. Teil B III 1 a, S. 121, Fn. 4.

23 Weitnauer, RabelsZ 41 (1977), 584, 586; den Verzichtsgedanken lehnte bereits Heinrich Stoll, AcP 131 (1929), 141, 167 ab.

Vermögensschäden an sonstigen Gütern des Gläubigers herbeigeführt und verschuldet hat, ist die Schadloshaltung des Gläubigers ohne weiteres zuzumuten. Anders mag zu entscheiden sein, wenn sich die Vorstellung der Schuldrechtsreformkommission durchsetzen sollte, daß Rücktrittsrecht verschuldensunabhängig auszuformen.[24]

Auf die Funktion des Rücktritts als beschränkter Rechtsbehelf kann ein Ausschluß des Nebeneinander von Rücktritt und Aufwendungsersatz daher nicht gestützt werden.

d) Fehlendes praktisches Bedürfnis

Als weiterer Einwand gegen eine Verbindung von Rücktritt und Aufwendungsersatz wird vorgetragen, daß keine praktische Notwendigkeit dafür bestehe, sofern man nur eine Bindung des Geschädigten an den einmal erklärten Rücktritt ablehne und auch danach einen Übergang zum Schadensersatz wegen Nichterfüllung zulasse.[25]

Diesen Ausführungen stehen jedoch Bedenken gegenüber. Zum ersten ist für die Praxis die Einschränkung der Bindungswirkung solange wenig hilfreich, wie die Rechtsprechung daran festhält.[26] Zum zweiten vernachlässigt der Verweis auf den Schadensersatz wegen Nichterfüllung in der Form des Mindestschadens, daß damit nur ein Teil der Fälle erfaßt würde; mangels Rentabilität würden Verträge mit immateriellem Leistungszweck unberücksichtigt bleiben. Dazu besteht jedoch kein Anlaß.

Als entscheidend muß letztlich angesehen werden, daß es Konstellationen gibt, in denen der Gläubiger ein schützenswertes Interesse daran hat, Rücktritt und nicht Schadensersatz wegen Nichterfüllung verlangen zu können. Das ist, vom wenig relevanten Tausch abgesehen, insbesondere dann der Fall, wenn der Sachleistungsschuldner bereits geliefert hat und nach der Vertragsverletzung ein Interesse besteht, die Sache selbst zurückzuerhalten (besondere Weiterverwendungsmöglichkeit, Interesse am immateriellen Wert bei Kunstwerk, Preissteigerungen führen dazu, daß der Vertragsgegenstand günstig weiterverkauft werden könnte).

Nach dem zur Zeit herrschenden Verständnis ist dies Ziel mit einem Schadensersatzanspruch nicht zu erreichen. Die eigene Leistung kann nur als Rechnungsposten wertmäßig in die Ausgleichsforderung mit einfließen; gegenständlich herausverlangt werden kann sie nicht.[27] Nach der gegenwärtigen Rechtslage kann der

---

[24] Medicus, AcP 188 (1988), 168, 174; zum Aufwendungsersatz bei nicht zu vertretendem Verhalten des Schuldners vgl. unten 4. Teil.

[25] MünchKomm / Emmerich, § 325, Rdnr. 29.

[26] RGZ 85, 280, 282; 109, 184, 186; BGH LM Nr. 21 zu § 326 BGB (A); BGH LM Nr. 8 zu § 326 BGB (Ea); BGH WM 1984, 1096.

[27] RG JW 1931, 1184 (m. Anm. Oertmann); BGHZ 20, 338, 343; 87, 156, 159; BGH NJW 1984, 42; Derleder, ZHR 139 (1975), 20, 46; Leser, Rücktritt vom Vertrag, 1975,

Gläubiger nur bei der Wahl des Rücktritts relativ sicher sein, seine eigene Vertragsleistung gegenständlich zurückzuerhalten. Ein Gläubiger wird außerdem Rücktritt wählen, wenn der Schadensersatz wegen Nichterfüllung in Form des positiven Interesses durch § 440 Abs. 2-4 BGB,[28] Allgemeine Geschäftsbedingungen oder durch Individualvereinbarung ausgeschlossen ist. Weiter kommt der Fall in Betracht, daß der Vertrag sich als Verlustgeschäft entpuppt und der Gläubiger wenigstens seine eigene Leistung schnellstmöglich zurückerhalten möchte.

Wenn aber eine nicht zu unterschätzende Anzahl von Fallkonstellationen denkbar ist, in denen ein Gläubiger den Rücktritt vorziehen würde, stellt sich damit zwangsläufig die Frage, ob darüber hinaus kumulativ weitere Rechte geltend gemacht werden können. Ein praktisches Bedürfnis kann somit nicht geleugnet werden.

2. Bisherige Lösungsvorschläge — Einwände

Nachdem sich die möglichen Versagungsgründe als nicht überzeugend erwiesen haben, ist im folgenden auf die bisher vorgeschlagenen Lösungen, eine Kumulation von Rücktritt und negativem Vertragsinteresse in unterschiedlichem Umfang zu begründen, einzugehen. Teilweise wird das Nebeneinander nur en passant als begrüßenswert bezeichnet und entweder auf eine konstruktive Herleitung und/oder eine tragfähige Begründung verzichtet.[29]

a) Ableitung aus Interessenbewertung

Schon im ersten Drittel des 20. Jahrhunderts finden sich Stimmen, die neben dem Rücktritt Ansprüche auf das negative Interesse, namentlich entwertete Aufwendungen zusprechen wollen. Der Vorschlag *Ecksteins* beruht auf der These, daß Rücktritt nur eine besondere Form des Schadensersatzes sei. Der Rücktritt sei daher über das BGB hinaus immer schon dann zulässig, wenn ein Schadensersatzanspruch bestehe. Da der Rücktritt in seinen Wirkungen beschränkt sei, der Gläubiger aber ein Recht habe, in den vorvertraglichen Zustand zurückversetzt zu werden, sei neben dem Rücktritt immer dann Schadensersatz zulässig, wenn das Gesetz nicht zweifelsfrei etwas anderes bestimme. Die Vorschriften der §§ 325, 326 BGB seien dahingehend auszulegen, daß negatives Interesse und Rücktritt verbunden werden könnten.[30]

S. 130, 144; a. A. Soergel / Wiedemann, § 325, Rdnr. 35; für die Teilleistung MünchKomm / Emmerich, § 325, Rdnr. 42.

28 Nach BGHZ 5, 337, 341 gelten die Beschränkungen des § 440 Abs. 2-4 BGB nicht für den Rücktritt.

29 Vgl. etwa Keuk, Vermögensschaden und Interesse, 1972, S. 158; Wiedemann, Festschrift Rechtsw. Fak. Köln, 1988, S. 367, 393; E. Wolf, AcP 153 (1954), 97, 109.

Das Bemühen *Herholz'* ging zunächst in eine andere Richtung. Ausgehend von der früher herrschenden Lehre, daß der Rücktritt das Schuldverhältnis ex tunc beseitige, suchte er zu begründen, warum Schadensersatzansprüche aus der Verletzung von Integritätsinteressen gleichwohl bejaht werden könnten. Konstruktiver Ansatz war eine Aufspaltung des Verhältnisses der Vertragspartner zueinander: von der Leistungsbeziehung, die mit dem Rücktritt rückwirkend erlösche, sei zu unterscheiden das Schuldverhältnis als konstante Rahmenbeziehung, das mit dem Eintritt in Vertragsverhandlungen entstehe und auch den Rücktritt überdauere. Diese Rahmenbeziehung soll Anknüpfungspunkt für alle auf das negative Interesse gerichteten Schadensersatzansprüche sein; darunter soll auch der Ersatz von Aufwendungen fallen, die als Folge einer verschuldeten Pflichtverletzung nutzlos geworden sind.[31]

Am umfassendsten und bis heute am ergiebigsten ist die Begründung *Heinrich Stolls,* die schon auf der heute herrschenden Ansicht beruhte, daß der Rücktritt ex nunc zur Umwandlung des Vertragsverhältnisses in ein Rückgewährschuldverhältnis führt. Nach der Feststellung, daß der BGB-Gesetzgeber das Aufeinandertreffen von Rücktritt und negativem Vertragsinteresse nicht als Problem erkannt habe, analysiert *Stoll* die Interessenlage. Die Befreiungswirkung des Rücktritts und das Zurückerlangen der eigenen Leistung reichten nicht in allen Fällen aus, den Gläubiger schadlos zu halten. Dazu sei Ersatz des Schadens erforderlich, der durch „den zeitweiligen Bestand der nutzlosen Geschäftsbeziehung und den Versuch ihrer Durchführung“ entstanden sei. Schützenswerte Interessen des Schuldners stünden nicht entgegen. Da er schuldhaft gehandelt habe, sei ihm die Überbürdung des Schadens eher zuzumuten als dem Gläubiger. Dem möglichen Bedenken, daß der Gläubiger keinen zusätzlichen Gewinn aus dem Schadensereignis erzielen soll, will *Heinrich Stoll* mit einer sorgfältigen Untersuchung des tatsächlich enttäuschten Vertrauens begegnen.

Den Umfang des Ersatzes soll nicht der gesamte Vertrauensschaden, sondern nur der sogenannte positive Schaden bilden, also Ersatz der nutzlosen Aufwendungen und akzessorischer Schäden aus der Verletzung von Integritätsinteressen oder vertraglicher Nebenpflichten; namentlich ein entgangener Gewinn soll dagegen nicht ersatzfähig sein. Diese Grenzziehung wurde mit dem Zweck des Rücktritts, verlustfrei vom Vertrag loszukommen und frei disponieren zu können, begründet. Juristisch konstruktiv leitete *Stoll* das Ergebnis aus seinem Verständnis vom Rücktritt als einer Inhaltsänderung des Organismus „Schuldverhältnis“ ab, deren unvollständige Wirkung ergänzungsbedürftig sei.[32]

Während der Ausgangspunkt *Ecksteins,* daß Rücktritt eine besondere Form des Schadensersatzes sei, unserer heutigen Vorstellung nicht mehr entspricht,

30 Eckstein, ArchBürgR 37 (1912), 390, 433.

31 Herholz, AcP 130 (1929), 257, 272, 316.

32 Heinrich Stoll, AcP 131 (1929), 141, 165, 180.

kann man Gleiches für die Ansichten von *Herholz* und *Heinrich Stoll* nur mehr beschränkt sagen. Besonders die Interessenbewertungen des letzteren haben nichts von ihrer Richtigkeit verloren. Aus heutiger Sicht vermißt man lediglich eine Einbindung der Überlegungen in das gesetzliche System des BGB. Allein auf der Basis von Abwägungen der sich gegenüberstehenden Interessen läßt sich eine derartig weitreichende Rechtsfolge nur schwer praktisch umsetzen. Dies war aus der Sicht *Stolls* freilich anders: er verstand seine Vorgehensweise bewußt als Kontrapunkt zur begriffsjuristischen Argumentation seiner Zeit.[33]

b) Teleologische Reduktion der §§ 325, 326 BGB

Nachdem die Arbeiten *Ecksteins, Herholz'* und *Stolls* im hier interessierenden Zusammenhang lange Zeit in Vergessenheit geraten waren, wird das Thema neuerdings wieder aufgegriffen. Ausgangspunkt eines Vorschlags von Schubert, ist die (angebliche) Alternativität von Rücktritt und Schadensersatz in den §§ 325, 326 BGB. Auf der Grundlage der *Stoll'schen* Interessenabwägungen und mit dem Argument, daß der Rücktritt an Praktikabilität verlieren würde, wenn jeglicher Vertrauensschaden versagt würde, wird mit einer teleologischen Reduktion der elektiven Konkurrenz auf das Verhältnis von Rücktritt und Schadensersatz wegen Nichterfüllung Raum geschaffen für das negative Vertragsinteresse zugunsten des Zurücktretenden. Der Ersatzumfang soll seine Grenze am Integritätsinteresse des Zurücktretenden finden. Nur der positive Schaden könne ersetzt verlangt werden, nicht der entgangene Gewinn.[34]

Schubert legt seiner Ansicht die Ausführungen *Heinrich Stolls* zugrunde und verbindet sie mit einer konstruktiven Ableitung aus dem BGB. Während dem ersten Teil uneingeschränkt zugestimmt werden kann, ist dem Vorschlag zur Schaffung einer Anspruchsgrundlage zu widersprechen. Unter einer teleologischen Reduktion versteht die Methodenlehre eine Einschränkung des Gesetzeswortlauts entgegen dem Wortsinn aufgrund einer im Gesetzestext nicht zum Ausdruck kommenden Wertung.[35] Vor diesem Hintergrund kann eine teleologische Reduktion der §§ 325, 326 BGB nicht zum Nebeneinander von Aufwendungsersatz und Rücktritt führen. Die Alternativität von Rücktritt und Schadensersatz bezieht sich nur auf die Berechnungsform des positiven Interesses.[36] Da die entwerteten Aufwendungen dem negativen Interesse zuzurechnen sind, kann die Reduktion nicht zur Begründung des gewünschten Ergebnisses herangezogen werden. Dies würde im übrigen auch dann gelten, wenn das Ausschließlichkeits-

---

33 Heinrich Stoll, AcP 131 (1929), 141, 171.

34 Schubert, JR 1985, 413, 414.

35 Larenz, Methodenlehre der Rechtswissenschaft, 1983, S. 375; Peczenik, Grundlagen der juristischen Argumentation, 1983, S. 102; umfassend Brandenburg, Teleologische Reduktion, 1983.

36 Vgl. oben 3. Teil B III 1 a.

verhältnis auch das negative Vertragsinteresse erfassen würde, denn mit der Aufhebung der elektiven Konkurrenz wäre der Ersatz entwerteter Aufwendungen noch nicht begründet, sondern nur der Weg dahin freigemacht. Der Auffassung *Schuberts* kann daher nicht zugestimmt werden.

c) Analoge Anwendung von Aufwendungsersatz gewährenden Normen

aa) § 2 Abs. 1 S. 1 AbzG

§ 2 Abs. 1 S. 1 AbzG gewährt dem Verkäufer im Falle des Rücktritts (§§ 1, 5 AbzG) einen Anspruch auf Ersatz der infolge des Vertrages gemachten Aufwendungen. Da der Rücktritt in aller Regel durch ein zu vertretendes Verhalten des Käufers ausgelöst werde, wolle § 2 Abs. 1 S. 1 AbzG in diesem Fall dem Abzahlungskäufer Aufwendungen zusprechen, die er im Falle des Widerrufs wegen nicht zu vertretenden Verhaltens nach § 1 d AbzG nicht erhalte. Diese Differenzierung zwischen verschuldetem und nicht verschuldetem Verhalten sei auf die §§ 325, 326 BGB zu übertragen. Um Wertungswidersprüche zu vermeiden, die besonders daran deutlich würden, daß § 2 Abs. 1 S. 1 AbzG nur auf den Verkäufer anzuwenden sei, der Käufer also bei von ihm erklärten Rücktritt leer ausginge, sei auf den nach den §§ 325, 326 BGB Zurücktretenden § 2 Abs. 1 S. 1 AbzG analog anzuwenden. Der Umfang des Ersatzanspruchs, der im einzelnen umstritten ist, wird unter Zuhilfenahme des § 670 BGB nach objektiven Maßstäben bestimmt.[37]

bb) § 467 S. 2 BGB

Einen Anspruch auf den Ersatz negativen Interesses begrenzt auf Vertragskosten enthält § 467 S. 2 BGB für die Wandlung eines Kaufvertrages; die Norm findet nach § 634 Abs. 4 BGB auch auf den Werkvertrag Anwendung. Die Analogie wird mit der Erwägung begründet, daß der Ersatz von Vertragskosten bei zwar zu vertretendem, gleichwohl nicht verschuldetem Sachmangel, den Käufer/Besteller begünstigen soll. Diese Wertung müsse erst recht gelten für einen Zurücktretenden, da dem Schuldner hier ein gesteigerter Schuldvorwurf zu machen sei. Sie gelte auch für den Rücktritt wegen anfänglichen Unvermögens, da das Vertrauen auf die Leistungsfähigkeit bei Vertragsschluß ebenso stark sei wie das Vertrauen in die Mangelfreiheit bei Übergabe des Vertragsgegenstandes.[38]

---

37 Muscheler, AcP 187 (1987), 343, 392; andeutend bereits Weitnauer, RabelsZ 41 (1977), 584, 591; ein Hinweis auf § 2 Abs. 1 S. 1 AbzG in diesem Zusammenhang findet sich bereits bei Rabel, Recht des Warenkaufs I, 1936, § 56, 2, S. 425 Fn. 2.

38 Muscheler, NJW 1985, 2686; ohne Begründung ebenso MünchKomm / Janßen, § 346, Rdnr. 13.

Diese Argumentation hat den Bundesgerichtshof nicht überzeugt. Anders als die Vorinstanz hat er die analoge Anwendung des § 467 S. 2 BGB abgelehnt; dies jedoch nicht aus formalen Erwägungen, sondern weil er einen Wertungswiderspruch nicht erkennen konnte. Während § 467 S. 2 BGB für die Wandlung erforderlich sei, um eine Anspruchsgrundlage für den Ersatz der Vertragskosten überhaupt erst zu schaffen, bestehe dies Bedürfnis für den Rücktritt gerade nicht. Der Gläubiger habe die Möglichkeit gehabt, Schadensersatz wegen Nichterfüllung zu verlangen; darin wären auf der Grundlage der Rechtsprechung die Aufwendungen als Bestandteil des Mindestschadens enthalten gewesen.[39] Sachlich kommt der Bundesgerichtshof damit zu dem Ergebnis, daß mit der Erklärung des Rücktritts auf weitergehende Ansprüche verzichtet wird.

cc) Stellungnahme

Die analoge Anwendung einzelner Normen vermag nicht zu überzeugen. Neben mehr rechtstechnischen Einwänden — Zweifel an der Verallgemeinerungsfähigkeit von Sondernormen, Ersatz unabhängig vom Vertreten-Müssen (jedenfalls bei § 467 S. 2 BGB), fehlende Unterscheidung der Aufwendungsarten und damit Vermischung streng zu trennender Wertungen[40] und Zweifeln am Ersatzumfang in concreto — ist maßgeblich ein prinzipielles Bedenken. Zwischen der Ablehnung und der umfassenden Bejahung der Kumulation von Rücktritt und Aufwendungsersatz nehmen Einzelanalogien eine Mittelstellung ein. Das gilt sowohl für den Ersatzumfang wie die Voraussetzungen im einzelnen. Daraus folgt die Frage, warum nach der jeweils umfänglichen und zutreffenden Begründung des Nebeneinander auf halbem Wege stehengeblieben wird. Vor diesem Hintergrund verschleiert jede dieser Analogien die zu lösende Problematik. Es erscheint als willkürlich, welche Norm im Ergebnis entsprechend angewandt wird. In letzter Konsequenz stellt es nur einen graduellen Unterschied dar, ob eine Norm begrenzter Reichweite wie § 467 S. 2 BGB oder eine weiterreichende wie § 2 Abs. 1 S. 1 AbzG oder im Extrem gar § 122 Abs. 1 BGB herangezogen würde. Die jeweilige Vorschrift dient nur der (Schein-)Legitimation des Ersatzumfangs, der damit ebenfalls eine gewisse Beliebigkeit aufweist.[41] Die unterschiedlichen „Analogiegrade“ lassen sich so nicht begründen. Diesem Weg ist daher nicht zu folgen.

---

39 BGH NJW 1985, 2697, 2698; Im Ergebnis ebenso OLG Naumburg JahrbdR 8 (1910), 137; Emmerich, Recht der Leistungsstörungen, 1986, S. 111, der als Argument die elektive Konkurrenz von Rücktritt und Schadensersatz wegen Nichterfüllung heranzieht, damit aber verkennt, daß § 467 S. 2 BGB dem negativen Interesse zuzurechnen ist und die elektive Konkurrenz sich darauf nicht erstreckt (vgl. zu ersterem unten 3. Teil B VI 1 b aa; zu letzterem oben 3. Teil B III 1 a); Reinicke / Tiedtke, Kaufrecht, 1989, S. 106; Soergel / Wiedemann, § 325, Rdnr. 68; Soergel / Hadding, § 346, Rdnr. 9.

40 Deutlich etwa MünchKomm / Westermann, § 2 AbzG, Rdnr. 12; Soergel / Hönn, § 2 AbzG, Rdnr. 19.

41 Die gleichen Einwände wären auch gegen eine Analogie zu § 3 Abs. 4 HaustürWG, § 35 Abs. 2 S. 1 VerlG, §§ 41 Abs. 6, 42 Abs. 3 S. 2 UrhG zu erheben.

3. Eigener Lösungsvorschlag

Die hier vertretene Auffassung versucht eine Lösung zu entwickeln, die sich auf der einen Seite von der Gesetzesgeschichte abhebt. Das erscheint berechtigt, weil die Vorstellungen der BGB-Verfasser über den Rechtsbehelf des Rücktritts — vor allem des gesetzlichen — relativ diffus waren und von der heute überholten Sicht ausgingen, das Schuldverhältnis werde mit Rückwirkung aufgelöst.[42] Die Frage, ob mit dem Rücktritt eine vollständige Restitution in den status quo ante erstrebt[43] oder ob dies Ziel mit der Streichung der Formulierung „wie wenn der Vertrag nicht geschlossen worden wäre" in der 2. Lesung der 2. Kommission aufgegeben wurde,[44] hat heute nur noch rechtshistorische, hier sekundäre Bedeutung. Auszugehen ist vielmehr von den §§ 346 ff. BGB, die für nicht sachbezogene Ansprüche keine Regelung enthalten und zweitens von der heute weit überwiegenden Ansicht, daß der Rücktritt das Schuldverhältnis mit ex nunc-Wirkung umgestaltet, ihm also schuldumschaffende Bedeutung zukommt.[45]

Auf der anderen Seite soll am Rücktritt selbst angeknüpft und gefragt werden, ob sich aus seiner Stellung im System der Rechtsbehelfe ein Nebeneinander ableiten läßt. Insoweit wäre der Versuch einer Teil-Neubestimmung der Rücktrittsfunktionen angesprochen, wie er umfassender von *Leser* bereits vorgenommen wurde.[46]

Der zutreffende Weg scheint zu sein, die Lösung in den Normen oder Rechtsinstituten selbst zu suchen, die den Rücktritt als Rechtsfolge enthalten. Von daher ist der Ansatz *Schuberts* zu begrüßen. Die §§ 325, 326 BGB stellen dem Geschädigten mehrere Rechtsbehelfe zur Wahl. Im Vordergrund stehen die beiden großen des Schadensersatzes wegen Nichterfüllung und des Rücktritts. Während der Schadensersatz wegen Nichterfüllung sich am positiven Interesse ausrichtet, und den Ersatz entwerteter Aufwendungen grundsätzlich nur ausnahmsweise umfassen kann,[47] ist Inhalt des Rücktritts von vornherein ein Teilbereich des negativen Interesses. Was den Vertragsgegenstand selbst und die damit im Zusam-

---

42 RGZ 75, 199, 201; vgl. eingehend Leser, Rücktritt vom Vertrag, 1975, S. 150.

43 BGHZ 88, 46, 50; Esser / Schmidt, Schuldrecht I, 1984, § 19 III, S. 280; Huber, JZ 1984, 409, 410; E. Wolf, AcP 153 (1954), 97, 109, 111.

44 H.U. v. Spiegel, MDR 1985, 114; Wunner, NJW 1985, 825, 829 mit Hinweis auf Leser, Rücktritt vom Vertrag, 1975, S. 54.
Anlaß für die Neufassung war wohl vor allem die Kritik von Strohal, JherJb 33 (1894), 361, 367.

45 Esser / Schmidt, Schuldrecht I, 1984, § 19 II, S. 277, § 19 III, S. 280; Herrmann, Jura 1986, 241, 242; Larenz, Schuldrecht I, 1987, § 26, S. 404; Heinrich Stoll, AcP 131 (1929), 141, 183; E. Wolf, AcP 153 (1954), 97, 103; Wunner, AcP 168 (1968), 425, 449. Der BGH nimmt eine derartige Umgestaltungswirkung auch für den vertraglich vorbehaltenen Rücktritt an; vgl. BGH NJW 1990, 2068, 2069.

46 Leser, Rücktritt vom Vertrag, 1975, S. 94, 138; ebenso zu verstehen wohl Wunner, AcP 168 (1968), 425, 434.

47 Vgl. im einzelnen oben 3. Teil B I 4, 5.

menhang stehenden Verwendungen und Nutzungen angeht, ist es das Ziel der §§ 346 ff. BGB, beide Seiten möglichst so zu stellen, als wenn der Vertrag nicht geschlossen worden wäre. Der Schadensersatz des § 347 S. 1 BGB ist nur eine scheinbare Ausnahme von diesem Grundsatz, denn wenn der Vertragsgegenstand beschädigt oder seine Rückgewähr unmöglich gemacht wird, ist eine Restitution nicht mehr durchführbar; dann ist es dem verschuldet handelnden Schuldner zuzumuten, dies Risiko zu tragen, das insoweit auf ein wertmäßiges negatives Interesse gerichtet ist. Mit dem Rücktritt verwirklicht der Gläubiger daher einen *sachbezogenen Teil seines negativen Interesses.*

Damit ist bisher noch nicht viel gewonnen. Wie bereits erörtert, gibt es anerkennenswerte Bedürfnisse eines Gläubigers, nicht Schadensersatz wegen Nichterfüllung zu verlangen, sondern vom Vertrag zurückzutreten.[48] Dann muß es aber auch möglich sein, diesen Weg ohne gravierende Nachteile wählen zu können. Das wird erreicht, wenn man von der *abstrakten Gleichwertigkeit* der Rechtsbehelfe Rücktritt und Schadensersatz wegen Nichterfüllung in seiner negativen Ausprägung ausgeht. Hat sich ein Gläubiger für den Weg des negativen Interesses entschieden, muß dies bis an die Maximalgrenze heran, die der große Schadensersatz gewähren kann, möglich sein. Wenn der Schadensersatz wegen Nichterfüllung in den Bereich des negativen Interesses ausnahmsweise hereinreichen kann, muß dies für den Rücktritt, der bereits einen Teil dieser Zone ausmacht, schon im Grundsatz und nicht nur ausnahmsweise gelten; die Beschränkung auf den sachbezogenen Teil des negativen Interesses ist aufzugeben und der Rücktritt auf das gesamte negative Interesse, also zusätzlich auch in Form entwerteter Aufwendungen zu erstrecken.[49] Im Ergebnis wird dem Geschädigten damit ein *Wahlrecht* zwischen negativem und positivem Interesse — allerdings kein direktes Wahlrecht zwischen Nichterfüllungs- und Vertrauensschaden — zugebilligt; das negative ist der Höhe nach auf das positive begrenzt. Damit wird der Gläubiger nicht übervorteilt, denn er bekommt auf keinen Fall mehr, als er höchstens erhalten hätte. Der Schuldner wird nicht mit überhöhten Forderungen überzogen, weil er nicht mehr leisten muß, als er beim Schadensersatz wegen Nichterfüllung ohnehin hätte erbringen müssen. Außerdem wird er hinreichend dadurch geschützt, daß der Gläubiger nicht sein gesamtes negatives Interesse verlangen kann, sondern nur die entwerteten Aufwendungen, also in der Terminologie *Heinrich Stolls* den positiven Schaden und nicht etwa entgangenen Gewinn.[50] Diese Überlegungen gelten mit der Einschränkung, daß damit über den Ersatz von zum positiven Interesse gehörenden Kosten, z. B. Aufwendungen zur Rück-

---

48 Vgl. oben 3. Teil B III 1 d.

49 Ähnlich Art. 109 des schweizerischen Obligationenrechts: der vom Vertrag Zurücktretende hat „Anspruch auf Ersatz des aus dem Dahinfallen des Vertrages erwachsenen Schadens, sofern der Schuldner nicht nachweist, daß ihm keinerlei Verschulden zur Last falle".

50 Heinrich Stoll, AcP 131 (1929), 141, 182.

abwicklung noch nichts Endgültiges entschieden ist.[51] Ob und inwieweit diese — nicht entwerteten — Aufwendungen neben dem Rücktritt ersetzt verlangt werden können, muß hier offen bleiben.

Wenn der Gläubiger sich also zum Rücktritt entschließt, kann er daneben den Vertrauensschaden verlangen, soweit er die entwerteten Aufwendungen erfaßt und auch Inhalt des Schadensersatzes wegen Nichterfüllung hätte sein können. Eines sachlichen Grundes, mit dem das Abgehen von der Erfüllungshypothese gerechtfertigt werden kann, bedarf es nicht. Durch die Wahl des Rücktritts hat der Gläubiger sein geltend gemachtes Interesse festgelegt. Dem Schuldner steht im Hinblick auf den Aufwendungsersatz allerdings der Verlusteinwand zur Seite, d. h. er braucht auch umfänglich nicht mehr als das Erfüllungsinteresse zu leisten.

Gestützt wird dieser Vorschlag neben den bereits angesprochenen Interessenbewertungen auf zweifache Weise. Im Rahmen des Schadensersatzes wegen Nichterfüllung hat die Differenztheorie dazu geführt, daß ursprünglich rücktrittsspezifische Wirkungen auch mit dem Schadensersatz wegen Nichterfüllung erreicht werden können. Ein Ende dieser Entwicklung ist nicht abzusehen; so wird mittlerweile auch gefordert, die gegenständliche Rückforderung der gläubigereigenen Leistung mit der Differenztheorie zuzulassen.[52] Solange allerdings die vollständige Erosion des Rücktritts durch die Differenztheorie noch nicht erreicht ist, mit anderen Worten dem Rücktritt also noch selbständige Bedeutung zukommt, besteht für eine Ungleichbehandlung kein Anlaß. Bildhaft wird die Notwendigkeit einer einheitlichen Regelung, wenn in diesem Zusammenhang von dem „Kunstfehler Rücktritt" gesprochen wird.[53]

Verwiesen werden kann auch auf zwei andere Kombinationen von Ersatz des Vertrauensschadens und Rückabwicklung im BGB. Wird ein Vertrag angefochten, so führen die §§ 812 ff. BGB zur Rückgewähr der gegenseitigen Leistungen. Darüber hinaus muß der Anfechtende dem anderen Teil nach § 122 Abs. 1 BGB den Vertrauensschaden ersetzen. Dann aber ist es unstimmig, bei der Verletzung vertraglicher Pflichten, die zu vertreten ist — was bei der Anfechtung keine Rolle spielt — nur die Rückabwicklung der jeweiligen Leistungen zuzulassen und darüber hinausgehenden Schaden zu ignorieren. Die Kumulation von Rücktritt und Aufwendungsersatz findet sich schließlich ausdrücklich in § 1299 BGB. Veranlaßt ein Verlobter schuldhaft den berechtigten Rücktritt des anderen Teiles, so ist er diesem nach § 1298 Abs. 1, 2 BGB verpflichtet; Hauptbestandteil sind die entwerteten Aufwendungen. Das schuldhafte Verhalten bildet den Anknüpfungspunkt für die Verbindung von Rücktritt und Zusatzschaden und verdeutlicht die Parallele zum gesetzlichen Rücktritt infolge Vertragsverletzung.

---

[51] Dazu näher oben 3. Teil B I 6.

[52] W. van den Daele, Probleme des gegenseitigen Vertrages, 1968, S. 98; MünchKomm / Emmerich, § 325, Rdnr. 42; Soergel / Wiedemann, § 325, Rdnr. 35 f.

[53] Huber, JZ 1984, 409.

Rechtlich konstruktiv folgt die Kumulation von Rücktritt und Aufwendungsersatz aus den §§ 325, 326 BGB selbst. Wenn die Gleichwertigkeit von Schadensersatz wegen Nichterfüllung und Rücktritt zu garantieren ist, dann gehört der Ersatz entwerteter Aufwendungen zum Rücktritt wesensmäßig dazu. Das folgt nicht aus einer teleologischen Reduktion, sondern aus einer *teleologischen Extension* der §§ 325, 326 BGB. Man versteht darunter eine Vorgehensweise, mit der der Wortsinn einer Vorschrift erweitert wird, ohne daß es sich um eine Analogie handelt. Maßstab ist die ratio legis.[54] Wie gezeigt, muß es dem Gläubiger möglich sein, sich auf dem für ihn günstigstem Wege vom Vertrag lösen zu können, ohne den Schuldner übermäßig zu belasten. Wenn der Gläubiger im Rahmen des Schadensersatzes wegen Nichterfüllung Ersatz seiner nutzlos gewordenen Aufwendungen verlangen kann, so ist dieser Teil des Schadensersatzes mit dem Rücktritt zu kombinieren. Der Wortsinn der §§ 325, 326 BGB ist daher in die Richtung zu erweitern, daß der Gläubiger neben dem Rücktritt sein aus dem Schadensersatz wegen Nichterfüllung abgespaltenes negatives Vertragsinteresse in Form entwerteter Aufwendungen verlangen kann.

Mit dieser Lösung wird zudem zur Milderung des Konfliktes zwischen Schadensersatz wegen Nichterfüllung und Rücktritt beigetragen, indem die „Rücktrittsfalle“ entschärft wird. Hat der Gläubiger bei den §§ 325, 326 BGB den Rücktritt erklärt, kann er nach herrschender Meinung nicht mehr zum Schadensersatz wegen Nichterfüllung übergehen, da das Schuldverhältnis bereits in ein Abwicklungsverhältnis umgewandelt worden ist; man spricht von der Gestaltungswirkung des Rücktritts.[55] Die Rechtsprechung versucht dies durch sehr enge Interpretation der Erklärungen der Parteien, auch wenn sie anwaltlich vertreten sind, zu verhindern.[56] Das wäre nicht erforderlich, wenn Rücktritt und negatives Interesse miteinander kombiniert werden könnten. Der Geschädigte käme zumindest schadlos aus dem Vertrag heraus. Der vom Grundstückskauf zurückgetretene Käufer könnte etwa Notar- und Maklergebühren zusätzlich vom Käufer ersetzt verlangen.

4. Zwischenergebnis

Der Rücktritt als Rechtsfolge zu vertretender Vertragsverletzungen zieht als Zusatzrechtsbehelf den Ersatz der entwerteten Aufwendungen nach sich, soweit sie grundsätzlich auch Gegenstand des Schadensersatzes wegen Nichterfüllung sein könnten; dem Schuldner steht der Verlusteinwand zu. Das folgt bereits de lege lata aus den §§ 325, 326 BGB.[57]

---

54 Canaris, Feststellung von Lücken im Gesetz, 1983, S. 89; Larenz, Methodenlehre der Rechtswissenschaft, 1983, S. 381.

55 RGZ 107, 345, 348; BGH NJW 1982, 1279, 1280; Palandt / Heinrichs, § 325, Anm. 3 c; a. A. Lindacher, JZ 1980, 48, 51; Soergel / Wiedemann, § 325, Rdnr. 26.

56 Vgl. etwa BGH NJW 1988, 2878; BGH WM 1988, 1171, 1172; BGH WM 1989, 645, 646.

57 Zum Ersatzumfang im einzelnen unten 5. Teil.

IV. Vertragsanpassung und Aufwendungsersatz

1. Grundlagen der Vertragsanpassung

Die Vertragsanpassung als Rechtsfolge bei zu vertretenden Vertragsverletzungen einer Partei steht bisher eher im Hintergrund der Rechtspraxis. Begrifflich ist darunter eine Neubestimmung des Leistungs-Gegenleistungs-Verhältnisses unter Beibehaltung der Essentialia des Vertrages zu verstehen. Das BGB stellt einen solchen Rechtsbehelf in § 472 BGB zur Verfügung; die §§ 323 Abs. 1, 2, 515, 537 Abs. 1 S. 1, 634 Abs. 4, 651 d Abs. 1 BGB nehmen darauf Bezug. Am Vertrag wird festgehalten und der Preis dem tatsächlichen Wert entsprechend geändert. Nach dem Vertreten Müssen i. S. d. §§ 276 ff. BGB wird in § 472 BGB allerdings nicht gefragt.

Richterrechtlich ist die Vertragsanpassung übertragen worden auf die culpa in contrahendo; sie tritt hier allerdings im Gewande eines Schadensersatzanspruchs auf. Anlaß dieser Rechtsprechung waren Fälle zum Unternehmenskauf: mache der Verkäufer beim Abschluß des Vertrages unrichtige Angaben über Umsatz, Ertrag, Schuldenstand oder Betriebsaufwendungen des Unternehmens, so liege darin kein Fehler i. S. d. § 459 BGB, sondern ein Verschulden bei Vertragsabschluß; der Käufer könne Rückerstattung des Kaufpreisteiles verlangen, um den er das Unternehmen zu teuer erworben habe (§ 249 BGB).[1] Bei der culpa in contrahendo ist die Vertragsanpassung zumindest der Sache nach heute gängige Praxis.[2]

Eine ähnliche Entwicklung scheint bei der positiven Vertragsverletzung einzusetzen. In einem der ersten Urteile des 1988 gebildeten XI. Zivilsenats bejahte dieser eine Anpassung der eigenen Leistung des Anspruchstellers an den Minderwert der Gegenleistung, bezeichnete dies aber als Vertrauensschaden: ein Anlagevermittler hatte Kaufinteressenten über die Lage eines Bauobjektes nicht ausreichend aufgeklärt; das Haus war deswegen weniger wert, als tatsächlich bezahlt worden war. Weil die Erwerber auf die Aussagen des Vermittlers hätten vertrauen dürfen, könnten sie den zuviel gezahlten Betrag ersetzt verlangen, und zwar als Schadensersatz. Weil der Bundesgerichtshof sich schon dem Einwand fehlender Kausalität ausgesetzt sah — der Verkäufer hätte möglicherweise zu einem geringeren Preis nicht abgeschlossen — fügte er an, daß es darauf nicht ankomme. Zur Begründung wird auf die Rechtsprechung zur culpa in contrahendo verwiesen.[3] Ungezwungener hätte sich dieser Weg dagegen als Vertragsanpassung begründen lassen.

---

1 RGZ 67, 86, 87; BGHZ 69, 53, 58; BGH NJW 1970, 653, 655; BGH NJW-RR 1988, 744.

2 BGH NJW 1987, 2511, 2512; BGH WM 1987, 1222, 1223; BGH NJW-RR 1988, 328, 329; BGH WM 1988, 1700, 1702; BGH WM 1989, 416, 417; krit. Lieb, Festschrift Rechtsw. Fak. Köln, 1988, S. 251, 261.

3 BGH WM 1988, 1685, 1687 f.

Die Vertragsanpassung ist der Sache nach enthalten im sogenannten kleinen Schadensersatz bei den §§ 463, 635 BGB. Der Käufer/Besteller kann die mangelhafte Sache behalten, den Minderwert liquidieren — insoweit also Vertragsanpassung — und zusätzlich den Ersatz von weiteren Schäden inklusive des entgangenen Gewinns verlangen. Die Lösung des Bundesgerichtshofs, daß der Minderwert im Rahmen des kleinen Schadensersatzes auch anhand der zur Mängelbeseitigung erforderlichen Kosten erfolgen könne,[4] erscheint daher als nicht unbedingt erforderlicher Umweg.

Der Begriff der Vertragsanpassung taucht außerdem im Zusammenhang mit gesetzlichen (etwa § 1612 a BGB, § 9 a ErbbauVO, §§ 2, 3 MHG, § 16 BetrAVG) oder vertraglichen Anpassungsregelungen[5] und als Rechtsfolge beim Wegfall oder der Störung der Geschäftsgrundlage auf.[6] Diese Fälle bleiben im folgenden außer Betracht: es geht nur um die Vertragsanpassung als Rechtsfolge von i. S. d. §§ 276 ff. BGB zu vertretenden Vertragsverletzungen. Auch die Vertragsanpassung in Form der Minderung auf der Grundlage der eingangs genannten Vorschriften bleibt daher außen vor.

2. Kumulativer Ersatz entwerteter Aufwendungen

Der Ersatz wertentkleideter Aufwendungen ist auch neben einer Vertragsanpassung möglich. Die Überlegungen zum kleinen Schadensersatz gelten entsprechend. Bezeichnet doch der Begriff der Vertragsanpassung die angestrebten Rechtsfolgen insoweit besser als der Terminus des kleinen Schadensersatzes und sollte vielleicht als dritter großer Rechtsbehelf dann gewährt werden, wenn eine Norm oder — für die positive Vertragsverletzung — Richterrecht Schadensersatz wegen Nichterfüllung und Rücktritt als Regelsanktionen vorsehen und eine Vertragsanpassung wirtschaftlich sinnvoll erschiene.[7] Ebenso wie neben dem kleinen Schadensersatz der entgangene Gewinn zusätzlich liquidiert werden kann,[8] muß dies in negativer Hinsicht auch für die entwerteten Aufwendungen gelten. Maßgeblich ist auch hier, daß das Erfüllungsinteresse als Minus das negative Ver-

---

4 BGH NJW 1989, 2534, 2535.

5 Vgl. dazu etwa Herrmann, Jura 1988, 505.

6 Vgl. dazu BGHZ 97, 171, 177; BGH NJW 1989, 289; BayObLG NJW-RR 1989, 1294, 1296; Nicklisch, RIW 1989, 15 mit rechtsvergleichenden Hinweisen; Wiedemann, Festschrift Rechtsw. Fak. Köln, 1988, S. 367, 380; Willoweit, JuS 1988, 833, 837.

7 In § 325 Abs. 1 S. 3 BGB ist dieser Gedanke andeutungsweise verwirklicht. Bei teilweiser Unmöglichkeit kann nach Maßgabe des § 472 BGB Minderung, also Vertragsanpassung gewährt werden. Ist dagegen die Leistung insgesamt unmöglich geworden, ist eine Vertragsanpassung wirtschaftlich nicht sinnvoll; daher bleibt es bei der Möglichkeit, den Vertrag als Ganzes zu liquidieren. Zur Vertragsanpassung insoweit Soergel / Wiedemann, Vor § 275, Rdnr. 8, 91 ff.

8 BGH NJW 1968, 2375; MünchKomm / Westermann, § 463, Rdnr. 25; Soergel / Huber, § 463, Rdnr. 59.

tragsinteresse umfassen kann. Daraus folgt, daß nicht in jedem Fall Aufwendungsersatz neben der Vertragsanpassung verlangt werden kann, sondern nur dann, wenn es einen sachlichen Grund gibt, von der Maxime des positiven Interesses abzuweichen. Das ist wie bereits beschrieben, dann der Fall, wenn ein wirtschaftlich meßbares Erfüllungsinteresse nicht besteht oder nur unter unverhältnismäßigem Aufwand festgestellt werden könnte.[9] Eine Ausnahme gilt auch hier für die Schadensberechnung auf der Basis von zum positiven Interesse gehörenden Kosten und eines Deckungsgeschäftes, das die Entwertung der Aufwendungen nicht verhindern konnte; es gilt insoweit Gleiches wie beim Schadensersatz wegen Nichterfüllung,[10] d. h. diese Schadensposten können neben Vertragsanpassung und Ersatz der entwerteten Aufwendungen kumulativ geltend gemacht werden.

Würde in dem soeben genannten Fall des Bundesgerichtshofes[11] der Erwerber bereits eine Markise zum Schutz vor zu intensiver Sonnenbestrahlung angeschafft haben, und würde sich diese Ausgabe als nutzlos erweisen, weil das Vertragsobjekt entgegen den Aussagen des Vermittlers so nahe an der Böschung steht, daß diese jede unmittelbare Sonneneinstrahlung verhindert, so kann der Erwerber neben der Vertragsanpassung deren Kosten — abzüglich eines etwaigen noch zu realisierenden Weiterverkaufswertes ersetzt verlangen.

Dem kann nicht entgegengehalten werden, die Vertragsanpassung bedeute, daß an den Grundlagen des Vertrages festgehalten werden müsse, und daß damit eine Lösung vom Vertrag, die im Aufwendungsersatz zum Ausdruck komme, nicht zu vereinbaren sei. Konsequenterweise müßte dies auch für die Geltendmachung des zusätzlichen positiven Interesses beim kleinen Schadensersatz eingreifen, was aber ersichtlich nicht vertreten wird. Die Teil-Lösung vom Vertrag ist zudem gerade auf den Teil beschränkt, der vom Schuldner durch die Vertragsuntreue vorbestimmt wurde.

Durchgreifen könnte auch der Einwand nicht, daß mit der Wahl des Rechtsbehelfs der Vertragsanpassung auf weitere Rechte verzichtet werde, der Gläubiger sich also zwischen Aufhebung des Vertrages mit der Möglichkeit des Aufwendungsersatzes und dem Festhalten am Vertrag entscheiden müsse, da ansonsten die unterschiedlichen dogmatischen Ansätze der Rechtsbehelfe verwischt würden. Richtig ist daran, daß dann, wenn eine Vertragsanpassung aus der Sicht des Gläubigers wirtschaftlich sinnvoll ist, eine Entwertung von Aufwendungen in aller Regel nicht vorliegen wird, da der Vertrag im Kern durchgeführt wird. Insoweit gilt Gleiches für den entgangenen Gewinn neben der Vertragsanpassung. Dies darf jedoch nicht zum prinzipiellen Ausschluß weiterer Ansprüche führen. Das berechtigte Interesse des Gläubigers am Behalten auch einer verspätet oder

---

[9] Vgl. im einzelnen oben 3. Teil B I 5.

[10] Näher oben 3. Teil B I 6.

[11] Vgl. oben 3. Teil B IV 1, S. 139; BGH WM 1988, 1685, 1687.

mangelhaft gelieferten Sache würde ignoriert. Er wäre gezwungen, sein Behaltensinteresse gegen sein Aufwandsinteresse abzuwägen und dann das gewichtigere geltend zu machen. Ein Verzicht auf den anderen Bestandteil seiner zu vergleichenden Rechtspositionen ist jedoch nicht angebracht. Aus dem gleichen Grund wird auch die Existenzberechtigung des kleinen Schadensersatzes nicht in Zweifel gezogen.

Die Vertragsanpassung erscheint in dieser Interpretation als ein zwischen dem Schadensersatz wegen Nichterfüllung und dem Rücktritt stehender Rechtsbehelf. Während der Rücktritt auf weite Teile des negativen Interesses, der Schadensersatz wegen Nichterfüllung auf das positive Interesse gerichtet ist, hat die Vertragsanpassung diese jeweiligen Wirkungen nur beschränkt. Bezogen auf die Leistungspflichten kann man wertmäßig von einem Teilrücktritt sprechen, wenn die Gläubigerleistung herabgesetzt wird; um Vertragsdurchführung i. S. d. positiven Interesses handelt es sich dagegen, wenn die Schuldnerleistung heraufgesetzt wird. Tritt beides nebeneinander, wird auf der einen Seite negatives, auf der anderen positives Interesse geltend gemacht. Bezogen auf die zusätzlichen Begleitschäden gilt dagegen jeweils dasselbe. Nur wenn ein positives Interesse nicht besteht oder nicht mit verhältnismäßigem Aufwand festgestellt werden und bewiesen werden kann, ist Raum für den Ersatz entwerteten Aufwands.

Beispielhaft ist folgende Fallkonstellation: bei Verkauf und Übertragung eines Grundstücks sind Notar- und Maklergebühren angefallen, deren Höhe sich nach dem Kaufpreis richtete. Danach wird ein erheblicher Minderwert des Grundstücks festgestellt; die Voraussetzungen des § 463 BGB liegen vor. Die Käufer entscheiden sich dafür, das Grundstück trotzdem zu behalten, und den Minderwert als Schadensersatz zu liquidieren (sogen. kleiner Schadensersatz). Im nachhinein betrachtet, erweisen sich die Gebühren für Notar und Makler wegen der prozentualen Koppelung an den Kaufpreis für das Grundstück als zu hoch. In diesem überschießenden Betrag sind entwertete Aufwendungen zu sehen. Wenn den Käufern ein Gewinn nicht entgangen ist, etwa weil sie das Grundstück selbst bewohnen und nicht weiterveräußern wollen, kann neben der Vertragsanpassung das negative Interesse verlangt werden, die frustrierten Aufwendungen für Notar und Makler.

V. Kündigung und Aufwendungsersatz

1. Rechtsfolgen von Vertragsstörungen bei Dauerschuldverhältnissen

Treten bei Dauerschuldverhältnissen Vertragsstörungen auf, so ist die Kündigung der im Vordergrund stehende Rechtsbehelf; er führt zur ex nunc-Auflösung des Vertragsverhältnisses, d. h. die Leistungspflichten erlöschen erst für die Zukunft. Die Rückabwicklung ist daher nicht mit den Schwierigkeiten befrachtet wie beim Rücktritt. Die Kündigung erstreckt sich grundsätzlich nur auf die Hauptleistungspflichten; die Neben(Leistungs-)Pflichten bestehen fort oder entstehen sogar erst mit der Kündigung (z. B. Wettbewerbsverbote). Obwohl das BGB sowohl Tatbestands- wie Rechtsfolgenseite nur rudimentär geregelt hat, haben Rechtsprechung und Rechtslehre ein System erarbeitet, das in seinen Grundzügen gewohnheitsrechtlichen Charakter hat und der Reform des Schuldrechts im Bereich der Dauerschuldverhältnisse zugrunde gelegt werden soll.[1]

Zwei Kündigungsarten sind zu unterscheiden: die ordentliche und die außerordentliche oder fristlose. Die ordentliche Kündigung dient im Grundsatz nicht der Bewältigung von Vertragsstörungen. Sie trägt vielmehr dem Dauercharakter des Schuldverhältnisses Rechnung und erlaubt es beiden Seiten, sich von der Bindung zu lösen. Anders dagegen in Bereichen, in denen der Bestand des Schuldverhältnisses besonders geschützt wird, indem die Kündigung von Kautelen abhängig gemacht wird, die über die Fristenbindung hinausgehen; das gilt vornehmlich im Arbeits-, aber auch im Mietrecht. Die ordentliche Kündigung dient hier auch zur Abwicklung bei Vertragsstörungen, indem sie an besondere Voraussetzungen gebunden oder dem Gläubiger gänzlich verwehrt wird. Die Regelungen sind im einzelnen unterschiedlich.[2]

Die Kündigung aus wichtigem Grund ist dagegen ausschließlich bei Vertragsstörungen einschlägig; sie tritt insoweit an die Stelle des Rücktritts. Unerheblich für die Kündigung selbst ist das Vertreten Müssen oder die Konsequenz der Vertragsverletzung im Hinblick auf die Störungsart. Dieser in § 626 BGB ausgedrückte Grundsatz gilt nicht nur für Dienstverträge, sondern für alle Arten von Dauerschuldverhältnissen.[3]

2. Schadensersatz nach § 628 Abs. 2 BGB

Neben die Kündigung kann ein Schadensersatzanspruch aus § 628 Abs. 2 BGB treten, wenn eine Vertragspartei die Kündigungsgründe durch zu vertretendes Verhalten herbeigeführt hat. § 628 Abs. 2 BGB gilt ebenfalls nicht nur für Dienstverträge, sondern nach allgemeiner Ansicht für alle Dauerschuldverhältnisse.[4]

---

1 Medicus, AcP 188 (1988), 168, 174.

2 Vgl. dazu Soergel / Wiedemann, Vor § 275, Rdnr. 79, 80.

3 BGHZ 73, 294, 299; BGH NJW 1972, 1128, 1129; BGH WM 1989, 521, 524; BAG AP Nr. 81, 89 zu § 626 BGB; OLG Köln NJW-RR 1989, 439 mit Rekurs auf § 242 BGB.

4 BGH NJW 1968, 692, 693 für den Mietvertrag und BGHZ 82, 121, 129; 94, 180, 194 für den Leasingvertrag (jeweils ohne § 628 Abs. 2 BGB ausdrücklich anzusprechen); BGHZ 104, 337, 341 und OLG Düsseldorf WM 1989, 1805, 1808 für den Ratenkreditvertrag (Rechtsgedanke des § 628 Abs. 2 BGB); BGH WM 1989, 521, 524 für den Vertriebsvertrag (ohne Verweis auf § 628 Abs. 2 BGB); Gessert, Schadensersatz nach Kündigung,

Verdrängende, aber inhaltsgleiche Sonderregelungen bestehen in § 16 Abs. 1 BBiG, § 89 a Abs. 2 HGB; Besonderheiten gelten für Seeleute nach den §§ 65-70 SeemG. Für § 628 Abs. 2 BGB ist nicht Voraussetzung, daß eine außerordentliche Kündigung zur Vertragsbeendigung geführt hat; es reichen auch Aufhebungsvertrag und ordentliche Kündigung aus, wenn nur eine zu vertretende Vertragsverletzung i. S. d. § 628 Abs. 2 BGB für die Auflösung des Vertrages ursächlich war.[5]

a) Inhalt des § 628 Abs. 2 BGB im Grundsatz

Zu fragen ist im folgenden, ob dieser weitreichend anwendbare § 628 Abs. 2 BGB auch entwertete Aufwendungen umfassen kann.[6] Herkömmlicherweise wird der Inhalt des § 628 Abs. 2 BGB so bestimmt, daß der Kündigende so gestellt werden soll, als wenn das Schuldverhältnis ordnungsgemäß durchgeführt oder durch eine fristgerechte ordentliche Kündigung beendet worden wäre.[7] Maßstab ist also die vertragsgemäße Erfüllung, das volle Erfüllungsinteresse — nach herrschender Meinung begrenzt bis zum erstmöglichen Termin einer ordentlichen Kündigung (sogen. Verfrühungsschaden). Während das positive Interesse vorwiegend fallgruppenorientiert aufgeschlüsselt und für Einzelposten gesondert untersucht wird,[8] wird die Frage, ob auch entwertete Aufwendungen der Berechnung des Schadensersatzes zugrunde gelegt werden können, nicht erörtert.

b) Ersatz entwerteter Aufwendungen

Grundsätzlich könnte dagegen eingewandt werden, daß die Kündigung den bisherigen Leistungsaustausch unberührt läßt und ihre Wirkungen nur in die Zukunft gerichtet sind. Die Aufwendungen sind jedoch vor der Kündigung erfolgt,

---

1987, S. 248 m. weit. Nachw.; Berger-Delhey, DB 1989, 380, 381 zum Schadensersatzanspruch, wenn bereits vor Dienstantritt gekündigt wurde.

5 BGH AP Nr. 3 zu § 628 BGB; BAG NJW 1971, 2092, 2093; BAG NJW 1977, 1023, 1024; BAG AP Nr. 6 zu § 628 BGB (m. Anm. Canaris); BAG AP Nr. 8 zu § 628 BGB (m. Anm. Lieb); BAG BB 1990, 425; LAG Düsseldorf DB 1972, 1879, 1880; LAG Düsseldorf BB 1978, 1571; GK-KR / Weigand, § 628 BGB, Rdnr. 22 f.; MünchKomm / Schwerdtner, § 628, Rdnr. 7; Staudinger / Neumann, § 628, Rdnr. 36; a. A. Palandt / Putzo, § 628, Anm. 1 a.

6 Ebenso für § 16 Abs. 1 BBiG, § 89 a Abs. 2 HGB.

7 BAG AP Nr. 8 zu § 628 BGB (m. Anm. Lieb); BAG AP Nr. 1 zu § 16 BBiG (m. Anm. Natzel); BAG 09.05.1975, EzA, § 628 BGB, Nr. 10, S. 24; BAG NJW 1981, 2430; LAG Hamm NZA 1985, 159; LAG Hamm ZIP 1987, 1267, 1271; Gessert, Schadensersatz nach Kündigung, 1987, S. 16; GK-KR / Weigand, § 628 BGB, Rdnr. 32; MünchKomm / Schwerdtner, § 628, Rdnr. 19; Palandt / Putzo, § 628, Anm. 3 c; Soergel / Kraft, § 628, Rdnr. 8; Staudinger / Neumann, § 628, Rdnr. 38.
In diesem Sinne auch § 103 des Entwurfs für ein Arbeitsgesetzbuch von 1977.

8 Anschaulich Gessert, Schadensersatz nach Kündigung, 1987, S. 85.

in der Regel sogar vor dem zur Kündigung führenden Verhalten. Der Aufwand lag also in der Vergangenheit. Daraus jedoch den Schluß ziehen zu wollen, neben einer vorwärts gerichteten Kündigung sei der Ersatz entwerteter Aufwendungen ausgeschlossen, würde den Umstand vernachlässigen, daß die Entwertung durch die Vertragsverletzung oder die Kündigung, also durch die Nichtfortsetzung des Schuldverhältnisses in der Zukunft eingetreten ist.

Jede andere Betrachtung würde der Kündigung die gleichzeitige, stillschweigende Erklärung unterlegen, daß auf weitergehende Ersatzansprüche für in der Vergangenheit angelegte, sich aber erst zukünftig auswirkende Schäden verzichtet werde. Das erscheint nicht als gerechtfertigt, denn damit ist die typische Konstellation für das negative Interesse in Form entwerteten Aufwands beschrieben.[9] Der Abwicklungsunterschied zwischen Rücktritt und Kündigung vermag keinen Ausschlußgrund abzugeben. Die Kündigung hat nur deshalb ex nunc-Wirkung, weil eine gegenständliche Rückabwicklung bei Dauerschuldverhältnissen wegen des Zeitfaktors Schwierigkeiten bereitet. Für andere Ansprüche, insbesondere solche auf Schadensersatz, kommt dieser Divergenz keine Bedeutung zu. Die grundsätzliche Konstruktion der Kündigung steht dem Ersatz entwerteten Aufwands damit nicht entgegen.

Die Ausrichtung des § 628 Abs. 2 BGB am Erfüllungsinteresse legt es nahe, die Grundsätze zum Schadensersatz wegen Nichterfüllung zu übertragen. Das wird auch durch den Umstand bestätigt, daß § 628 Abs. 2 BGB keine dienst- oder arbeitsvertragliche Besonderheit darstellt, sondern auf allgemeinen Rechtsgrundsätzen — für zu vertretendes vertragswidriges Verhalten hat der Schuldner einzustehen — beruht; insoweit kann man § 628 Abs. 2 BGB als Sonderfall der positiven Vertragsverletzung,[10] also eines einheitlichen Störungstatbestandes bezeichnen. Grundsätzlich ist danach der Ersatzinhalt auf der Basis der hypothetischen Erfüllung zu berechnen. Wenn ein solches feststellbares positives Interesse nicht besteht, kann auf das negative Interesse in Form entwerteter Aufwendungen zurückgegriffen werden.[11] Gleiches gilt auch für § 628 Abs. 2 BGB. Kann ein wirtschaftlich ausdrückbarer Erfüllungsschaden nicht ermittelt werden, ist also z. B. kein Gewinn entgangen, kann der Ersatzanspruch auf die entwerteten Aufwendungen erstreckt werden. Als weniger gewichtiger Rechtsbehelf ist der Vertrauensschaden vom Schaden i. S. d. § 628 Abs. 2 BGB als Nichterfüllungsschaden besonderer Art — der Schaden entsteht entweder durch die Vertragsverletzung oder durch die Aufhebung des Schuldverhältnisses — mit umfaßt. Das gilt trotz des Umstandes, daß der Vertrauensschaden summenmäßig den Nichterfüllungsschaden überragen kann. Insoweit ist der Schuldner jedoch durch den Verlusteinwand und die damit verbundene Beweislastverteilung hinreichend

[9] Vgl. oben 2. Teil B II 1 und 3 d.

[10] GK-KR / Weigand, § 628 BGB, Rdnr. 21; wohl auch Soergel / Kraft, § 628, Rdnr. 6.

[11] Vgl. im einzelnen oben 3. Teil B I 5.

geschützt.[12] Auch hier ist zu beachten, daß ein auf der Basis der Kostenrechnung ermittelter Schaden, der zum positiven Interesse gehört und damit nicht als entwerteter Aufwand bezeichnet werden kann und die Mehrkosten eines die Entwertung nicht verhindernden, gleichwohl korrekten Deckungsgeschäfts, neben die Kündigung und den Ersatz frustrierter Aufwendungen treten kann.[13]

Verkannt wird nicht, daß die praktische Bedeutung des Aufwendungsersatzes neben der Kündigung nach dem vorgeschlagenen Konzept nicht besonders groß sein wird, denn bei der Partei des Dauerschuldverhältnisses, die Geldleistungsgläubiger ist — also Arbeitnehmer, Vermieter, Verpächter, Leasinggeber — wird sich immer ein positives Interesse in Form der ausbleibenden Zahlungen feststellen lassen.[14] Aber auch für die andere Vertragspartei werden in aller Regel ersatzfähige Schäden anfallen. Anders mag dies aber z. B. in Großbetrieben sein, wo § 628 Abs. 2 BGB oftmals am Schadensnachweis scheitert und daher leerläuft.[15] Der Arbeitgeber kann dann etwa Fortbildungskosten, die durch die Kündigung infolge Auflösungsverschuldens des Arbeitnehmers entwertet werden, in Grenzen ersetzt verlangen.

Der den Ersatz legitimierende Vertrauensgedanke bestimmt neben den inhaltlichen auch die zeitlichen Grenzen des Ersatzes. Sachlich sind nur die Aufwendungen ersatzfähig, die tatsächlich im Vertrauen auf einen bestehenden Vertrag angefallen sind. Davor liegende Kosten, z. B. für Inserate oder Stellenanzeigen sind zwar ebenfalls entwertet, wenn der Eingestellte später die Aufnahme der Arbeit verweigert und andere Bewerber nicht mehr greifbar sind; sie sind aber ohne konkreten Vertrauensbezug zu einem Schuldverhältnis entstanden und müssen für den Ersatz daher unberücksichtigt bleiben.

Im Grundsatz eindeutig sind ebenfalls die zeitlichen Dimensionen des Vertrauens. Bei frei kündbaren Schuldverhältnissen besteht für einen Vertrauensschutz nur Anlaß bis zum erstmöglichen Termin einer ordentlichen Kündigung. Nur bis zu diesem Zeitpunkt kann der Aufwendende davon ausgehen, mit der Investition die angestrebten Ziele zu erreichen. Bei längerfristig ausgelegten Aufwendungen gehen diese von vornherein auf eigenes Risiko; ihr Ersatz ist ausgeschlossen. Ersetzt verlangt werden können dann nur die Aufwendungen, die in der maßgeblichen Zeitspanne entwertet wurden, bzw. von einem Gesamtaufwand nur ein bestimmter Teilbereich.

---

12 Vgl. dazu oben 3. Teil B I 5 a bb.

13 Näher oben 3. Teil B I 6.

14 Das wird noch von der Tatsache verstärkt, daß ein positives Interesse sich nicht nur aus einer Verletzung von Hauptpflichten ergeben kann, sondern daß auch der Ersatz für die Verletzung von Nebenpflichten auf das Erfüllungsinteresse ausgerichtet ist; so ausdrücklich BAG AP Nr. 8 zu § 628 BGB (m. Anm. Lieb); GK-KR / Weigand, § 628 BGB, Rdnr. 32.

15 MünchKomm / Schwerdtner, § 628, Rdnr. 20; kritischer gegenüber den geringen rechtspraktischen Auswirkungen des § 628 Abs. 2 BGB Popp, NZA 1988, 455, 456.

Anderes könnte dagegen bei bestandsgeschützten Dauerschuldverhältnissen gelten, also im Arbeits- und Mietrecht. Hier können zwar Arbeitnehmer und Mieter das Schuldverhältnis ordentlich kündigen, für Arbeitgeber und Vermieter bestehen dagegen Kündigungsbeschränkungen z. B. in Form des KSchG und besonderer Regelungen des Mietrechts. Das hat zur Folge, daß Arbeitgeber und Vermieter Anlaß für ein Vertrauen immer nur bis zum nächsten ordentlichen Kündigungstermin haben können, und daß auch nur insoweit der Schutz reicht.

Auf Seiten der Arbeitnehmer und Mieter ist die Beurteilung anders. Sie haben allen Grund — eigenes vertragsgemäßes Verhalten vorausgesetzt — ihr Vertrauen auf einen längeren Bestand der Vertragsbeziehung auszurichten und auch in Form von Aufwendungen zu manifestieren. Für eine Einschränkung dieser Dispositionsfreiheit besteht kein Anlaß. Der Schutzgedanke des Arbeits- und Mietrechts bezieht sich gerade auf Arbeitnehmer und Mieter. Schon dies gebietet umfassende Ersatzmöglichkeiten, wenn die Schutzfunktion nicht in ihr Gegenteil verkehrt werden soll. Hat also etwa der Mieter im Vertrauen auf den Fortbestand des Mietverhältnisses seine Wohnung seinen eigenen Bedürfnissen entsprechend behindertengerecht eingerichtet und führt das Verhalten des Vermieters zu einem Anspruch aus § 628 Abs. 2 BGB, läßt sich ein Erfüllungsinteresse jedoch nicht feststellen, kann der Mieter die Umbaukosten vom Vermieter ersetzt verlangen, soweit er sie nicht von anderer Seite (z. B. Nachmieter) — teilweise — vergütet erhält.

Für das Arbeitsrecht könnte eingewandt werden, daß diese umfassende Ersatzpflicht des Arbeitgebers gegen die Grundgedanken der §§ 9, 10 KSchG verstößt. Dort wird der Abfindungsanspruch des Arbeitnehmers summenmäßig begrenzt. Weil hierin allgemeine Wertungen des Gesetzgebers zum Ausdruck kämen, wird teilweise vorgeschlagen, den Umfang des § 628 Abs. 2 BGB mittels teleologischer Reduktion auf das Ausmaß der Abfindung im KSchG zu beschränken.[16] Diese Argumentation steht umfassendem Aufwendungsersatz bei schützenswertem Vertrauen jedoch nicht entgegen. Die Limitierung des Anspruchs aus § 628 Abs. 2 BGB wendet sich gegen die Zahlung einer „ewigen Rente“ durch den Arbeitgeber. Der historische Gesetzgeber hat dies wohl nicht gewollt und konnte andererseits bei seinen Überlegungen noch von absoluter Kündigungsfreiheit ausgehen.[17] Die Einführung einer Höchstgrenze gibt vor diesem Hintergrund einen guten Sinn. Sie verfängt jedoch nicht für den Ersatz entwerteter Aufwendungen. Hier geht es nicht um eine endlose Lohnfortzahlung in Form eines Schadensersatzanspruchs, sondern um den einmaligen Ersatz eines Vermögensnachteils. Jede Begrenzung außerhalb des Vertrauensgedankens erschiene als willkürlich gewählt. Die §§ 9, 10 KSchG vermögen den Anspruchsumfang des § 628 Abs. 2 BGB daher nicht zu beschränken, wenn ihm frustrierte Aufwendungen zugrunde gelegt werden.

---

16 Gessert, Schadensersatz nach Kündigung, 1987, S. 149, 179.

17 Gamillscheg, Arbeitsrecht I, 1987, S. 447; Weiß, JuS 1985, 593, 594.

Während für diesen letzten Bereich der Ersatzumfang relativ einfach festzustellen ist, ist für die Fälle, in denen die Entwertung nur für einen bestimmten Zeitraum ersatzfähig ist, die Ermittlung der Schadenshöhe schwieriger. Ausgehend von dem angestrebten Gesamtnutzen ist der Teil-Schaden aufgrund der Entwertungsdauer maßgeblich. Der Gesamtnutzen kann sich an der Nutzungsdauer, am Wertverlust der Aufwendung bzw. der damit erworbenen Gegenstände oder — vor allem bei immateriellem Sekundärzweck — an der Gesamtsumme der Aufwendungen orientieren.

Als Ergebnis ist daher festzuhalten, daß auch auf der Basis des § 628 Abs. 2 BGB — gleiches gilt für § 16 Abs. 1 BBiG, § 89 a Abs. 2 HGB — Ersatz entwerteter Aufwendungen verlangt werden kann. Voraussetzung ist allerdings, daß ein positives Interesse nicht oder unter unverhältnismäßigem Aufwand festgestellt werden kann und damit kein Bezugspunkt für die hypothetische Erfüllung vorhanden ist. Die Zugrundelegung des Vertrauensgedankens bestimmt den Ersatzumfang sachlich und darüberhinaus zeitlich nach dem Zeitpunkt der nächstmöglichen ordentlichen Kündigung.

VI. Wandlung und Aufwendungsersatz

Der Rechtsbehelf der Wandlung wird vom BGB für den Kaufvertrag (§§ 462, 467 BGB), den Tauschvertrag (§ 515 BGB i. V. m. den einschlägigen Vorschriften des Kaufrechts) den Werkvertrag (§ 634 Abs. 1 S. 3, Abs. 2-4 BGB) und den Werklieferungsvertrag (§ 651 BGB mit entsprechendem Verweis auf das Kauf- oder Teile des Werkvertragsrechtes) zur Verfügung gestellt. Gemeinsam ist diesen Verträgen, daß sie charakterisiert werden durch eine zumindest einmalige Sachleistung mindestens einer Vertragspartei. Bei Mangelhaftigkeit dieses Gegenstandes steht dem Sachleistungsgläubiger grundsätzlich ein Anspruch auf Wandlung zu, ohne daß es auf ein Vertreten-Müssen i. S. d. §§ 276 ff. BGB ankommt. Es handelt sich um eine garantieähnliche Haftung; § 462 BGB spricht anschaulich davon, daß der Verkäufer den Mangel nach den §§ 459, 460 BGB zu vertreten hat. Ob und inwieweit daneben entwertete Aufwendungen zu ersetzen sind und vor allem unter welchen Voraussetzungen dies möglich ist, soll im folgenden untersucht werden. Nicht weiter eingegangen wird auf den Verwendungsersatz über die Vorschriften der §§ 467 S. 1, 347 S. 2 BGB mit der Verweisung auf das Eigentümer-Besitzer-Verhältnis. Dazu sei auf die einschlägige Rechtsprechung und Literatur verwiesen.

1. Der Ersatz von Vertragskosten (§ 467 S. 2 BGB)

Das Kaufgewährleistungsrecht, das insoweit von den anderen drei Vertragstypen in Bezug genommen wird, bestimmt in § 467 S. 2 BGB, daß der Verkäufer dem Käufer auch die Vertragskosten zu ersetzen hat. Eine Sonderregelung für den Viehkauf stellt § 488 BGB dar, der Ausssagen über den Ersatz von Nebenkosten macht, die im einzelnen benannt werden und deren Inhalt im wesentlichen unstreitig ist. Über die Auslegung des Begriffs Vertragskosten in § 467 S. 2 BGB herrscht dagegen Uneinigkeit. Ein Überblick läßt sich am besten gewinnen, wenn man die unterschiedlichen Phasen der Vertragsabwicklung chronologisch aneinanderreiht, soweit sie für den Ersatz von Vertragskosten Bedeutung erlangen können.

a) Stadien der Vertragsabwicklung

aa) Vertragsabschluß

Das erste Stadium bildet der Abschluß des Vertrages selbst.[1] Die dafür anfallenden Kosten werden nach allgemeiner Ansicht von § 467 S. 2 BGB erfaßt. Das gilt nicht nur für die Kosten des Kausal-, sondern auch des dinglichen Vollzugsgeschäftes.[2] Modellcharakter für letzteres haben die in § 449 BGB genannten Posten. Angesprochen sind in diesem Bereich also insbesondere Beurkundungs- oder Eintragungsgebühren, Porto-, Fernschreib-[3] oder Telefonauslagen, Reisekosten, soweit dem Abschluß des Vertrages dienend, Maklergebühren[4] und sonstiger im Zusammenhang mit dem Vertragsschluß entstandener Aufwand.

bb) Entgegennahme des Vertragsgegenstandes

Uneinheitlich wird dagegen der Kostenersatz in allen weiteren Bereichen beurteilt. Hier sind zunächst Aufwendungen zu nennen, die mit dem Erhalten der Leistung in Bezug stehen. Probleme ergeben sich von vornherein nicht, wenn eine Bringschuld vorliegt, also der Verkäufer auch die Anlieferung schuldet. Dann trägt er auch deren Kosten, die aller Regel nach im Kaufpreis mit einkalkuliert sein werden. Insoweit ist es mißverständlich, wenn in diesem zweiten Bereich von Kosten der Erfüllung gesprochen wird:[5] schuldet der Verkäufer die Anlieferung, tritt erst danach Erfüllung ein und die Kostenlast liegt beim Sachleistungsschuldner; ist es dagegen Sache des Gläubigers, den Vertragsgegenstand abzuholen oder sich auf seine Rechnung bringen zu lassen, ist Erfüllung bereits vorher eingetreten. Man spricht daher besser von Kosten, die im Zusammenhang mit

---

1 Vorher angefallene Aufwendungen stellen keine Vertragskosten i. S. d. § 467 S. 2 BGB dar, können aber ein Schaden sein, den es über die culpa in contrahendo zu ersetzen gilt.

2 So ausdrücklich Planck / Siber, § 467, Anm. 2 c.

3 OLG Celle OLGE 22, 230, 231.

4 Zutreffend OLG Kiel OLGE 10, 176; a. A. OLG Braunschweig Recht 1910, Nr. 1237.

5 Vgl. etwa BGHZ 87, 104, 108; OLG Karlsruhe NJW 1986, 2579; Walter, Kaufrecht, 1987, § 5 II 6 a aa, S. 190; mißverständlich im gleichen Sinne ist es, von Kosten der Vertragsdurchführung zu sprechen; vgl. Soergel / Huber, § 467, Rdnr. 54.

dem gegenständlichen Erhalten der Vertragsleistung angefallen sind. Auch diese sind nach überwiegender Meinung Vertragskosten i. S. d. § 467 S. 2 BGB. Hier sind Aufwendungen für Transport zum Käufer,[6] Rollgeld, Fracht- oder Zollgebühren,[7] Kosten der Abnahme nach § 448 BGB und Untersuchungskosten nach § 377 HGB einzuordnen.[8]

cc) Nutzung des Vertragsgegenstandes

Den dritten Bereich kann man mit der Bezeichnung Kosten für die Nutzung der Leistung versehen. Gemeint sind hier vor allem Montage-, Einbau- und Aufstellungskosten. Auch hier gilt, daß der Käufer seine Auslagen jedenfalls zurückerhält, wenn der Sachleistungsschuldner auch die Montage durchzuführen hatte; sie sind dann Gegenstand der Forderung aus § 346 BGB als Teil der zurückzugewährenden Geldleistung. Anders dagegen, wenn es Sache des Gläubigers selbst war, für den Einbau zu sorgen. Der Bundesgerichtshof hat auch die Einbaukosten als Vertragskosten angesehen, wenn sie den vorausgesetzten bestimmungsgemäßen Gebrauch der Sache ermöglichen. Der Lieferant mangelhafter Dachpfannen hatte die nutzlos aufgewendeten Eindeckkosten über § 467 S. 2 BGB zu ersetzen. Alle Aufwendungen, die darüber hinaus der Nutzung der Leistung dienen, sollen dagegen allein dem Käufer zur Last fallen.[9]

dd) Feststellung der Mangelhaftigkeit

Die vierte Phase ist das Stadium der Feststellung der Mangelhaftigkeit; hier geht es um die Auslagen für Sachverständigengutachten und die Untersuchung des Vertragsgegenstandes. Vielfach wird ihr Ersatz abgelehnt[10] oder im Zusam-

---

6 BGHZ 87, 104, 108 m. weit. Nachw.

7 RG JW 1906, 202 allerdings als Verwendungen; OLG Köln OLGE 4, 39.

8 Soergel / Huber, § 467, Rdnr. 61; Staudinger / Honsell, § 467, Rdnr. 24.

9 BGHZ 87, 104, 108; ebenso KG OLGE 28, 138, 139 (Verwendungen); OLG Karlsruhe NJW 1986, 2579; Erman / Weitnauer, § 467, Rdnr. 9; MünchKomm / Westermann, § 467, Rdnr. 9; Musielak, Grundkurs BGB, 1986, S. 253; Palandt / Putzo, § 467, Anm. 3 b cc; Reinicke / Tiedtke, Kaufrecht, 1989, S. 216; Schwerdtner, Jura 1985, 102, 103; Staudinger / Honsell, § 467, Rdnr. 24; Walter, Kaufrecht, 1987, § 5 II 6 a aa, S. 190; Wolff, GruchBeitr 48 (1904), 503, 504 ff. Ebenso Planck / Siber, § 467, Anm. 2 c mit der Begründung, daß dem Käufer über den Wortlaut des § 467 S. 2 BGB hinweg Ersatz der typischen Spesen zugebilligt werden müsse.
Ablehnend und damit enger OLG Celle OLGE 22, 230, 231; OLG Braunschweig OLGE 28, 137; OLG Frankfurt SeuffArch 68 (1913) 393, 395; OLG Hamm NJW 1982, 772; Muscheler, AcP 187 (1987), 343, 363; Otte, Jura 1988, 594, 595 f.; Roussos, BB 1986, 10, 12 f.
Soergel / Huber, § 467, Rdnr. 58 f. will danach unterscheiden, ob die die Kosten auslösenden Einbauarbeiten von untergeordneter Bedeutung sind — dann § 467 S. 2 BGB — oder nicht — dann kein Ersatz als Vertragskosten.

10 OLG Celle OLGE 22, 230, 231; OLG Koblenz NJW-RR 1989, 336, 337; MünchKomm / Westermann, § 467, Rdnr. 9; Muscheler, AcP 187 (1987), 343, 364; Otte, Jura

menhang mit Rückabwicklungskosten unreflektiert zugesprochen.[11] Dezidiert behandelt werden die Untersuchungskosten von *Roussos*. Es handele sich ebenfalls um Vertragskosten; und zwar um solche, die zur Begründung des Rückgewährschuldverhältnisses „Wandlung" führten. Das gelte unabhängig von Vertrags-, Herstellungs- oder modifizierter Vertragstheorie.[12]

ee) Rückabwicklung

Eine letzte und damit fünfte Kostenkategorie betrifft die Rückabwicklung. Hier sind angesprochen Kosten der Mängelanzeige und der Wandlung selbst, Rechtsanwaltsgebühren, Kosten eines Beweissicherungsverfahrens und Auslagen für den Rücktransport des Vertragsgegenstandes zum Sachleistungsschuldner des Ausgangsschuldverhältnisses, soweit sie nicht nach § 269 BGB der Verkäufer/Unternehmer sowieso zu tragen hat. Nach überwiegender Ansicht fallen diese Aufwendungen nicht mehr unter den Begriff der Vertragskosten.[13] Vereinzelt wird dem entgegengehalten, der Gedanke der Besserstellung des Käufers rechtfertige auch den Ersatz der Rückabwicklungskosten.[14] In einer landgerichtlichen Entscheidung werden als Vertragskosten auch Rechtsanwaltsgebühren angesehen, wenn ein Laie nur schwer beurteilen könne, ob die Voraussetzungen einer Wandlung vorlägen oder nicht.[15]

b) Eigener Lösungsvorschlag

Auffallend ist, daß zur Lösung der Frage, was Vertragskosten i. S. d. § 467 BGB sind, nur am Rande auf systematische Grundüberlegungen zurückgegriffen wird.[16] Ohne besondere Fallgruppenbildung wird vielmehr um die Zuordnung

1988, 594, 596; Soergel / Huber, § 467, Rdnr. 62; Walter, Kaufrecht, 1987, § 5 II 6 a aa, S. 190.

11 RG Recht 1909, Nr. 36; OLG Köln ZfS 1980, 306, 307; Erman / Weitnauer, § 467, Rdnr. 9; Reinicke / Tiedtke, Kaufrecht, 1989, S. 217; RGRK / Mezger, § 467, Rdnr. 2; Staudinger / Honsell, § 467, Rdnr. 24; als Verwendungen angesehen von OLG Frankfurt SeuffArch 68 (1913), 393, 396; OLG Braunschweig Recht 1914, Nr. 758; HGB-Großkommentar / Brüggemann, 1970, § 377, Anm. 71 b; Planck / Siber, § 467, Anm. 2 c; Staub / Heinichen, 1933, HGB, § 377, Anm. 71 f.

12 Roussos, BB 1986, 10, 13 f.

13 BGHZ 87, 104, 109; OLG Karlsruhe NJW 1986, 2579; OLG Koblenz NJW-RR 1989, 336, 337; MünchKomm / Westermann, § 467, Rdnr. 9; Muscheler, AcP 187 (1987), 343, 365; Otte, Jura 1988, 594, 595; Planck / Siber, § 467, Anm. 2 c; Soergel / Huber, § 467, Rdnr. 62; Walter, Kaufrecht, 1987, § 5 II 6 a aa, S. 190.

14 Schwerdtner, Jura 1985, 102, 103; differenzierend Roussos, BB 1986, 10, 13 f.; eher beiläufig OLG Köln ZfS 1980, 306, 307.

15 LG Nürnberg-Fürth MDR 1982, 668; zust. Jauernig / Vollkommer, § 467, Anm. 3 b cc; Palandt / Putzo, § 467, Anm. 3 b cc.

16 Ansätze bei Muscheler, AcP 187 (1987), 343, 365; Soergel / Huber, § 467, Rdnr. 1, 52.

einzelner Posten gerungen. Das macht den Streitstand als solchen unübersichtlich und verhindert einigermaßen gesicherte Prognosen über den Ausgang von Prozessen zum in Rede stehenden Problem.

aa) 1. Schritt der Inhaltsbestimmung

Ausgangspunkt eines Systemvorschlags muß der Kern der Vertragskosten sein. Das sind die Vertragsabschlußkosten. Sie wären auch bei ordnungsgemäßer Erfüllung angefallen und ohne besondere Regelung dem Sachleistungsgläubiger zuzurechnen gewesen. Maßgebender Gesichtspunkt, warum diese Lastenverteilung bei der Wandlung geändert werden soll, ist der Gedanke der Entwertung: trotz der Auslagen ist der Sachleistungsgläubiger nicht in den Genuß einer mangelfreien Sache gekommen. Will er sich von dem Vertrag lösen, sollen ihm wenigstens diese Kosten verschuldensunabhängig zu ersetzen sein. Die Vertragsabschlußkosten sind im Vertrauen auf die zukünftige Vertragsdurchführung entstanden. Sie gehören zum negativen Interesse.[17]

Diese Wertung ist auf andere Aufwendungen zu übertragen. Sie können nur dann Vertragskosten i. S. d. § 467 S. 2 BGB sein, wenn sie dem negativen Interesse zuzuordnen sind, weil der Gläubiger so gestellt werden will, als wenn es nicht zum Vertragsabschluß gekommen wäre.[18] Das erscheint im Zusammenhang mit der Wandlung als sach- und interessengerecht, da die *Wandlung* wie der Rücktritt ein *sachbezogenes negatives Interesse* verwirklicht.[19] Insoweit zeigt sich dann deutlich die Funktion des § 467 S. 2 BGB als stimmiger Ergänzungsrechtsbehelf zur Wandlung. Das ist auch aus der Sicht der BGB-Gesetzgeber konsequent, da Ansprüche auf das positive Interesse grundsätzlich nur bei i. S. d. §§ 276 ff. BGB zu vertretenden Leistungsstörungen zugestanden werden, Ansprüche auf das negative Interesse aber verschuldensunabhängig sein können (vgl. §§ 122 Abs. 1, 179 Abs. 2 BGB). Auch hier tritt somit der Gedanke des weniger einschneidenden Rechtsbehelfs „Aufwendungsersatz" zu Tage.

Damit können keine Vertragskosten alle die Aufwendungen sein, die nicht im Vertrauen auf den Vertragsabschluß oder die Vertragsdurchführung entstanden sind. Das gilt zunächst für etwaige Anreisekosten des Sachleistungsgläubigers vor dem Vertragsschluß. Besichtigt der Käufer eine Eigentumswohnung und ist dies mit Kosten verbunden, so gehen diese auf eigenes Risiko. Ebenso wie der Umstand, ob der Kaufvertrag überhaupt zustandekommt, keine Rolle spielt, gilt das auch für die Wandlung, wenn der Wohnung Fehler anhaften. Die Aufwendungen sind zwar entwertet, aber nicht im Vertrauen auf vertragsgerechtes Verhalten

---

[17] So schon OLG Dresden Ann. Kgl. Sächs. OLG Dresden 28 (1907), 45, 48.

[18] Im Ergebnis ebenso OLG Hamm NJW 1982, 772; Erman / Weitnauer, § 467, Rdnr. 9 ohne allerdings daraus die entsprechenden Konsequenzen für den Ersatzumfang zu ziehen; Otte, Jura 1988, 594, 595, der von der Sache nach negativem Interesse spricht.

[19] Vgl. näher oben 3. Teil B III 3.

entstanden; der potentielle Käufer hatte die Nutzlosigkeit von vornherein einkalkuliert. In gleicher Weise schon auf dieser grundsätzlichen Ebene haben Auslagen auszuscheiden, die infolge der Mangelhaftigkeit des Vertragsgegenstandes anfallen, also als Nichterfüllungsschaden dem positiven Interesse zuzurechnen sind. Es sind dies etwa Kosten für Sachverständigengutachten zur Feststellung und Bezifferung des Mangels,[20] Aufwendungen für die Mängelanzeige, Ausbau oder Rücktransport oder Rechtsanwaltsgebühren zur Einleitung und Durchsetzung der Ansprüche auf und aus Wandlung.

bb) 2. Schritt der Inhaltsbestimmung

Diese erste Grenzziehung zwischen Vertrauens- und Nichterfüllungsschaden erscheint verhältnismäßig einfach. Die Kernfrage lautet: was hat die Aufwendungen veranlaßt? Nur wenn das das Vertrauen in die Vertragsdurchführung war, kommt die Anwendung des § 467 S. 2 BGB überhaupt in Betracht. Schwieriger ist es dagegen, aus dem gesamten Bereich der entwerteten Aufwendungen die den Vertragskosten zuzuweisenden herauszufiltern.

aaa) Wortlaut

Der Wortlaut des § 467 S. 2 BGB hilft hier nicht weiter. Wenn auch mit dem Begriff Vertragskosten zunächst die Vertragsabschlußkosten in Verbindung gebracht werden, schließt diese Assoziation es nicht aus, den Terminus im Extrem auf alle durch den Vertrag veranlaßten Aufwendungen zu erstrecken. Auch wenn die Kautelarpraxis unter Vertragskosten nur die Abschlußkosten versteht, so kann die Wortlautgrenze damit nicht ermittelt werden.[21] Maßgeblich dafür ist nicht der juristische Fachausdruck, sondern der natürliche Sprachgebrauch, der mögliche Wortsinn.[22] Jede andere Sicht würde zu einer Stagnation der Rechtsentwicklung führen; einmal getroffene und sich nach einiger Zeit als falsch herausstellende Auslegungsergebnisse könnten für die Zukunft nicht korrigiert werden, weil der — „selbst" geschaffene — Wortlaut entgegenstünde. Der Wortlaut Vertragskosten determiniert das Auslegungsergebnis daher im hier interessierenden Zusammenhang in keiner Weise.

---

20 Soweit das Gutachen erforderlich war, können die Kosten über § 91 ZPO nach erfolgreich abgeschlossenem Rechtsstreit dem Sachleistungsschuldner auferlegt werden; vgl. etwa Baumbach / Lauterbach / Albers / Hartmann, ZPO, 1989, § 91, Anm. 5, Stichwort Vorbereitungskosten; Thomas / Putzo, ZPO, 1990, § 91, Anm. 3 f.

21 So aber Muscheler, AcP 187 (1987), 343, 363; zutreffend kritisch zur Rechtswahl durch Wortwahl bei der Vertragsgestaltung dagegen Doerry, EWiR § 633 BGB 2/90, 979, 980.

22 Dazu Bydlinski, Methodenlehre und Rechtsbegriff, 1982, S. 467, auch zur Notwendigkeit an der Bestimmung der Wortlautgrenze festzuhalten; Larenz, Methodenlehre der Rechtswissenschaft, 1983, S. 307.

bbb) Gesetzesgeschichte

Anhaltspunkte könnten sich aus der Gesetzgebungsgeschichte ergeben. In den Motiven zum BGB wird auf § 913 des sächsischen BGB, Art. 172 des hessischen Entwurfs und auf Art. 168 des Dresdener Entwurfs Bezug genommen.[23] Im BGB für das Königreich Sachsen und dem Dresdener Entwurf taucht der Begriff der Vertragskosten ebenfalls auf, ohne näher spezifiziert zu werden. Der Schuldner hat den Gläubiger jeweils zusätzlich von den infolge des Vertrages übernommenen Verbindlichkeiten zu befreien. Nach dem sächsischen BGB konnte der Gläubiger außerdem noch sein positives Interesse ersetzt verlangen. Von dieser Kumulation negativen und positiven Interesses hat das BGB bewußt Abstand genommen. Es belegt jedoch die Feststellung, daß die Vertragskosten dem negativen Interesse zuzurechnen sind.

Auf die gleiche Art und Weise ist Art. 309 des Entwurfs eines BGB für das Königreich Bayern zu interpretieren. Dort werden einem Käufer, dessen Rechte an dem Vertragsgegenstand ganz oder teilweise von einem Dritten bestritten werden (sogen. Entwährung; wir würden heute Rechtsmangel sagen) und der Käufer die Sache daraufhin herausgeben oder doch Einschränkungen seines Nutzungsrechts hinnehmen muß, neben dem Wertersatz, die Kosten des Kaufvertrages, die Kosten der Entwährung und weiterer Schadensersatz zugebilligt. Ersatz der Vertragskosten wird als Schadensersatz, aber als vom positiven Interesse zu scheidender begriffen. Gleichzeitig wird eine Aussage über die Vertragskosten selbst gemacht: zu ersetzen sind die Kosten des Kaufvertrages, also nur die Abschlußkosten. In einem entsprechend restriktiven Sinn ist auch pr. ALR I, 11, § 240 zu verstehen. Die Frage, welche Vertragspartei der anderen die Kosten des Kaufs zu erstatten und die Kosten der Rückgabe zu tragen hat, wird danach beurteilt, ob der Käufer wie ein redlicher oder unredlicher Besitzer zu behandeln ist. Es wird gleichfalls unterschieden zwischen Abschluß- und Rückabwicklungskosten. Beide zuletzt genannten Textstellen legen also eine tendenziell enge Interpretation des § 467 S. 2 BGB nahe.

Das bedeutet jedoch noch nicht, daß Transportkosten, Stempelgebühren, Umsatzsteuer oder Fütterungskosten dem wandelnden Käufer keinesfalls zugebilligt wurden. Dieser Aufwand wurde vielmehr unter den Begriff der Verwendungen subsumiert, wobei streitig war, ob diese auch mit der verschuldensunabhängigen Redhibitionsklage geltend gemacht werden konnten. Wenn dies auch vor dem Inkrafttreten des BGB nicht mehr endgültig geklärt wurde, so ging die Tendenz doch dahin, den Käufer zunehmend zu bevorteilen und ihm diese Kosten auch neben der Wandlung zuzubilligen.[24]

---

[23] Motive, Band II, S. 232.

[24] Vgl. dazu ROHGE 8, 241, 242; 14, 226, 230; RGZ 2, 205; RG JW 1886, 301, Nr. 19; RG GruchBeitr 41 (1897), 645, 648; RGZ 49, 250, 251; Kaiser, GruchBeitr 17 (1873), 43, 45; Küntzel, GruchBeitr 21 (1877), 96, 110; Dernburg, Preußisches Privat-

ccc) Gesetzeszweck

Die BGB-Verfasser wollten mit der Vertragskostenregelung an geltendes Recht anknüpfen.[25] Gleichwohl werden die mit der Wandlung und damit auch mit § 467 S. 2 BGB verfolgten Absichten heute uneinheitlich beurteilt. Die Meinungspalette reicht von einer vollständigen Restitution beider Vertragsparteien in den vorvertraglichen Zustand über die einseitige Begünstigung des Käufers bis zu einem bewußten Verzicht des Gesetzgebers auf eine weitgehende Besserstellung des Sachleistungsgläubigers. Daraus werden dann die jeweiligen Konsequenzen für die Auslegung des § 467 S. 2 BGB gezogen.

Ohne auf diese Divergenzen im einzelnen eingehen zu wollen, lassen sich zwei Fixpunkte sicher feststellen: zum einen ist eine Restitution beider Vertragsparteien in den status quo ante nicht möglich. Wenn eine Seite die Schäden der anderen tragen soll, wird das Prinzip gerade aufgegeben.[26] Zum zweiten läßt sich sicher sagen, daß § 467 S. 2 BGB im Vergleich zu vertraglichen und anderen gesetzlichen Rücktrittsrechten[27] und zur Position des Verkäufers nach vollzogener Wandlung eine Besserstellung des Käufers bedeutet. Ob dieser Umstand die Deutung nahelegt, der gesetzgeberische Wille sei nur unvollständig zum Ausdruck gekommen, also ergänzungsbedürftig, oder ob man daher in § 467 S. 2 BGB eine nicht ausdehnbare Sonderregelung sieht, kann für unser heutiges Verständnis der Vorschrift nur ein Indiz sein, mehr nicht. Auch wenn also die Analyse der Gesetzesgeschichte ergibt, daß der Begriff der Vertragskosten ursprünglich nur die Vertragsabschlußkosten gemeint hat, darf dies nicht der allein entscheidende Gesichtspunkt sein. Zu fragen ist vielmehr, inwieweit die Risikoverteilung zwischen den Parteien eine Auslegung in die eine oder andere Richtung führt.[28]

ddd) Lastenverteilung

Im folgenden geht es nur noch um zwei Kostengruppen; zum einen um Kosten, die mit dem gegenständlichen Erlangen der Leistung in Verbindung stehen, zum anderen um Auslagen, die wegen der Nutzung des Vertragsgegenstandes anfallen. Alle weiteren Aufwendungen außerhalb der Vertragsabschlußkosten sind bereits im 1. Schritt auf grundsätzlicherer Ebene aus dem Anwendungsbereich des § 467 S. 2 BGB ausgeschieden worden.

---

recht, II. Band, 1894, § 144, S. 389 Fn. 4; Förster / Eccius, Preußisches Privatrecht, I. Band, 1896, § 85, S. 511 Fn. 68.

25 Motive, Band II, S. 232.

26 So schon das Reichsgericht in einer vor dem Inkrafttreten des BGB verkündeten Entscheidung; vgl. RGZ 49, 250, 251.

27 Beim gesetzlichen verschuldensabhängigen Rücktritt erscheint diese Wertung korrekturbedürftig; vgl. oben 3. Teil B III 3.

28 Im Ansatz daher zutreffend BGHZ 87, 104, 107; zu eng dagegen Muscheler, AcP 187 (1987), 343, 363.

Bedenken gegen eine Überwälzung dieser Kosten auf den Verkäufer könnten sich aus dem Umstand ergeben, daß beide Kostenkategorien nicht mehr zur Durchführung des Vertrages erforderlich sind, da der Verkäufer seiner Übergabe- und Übereignungspflicht bereits entsprochen hat. Des weiteren könnte einzuwenden sein, daß die Höhe der Kosten den Einflußmöglichkeiten des Schuldners entzogen ist, und auf diesen daher beträchtliche Ersatzforderungen zukommen können. Schadensersatz werde vom BGB jedoch grundsätzlich nur bei i. S. d. §§ 276 ff. BGB zu vertretendem Verhalten gewährt. Eine derart weitgehende Entfernung von dem Grundsatz, beide Vertragsparteien möglichst schonend aus dem Vertragsverhältnis zu entlassen, lasse sich weder dem BGB entnehmen, noch habe sie der Gesetzgeber gewollt.[29]

Der zuletzt genannte Einwand verfängt nicht. Das BGB selbst ist nicht eindeutig; gleiches gilt für den Gesetzgeberwillen, der zudem nicht allein maßgeblich sein könnte. Darüberhinaus kennt das BGB sehr wohl Ansprüche auf Ersatz des negativen Interesses, ohne daß dafür ein Verschulden erforderlich wäre. Es stellt bei den §§ 122 Abs. 1, 179 Abs. 2 BGB vielmehr darauf ab, in welchem Rechtskreis der den Ersatz auslösende Umstand eingetreten ist. Dann wird zwar nicht auf das positive, wohl aber auf das negative Interesse gehaftet. Der gleiche Gedanke findet sich auch in § 467 S. 2 BGB für einen begrenzten Teil des negativen Interesses.

Auch die mögliche Höhe des Schadensumfangs steht einer Kostenverlagerung auf den Sachleistungsschuldner nicht entgegen. Die Alternative besteht nicht darin, daß dieser Aufwand entweder dem Verkäufer auferlegt wird oder gar nicht anfällt, sondern darin, daß ansonsten der Käufer auf dem Schaden sitzenbleibt. Diesem ist die Lastentragung aber noch weniger zuzumuten als dem Verkäufer/ Unternehmer, denn die Entwertung tritt infolge eines außerhalb seiner Einflußsphäre liegenden Umstandes ein.

Die Abwälzung auf den Verkäufer findet dagegen ihre Rechtfertigung in § 462 BGB. Auf ein individuell vorwerfbares Verhalten kommt es für die Wandlung nicht an. Das gilt auch für den Kostenersatz, solange diese dem Käufer dazu gedient haben, die Sache in seinen Herrschaftsbereich zu transportieren, um sie überhaupt nutzen zu können. Äußerste Grenze des Ersatzes sind darüber hinaus Aufwendungen, die dem Erwerber den bestimmungsgemäßen Gebrauch der Sache erst ermöglichen. Auch Montage- und Einbaukosten sind daher mit der Rechtsprechung als Vertragskosten i. S. d. § 467 S. 2 BGB anzusehen.

Der Gedanke der Garantiehaftung in § 462 BGB kann jedoch nicht zur Ersatzfähigkeit aller entwerteten Aufwendungen oder gar des gesamten negativen Interesses führen. Vertragskosten sind nicht dem negativen Interesse gleichzusetzen, sondern ein davon zu unterscheidendes Minus. Nach dem BGB können nicht beide Vertragsparteien in den status quo ante zurückversetzt werden, was die

[29] Otte, Jura 1988, 594, 596; Soergel / Huber, § 467, Rdnr. 59.

Interessen über den Güteraustausch hinaus angeht. Zwar enthält § 467 S. 2 BGB insoweit eine Bevorzugung des Käufers; es darf jedoch nicht aus dem Auge verloren werden, daß auch der Verkäufer/Unternehmer schützenswert ist. Das Reichsgericht meinte vor dem Inkrafttreten des BGB, daß dem Grundsatz am besten mit einer *Teilung der Kosten*, die nicht mehr ungeschehen gemacht werden könnten, gedient sei.[30] Als Konsequenz dieses Satzes kann § 467 S. 2 BGB gesehen werden: während der Verkäufer die Vertragskosten zu übernehmen hat, fallen dem Käufer die darüberhinaus entwerteten Aufwendungen zu Last, die ebenfalls eine beträchtliche Höhe erreichen können.

Für den Käufer gilt also keineswegs, daß er ohne Verlust aus dem Vertrage herauskommen soll.[31] Das trifft schon für den Verwendungsersatz nicht zu, ebenfalls nicht für Verletzungen des Integritätsinteresses ohne Verschulden und es gilt letztlich auch nicht für entwertete Aufwendungen. Vermögensnachteile des Käufers/Bestellers, die mit der Nutzung der geleisteten Sache zusammenhängen, haben mit der Vertragsdurchführung nichts mehr zu tun. Sie fallen auch nach ihrer Entwertung dem Sachleistungsgläubiger zu. Das gilt, um einige Beispiele zu nennen, für Weitertransportkosten (Gläubiger läßt Vertragsgegenstand zu einem weiteren Abnehmer bringen), Finanzierungsaufwendungen (wie der Gläubiger sich seine Geldmittel beschafft, hat mit dem Vertrag nichts zu tun[32]), Umzugskosten (wo der Gläubiger den Gebrauch ausüben will, ist allein seine Sache) und Kosten für die Erlangung einer Gaststättenkonzession (das Risiko, daß weitere Voraussetzungen erst den Gebrauch erlauben, trägt der Käufer/Besteller). Die Aufbringung dieser Kosten ist nicht im Verhältnis der Vertragspartner untereinander angelegt, sondern obliegt dem Belieben des Sachleistungsgläubigers,[33] bzw. seiner Risikosphäre.

eee) Einwände

Dieser vermittelnden Position bei der Auslegung des Begriffes Vertragskosten kann nicht mit § 488 BGB begegnet werden. Dazu wird angeführt, daß in § 488 BGB eine detaillierte Aufzählung der von beiden Parteien im Falle der Wandlung zu tragenden Kosten enthalten sei. Im Umkehrschluß bedeute dies, § 467 S. 2 BGB sei auf die Vertragsabschlußkosten beschränkt, weil weitere Einzelregelungen fehlten.[34]

---

[30] RGZ 49, 250, 252.

[31] So aber KG OLGE 28, 138, 139; LG Nürnberg-Fürth MDR 1982, 668.

[32] A. A. Walter, Kaufrecht, 1987, § 5 II 6 a aa, S. 190.

[33] Der Gedanke taucht schon bei Kaiser, GruchBeitr 17 (1873), 43, 45 auf: „Unter nothwendigen Folgen sind alle Nachteile zu verstehen, die nicht dem Belieben des Käufers entsprungen sind, die vielmehr bei jedem Dritten, der das Kausalgeschäft abschloß und in den Besitz der Kaufsache gelangte, sich ereignen mußten".

[34] Muscheler, AcP 187 (1987), 343, 364; auf der gleichen Grundlage für das Verständnis des § 488 BGB Roussos, BB 1986, 10, 13.

Dazu ist zunächst zu sagen, daß die BGB-Gesetzgeber zwischen beiden Regelungen keine Wechselwirkungen sahen; sie mit § 488 BGB auch nicht von § 467 S. 2 BGB abweichen wollten, denn dieser ist nach § 481 BGB auch auf den Viehkauf anwendbar. Mit der Regelung des § 488 BGB sollte vielmehr Rechtssicherheit geschaffen werden, weil das Gemeine Recht, daß preußische Allgemeine Landrecht, und verschiedene Partikularrechte die Kostenlast beim Viehkauf unterschiedlich verteilten.[35]

Des weiteren kommt hinzu, daß § 488 BGB nur was die Kosten für Fütterung und Pflege des Tieres angeht, Bestandteile des negativen Interesses betrifft. *Muscheler* nimmt zutreffend an, daß damit Streit um die Verwendungseigenschaft von vornherein vermieden werden sollte.[36] Alle anderen in § 488 BGB genannten Einzelposten — Kosten der tierärztlichen Untersuchung und Behandlung, der notwendigen Tötung und Wegschaffung des Tieres — gehören dagegen zum positiven Interesse. Sie stellen einen typischen Nichterfüllungsschaden dar. Sie sind nicht im Vertrauen auf die Vertragsdurchführung, sondern als Folge der Fehlerhaftigkeit des Tieres entstanden. Das allein rechtfertigt schon ihre besondere Nennung: der wandelnde Käufer erhält ein positives Interesse verschuldensunabhängig neben der Wandlung. Wenn es nicht sowieso schon als zweifelhaft erschiene, zur Auslegung einer Sondervorschrift eine Regelung heranzuziehen, die noch wesentlich mehr von dem besonderen Vertragsgegenstand geprägt wird, so ließe sich also weiterhin anfügen, daß das zutreffende Verständnis des § 488 BGB für eine eher extensive Auslegung des § 467 S. 2 BGB spricht. Das soll hier jedoch nicht weiterverfolgt werden.

Als nicht durchschlagskräftig im Sinne einer Beschränkung des § 467 S. 2 BGB auf die Vertragsabschlußkosten erweist sich weiterhin die Argumentation, die Wandlung verwirkliche wie der Rücktritt ein auf den Güteraustausch beschränktes Minimalinteresse des Sachleistungsgläubigers. Mit dem Verlangen der Wandlung verzichte dieser auf weitergehende Ansprüche.[37] Dem steht zunächst vom Prinzip her entgegen, daß sich auch Rücktritt in dem so verstandenen Sinne und negatives Interesse nicht ausschließen. Der Umfang der zu ersetzenden Aufwendungen steht sofort fest; der Rücktritt wird sinnvoll ergänzt. Das würde auch für die Wandlung gelten, soweit das negative Interesse in Betracht kommt.[38] Gleiches folgt auch aus der Existenz des § 467 S. 2 BGB und Teilen des § 488 BGB.

Hinzugefügt sei, daß auch das Konzept *Roussos'* nicht zu überzeugen vermag: es ist in sich unschlüssig. Er möchte die Vertragsabschlußkosten dem § 467 S. 2 BGB zurechnen; Aufwendungen für Transport, Montage und Lagerhaltung sollen

---

35 Deutlich in den Motiven erkennbar; vgl. Motive, Band II, S. 260.

36 Muscheler, AcP 187 (1987), 343, 364 Fn. 73.

37 Roussos, BB 1986, 10, 13.

38 Vgl. im einzelnen oben 3. Teil B III 3.

dagegen keine Vertragskosten sein, weil ansonsten die Wandlung in einen Schadensersatzanspruch umfunktioniert würde. Auslagen für die Warenuntersuchung, Mängelanzeigen und die Beauftragung eines Rechtsanwalts seien dagegen wieder Vertragskosten, weil sie der Vorbereitung und Durchführung des Wandlungs„vertrages" dienten.[39] Ein derartiges begriffsjuristisches Verständnis ist abzulehnen. Man kann § 467 S. 2 BGB nur in einer homogenen Linie auslegen und auf dieser entweder ziemlich früh oder an deren offensichtlichem Ende stehenbleiben. Dagegen verstößt eine Vorgehensweise, die einzelne Bereiche aus dem Ersatz ausklammert, um dann entfernter liegende Kosten in § 467 S. 2 BGB einzubeziehen, weil sie auch mit (irgend-)einem Vertrag in Verbindung stehen und zu dessen Abschluß erforderlich sind.

c) Zwischenergebnis

Als Ergebnis ist daher festzuhalten, daß als Vertragskosten i. S. d. § 467 S. 2 BGB von vornherein nur diejenigen Aufwendungen anzusehen sind, die im Vertrauen auf die Vertragsdurchführung angefallen sind (1.Schritt). Außerdem müssen sie dem Bereich des Vertragsschlusses oder der Kategorie des gegenständlichen Erhaltens der Leistung zuzuordnen sein. Als äußerste Grenze sind die Kosten ersatzfähig, die den bestimmungsgemäßen Gebrauch des Vertragsgegenstandes überhaupt erst ermöglichen (2. Schritt). Als Faustregel innerhalb dieses Bereichs mag deshalb die Frage gelten, ob jeder objektive Dritte die Kosten ebenfalls hätte aufbringen müssen oder ob sie im Belieben des Käufers standen.

2. Analoge Anwendung der §§ 122 Abs. 1, 179 Abs. 2, 307, 309 BGB?

Anknüpfend an den Garantiecharakter der Wandlung wird vereinzelt ein umfassender Aufwendungsersatz aufgrund einer Rechtsanalogie zu den §§ 122 Abs. 1, 179 Abs. 2, 307, 309 BGB gefordert. Mit der Wandlung verfolge der Sachleistungsgläubiger sein negatives Interesse. Da eine über § 467 S. 2 BGB hinausgehende Regelung im Wandlungsrecht fehle, liege eine Lücke vor, die wie angezeigt zu schließen sei. Der Grundgedanke bei der Abstandnahme vom Vertrag sei mit dem der §§ 122 Abs. 1, 179 Abs. 2, 307, 309 BGB vergleichbar: jeweils habe der Gläubiger Aufwendungen im Vertrauen auf den Bestand des Vertrages oder auf die Tauglichkeit der Leistung gemacht, die durch die Vertragsverletzung enttäuscht worden seien.[40]

---

[39] Roussos, BB 1986, 10, 13 f.

[40] Rengier, Abgrenzung des positiven Interesses vom negativen Vertragsinteresse und vom Integritätsinteresse, 1977, S. 86 f.; kritisch dazu Meincke, AcP 179, (1979), 170, 173 Fn. 1.

Die Bestandsaufnahme für das Verhältnis von negativem Interesse in Form von Aufwendungsersatz und der Vertragsrückabwicklung wegen einer erfolgten Wandlung ist zutreffend. Sie hat für den Rücktritt als Rechtsfolge von i. S. d. §§ 276 ff. BGB zu vertretenden Vertragsstörungen zu einer Kumulation von Rücktritt und Aufwendungsersatz geführt, die bereits de lege lata möglich ist.[41] Einer Übertragung auf die Wandlung stehen jedoch gewichtige Gründe entgegen. Formaljuristisch ist auf § 467 S. 2 BGB zu verweisen, der e contrario den Schluß nahe legt, daß ein weiterreichender Ersatz des negativen Interesses über die Vertragskosten hinaus nicht zulässig ist. Außerdem werden die Grundlagen der vorgeschlagenen Analogie nicht offengelegt. Während die §§ 307, 309 BGB Vorsatz oder Fahrlässigkeit voraussetzen, sind die §§ 122 Abs. 1, 179 Abs. 2 BGB als reine Vertrauenstatbestände ohne besondere Vorwerfbarkeitsmomente aufzufassen.[42] An welches Prinzip für die Wandlung angeknüpft werden soll, bleibt dahingestellt.

Sollten die Voraussetzungen für die Wandlung auf die entwerteten Aufwendungen übertragen werden — was der Autor wohl meint —, würde von der grundsätzlichen Lastenverteilung bei der Wandlung abgewichen. Während auf der Ebene des Güteraustausches angestrebt wird, beide Parteien in den vorvertraglichen Zustand zurückzuversetzen, wird auf der Ebene zusätzlichen Schadens eine Begünstigung des Käufers vorgenommen. Diese ist jedoch auf die Reichweite des § 467 S. 2 BGB begrenzt. Eine darüberhinausgehende Gleichstellung von Rücktritt und Wandlung scheitert am Verschuldensgrad. Während für den Rücktritt den §§ 276 ff. BGB Genüge getan wird, bedeutet § 462 BGB eine Risikozuweisung für den dem Verkäufer/Unternehmer zuzurechnenden Geschäftskreis. Das rechtfertigt nur eine eingeschränkte Besserstellung des Käufers, keine Vollrestitution.

Die vorgeschlagene Analogie erscheint als nicht gerechtfertigt, da der Verkäufer/Unternehmer einseitig überbelastet wird und sollte daher nicht weiter verfolgt werden.

3. Wandlung und positive Vertragsverletzung

Nach heute allgemeiner Ansicht können Wandlung und Ansprüche aus positiver Vertragsverletzung miteinander verbunden werden.[43] Dies ist von zwei Voraussetzungen abhängig. Die positive Vertragsverletzung setzt ein Verschulden

---

41 Näher oben 3. Teil B III 3.

42 Muscheler, AcP 187 (1987), 343, 377.

43 RG Recht 1926, Nr. 1667; BGHZ 77, 215, 217; 86, 256, 260; 101, 337, 339; Larenz, Schuldrecht II/1, 1986, § 41 II e, S. 66 ff.; Palandt/Putzo, Vorbem. v. § 459, Anm. 2 b; Walter, Kaufrecht, 1987, § 5 II 6 c cc, S. 202 ff. Zur Kumulierung von Wandlung und Schadensersatz aus rechtsvergleichender Sicht Basedow, Reform des deutschen Kaufrechts, 1988, S. 76 f.

voraus. Des weiteren — und davon soll wie auch im Rahmen der §§ 463, 480 Abs. 2, 635 BGB ausgegangen werden — soll die positive Vertragsverletzung nur auf Mangelfolgeschäden anwendbar sein, da die Wandlung wie der Schadensersatz aus den §§ 463, 480 Abs. 2, 635 BGB den Mangelschaden abschließend kompensiere. Diese Unterscheidung ist jedoch, wie oben gezeigt, nur für positive Schäden sinnvoll durchführbar.[44] Für Entwertungsschäden kommt ihr keine Aussagekraft zu; die Entwertung läßt sich nicht durch ein Nähe- oder Ferneverhältnis zu dem jeweiligen Sachmangel charakterisieren, da der Entschluß, Aufwendungen zu tätigen, vom Gläubiger gefällt wird, bevor er den Sachmangel erkennt. Die positive Vertragsverletzung erfaßt damit als Ergänzungsrechtsbehelf zur Wandlung auch die entwerteten Aufwendungen.

Das bedeutet im Ergebnis, daß der Wandlungsberechtigte kumulativ seine entwerteten Aufwendungen ersetzt verlangen kann, wenn die Leistung des mangelhaften Gegenstandes zugleich eine schuldhafte Vertragsverletzung des Sachleistungsschuldners darstellt. Damit greifen die *gleichen Rechtsfolgen wie beim Rücktritt* ein. Dies ist wegen des nur konstruktiven Unterschiedes zwischen beiden Lösungsmodellen von einer vertraglichen Bindung sachlich gerechtfertigt.[45] Hinsichtlich des Ersatzes entwerteter Aufwendungen unterscheiden sich beide Rückabwicklungsregelungen allerdings in der juristischen Herleitung, weil der Rücktritt — da Rechtsfolge nur verschuldeter Vertragsstörungen — bereits ipso iure auf den ergänzenden Ersatz entwerteter Aufwendungen ausgerichtet sein kann; für die Wandlung, für die ein Verschulden im technischen Sinne entbehrlich ist, ist dagegen zusätzlich die positive Vertragsverletzung heranzuziehen. Auf das für den Aufwendungsersatz im Rahmen des Schadensersatzes wegen Nichterfüllung maßgebliche Regel-Ausnahme-Verhältnis kommt es nicht an. Dem steht nicht entgegen, daß als Anspruchsgrundlage auf die positive Vertragsverletzung zurückgegriffen werden muß; dieser Umstand ist nur konstruktiv erforderlich, um das Verschuldensprinzip auch im Bereich der Wandlung zu sichern. Die sachlichen Parallelen der Wandlung zum Rücktritt können damit nicht verwischt werden. Im Hinblick auf das System der Rechtsbehelfe bei Vertragsstörungen bedeutet dies, daß das Verhältnis von Rücktritt und Wandlung zu den jeweiligen korrespondierenden großen Schadensersatzansprüchen gleichwertig ist.

4. Zwischenergebnis

Die Wandlung kann auf zweifache Weise mit dem Ersatz entwerteter Aufwendungen zusammentreffen. Zum einen in Form der Vertragskostenregelung des § 467 S. 2 BGB. Darunter sind Aufwendungen zu verstehen, die dem Vertragsabschluß und dem gegenständlichen Erhalten der Leistung dienen; äußerste Grenze

---

44 Siehe oben 3. Teil B I 8 e aa.

45 Dazu oben 3. Teil B III 3.

sind die Kosten, die objektiv zur Ermöglichung des bestimmungsgemäßen Gebrauchs erforderlich sind. Beruht der Wandlungsanspruch zudem auf einer schuldhaften Vertragsverletzung, kann der Sachleistungsgläubiger kumulativ zur sachbezogenen Rückabwicklung des Vertrages über die positive Vertragsverletzung Ersatz seiner entwerteten Aufwendungen verlangen.

4. Teil

Der Ersatz entwerteter Aufwendungen als Rechtsfolge nicht zu vertretender Vertragsstörungen

A. Regelung im BGB

I. Grundsatz

Die Frage nach dem Ersatz entwerteter Aufwendungen infolge von Vertragsstörungen, bei denen es auf ein Verschulden i. S. d. §§ 276 ff. BGB nicht ankommt, scheint auf den ersten Blick relativ eindeutig zu beantworten zu sein. Wenn die §§ 276 ff. BGB dem Schuldner nur die Verantwortung für vorsätzliches oder fahrlässiges Verhalten zuweisen, bedeutet dies im Umkehrschluß, daß eine weiterreichende Haftung ausscheiden muß. Dies Diktum wird ergänzt durch die §§ 275, 323 BGB, die auf der Primärebene entsprechendes regeln. Im Grundsatz folgt aus diesem Normgefüge, daß das BGB auf *Sekundärebene* vom Alles-oder-Nichts-Prinzip ausgeht, und daß auch auf der *Primärebene* kein einzelfallgerechter Verlustausgleich, sondern eine auf den Leistungsaustausch bezogene Fortsetzung des konditionellen Synallagmas angestrebt wird.[1]

II. Korrigierende Vorschriften

Von dieser grundlegenden Wertung gibt es eine Vielzahl von Ausnahmen, mit der die Stringenz der Grundsätze gelockert wird. Angesprochen sind auch hier sowohl die Primär- wie die Sekundärebene.

1. Gefahrtragungsregeln

An erster Stelle zu nennen sind die Gefahrtragungsregelungen, die sich teilweise auf die Leistungs-, vermehrt auf die Gegenleistungsgefahr beziehen. Zur ersten

[1] Zu ersterem Lange, 40 Jahre Bundesrepublik Deutschland — 40 Jahre Rechtsentwicklung, 1990, S. 143, 144; zu letzterem Soergel / Wiedemann, § 275, Rdnr. 3 ff.

Gruppe gehören etwa die §§ 279, 287 S. 2 BGB, zur zweiten die §§ 324 Abs. 2, 446, 447, 552, 615, 616, 617, 644, 645, 646 BGB, §§ 33, 34 VerlG und im Arbeitsrecht die Lehren vom Betriebs- und Wirtschaftsrisiko. In unterschiedlichem Ausmaß wird jeweils an Sphärenüberlegungen angeknüpft. Der Sach- oder Dienstleistungsschuldner soll etwa das Beschaffungsrisiko und bei Verzug auch alle anderen Risiken tragen. Der Geldleistungsschuldner soll dagegen in den genannten Fällen immer schon dann leisten müssen, wenn der andere Teil die Risiken seiner Sphäre ausgeschlossen hat; er hat also für Störungen, die seiner oder einer neutralen Sphäre entstammen, einzustehen. An diese Regelungen anknüpfend wird seit Inkrafttreten des BGB versucht, aus dem Gefahrtragungssystem Aussagen im Sinne einer verallgemeinerbaren Risikoverteilung abzuleiten.[2]

2. Rechte zur Lösung vom Vertrag

An zweiter Stelle sind Rechte zur Lösung vom Vertrag zu nennen, mit denen einer Vertragsstörung Rechnung getragen werden soll; die Ausgestaltung als Widerruf, Rücktritt oder Kündigung ist insoweit zunächst unbeachtlich. Die Lösungsrechte können zum einen ohne Bezug des Leistungshindernisses zum Verantwortungsbereich des Schuldners entstehen; hierher gehören etwa die §§ 609 a, 626, 627, 712, 723 Abs. 1 S. 2 BGB, §§ 89 a, b, 318 Abs. 6 HGB, § 297 AktG, §§ 13, 19 Abs. 3 GWB, § 18 VerlG, §§ 96, 113, 158 VVG. Die Mehrzahl der Rechtsbehelfe, die eine Lösung von der Vertragsbindung ermöglichen, berücksichtigen dagegen in unterschiedlicher Gewichtung Sphärenaspekte; vgl. beispielsweise die §§ 361, 542, 544, 553, 564 b Abs. 2 Nr. 2, 3, 569, 594 c, 594 d, 594 e, 605, 610, 636, 2294 BGB, § 9 MHG, § 13 a UWG, §§ 30, 31, 32 VerlG 14, §§ 16 Abs. 2, 3, 17, 18, 24, 38 VVG, § 51 Abs. 2 VerglO, § 20 KO.[3]

---

2 Vgl. etwa Beuthien, Zweckerreichung und Zweckstörung im Schuldverhältnis, 1969; Köhler, Unmöglichkeit und Geschäftsgrundlage bei Zweckstörungen im Schuldverhältnis, 1971; Koller, Risikozurechnung bei Vertragsstörungen in Austauschverträgen, 1979; Picker, JZ 1985, 641 und 693; Soergel / Wiedemann, Vor § 323, Rdnr. 20 ff.

3 Nur am Rande zu erwähnen sind Rechtsbehelfe zur Lösung von Verträgen, die keine Vertragsstörung voraussetzen, sondern den Parteien jederzeit zur Verfügung stehen; vgl. etwa die §§ 39, 649, 651 i, 671, 723 Abs. 1 S. 1, 749, 1298, 2042, 2226 BGB, §§ 89, 132 HGB, § 40 UrhG, §§ 8 Abs. 2, 165 VVG. Maßgebend für diese weitgehende Vergünstigung sind die besonderen Gegebenheiten des jeweiligen Schuldverhältnisses, so z. B. die Bedeutung des Verlöbnisses als nicht durchsetzbares Eheversprechen oder für den Reisevertrag der Umstand, daß niemand ohne seinen Willen eine Erholungsreise antreten müssen soll, da dann Sinn und Zweck der Reise nicht mehr gewährleistet sind (so die Begründung der damaligen Bundesregierung zum Entwurf eines Gesetzes über den Reiseveranstaltungsvertrag; vgl. Bundestag / Drucksachen 8/786, S. 19).

3. Kombination von Lösungsrechten mit Sekundäransprüchen

Besonders deutlich wird das Bestreben nach einer Austarierung des Gleichgewichtes zwischen den Vertragsparteien, wenn mit dem Lösungsrecht Sekundäransprüche auf Schadens- oder Aufwendungsersatz oder auf Entschädigung verbunden werden. Gerade mit der Zubilligung von Zusatzansprüchen wird daran angeknüpft, daß die Vertragsstörung dem irgendwie zu beschreibenden Verantwortungsbereich des Schuldners zuzurechnen ist oder er dem schadensstiftenden Ereignis zumindest näher steht als der Gläubiger. Zu unterscheiden sind zwei Fallkonstellationen. Zum einen geht es um Fälle, in denen die Vertragsstörung in den Lebens-, Geschäfts- oder Berufskreis der einen Vertragspartei fällt, der andere durch seine Erklärungen den Leistungsaustausch beendet und kumulativ weitergehende Ersatzansprüche geltend macht; Lösungsrecht und Sekundäranspruch fallen also zusammen. Im zweiten Fall hat der die Vertragsstörung zu verantwortende Teil ein Interesse daran, von seiner Leistungspflicht befreit zu werden und kann sich dieses Recht durch die Sekundärverpflichtung „erkaufen"; der Ersatz erscheint dann als „Preis" für die Lösungsbefugnis; Lösungsrecht und Sekundäranspruch fallen bezogen auf die Person des Berechtigten auseinander.

a) Auseinanderfallen von Lösungsrecht und Sekundäranspruch

Zunächst zu dem zuletzt beschriebenen Fall, der in verschiedenen Vorschriften geregelt wird. Die in diesem Zusammenhang bekannteste ist § 122 Abs. 1 BGB. Zwar handelt es sich nicht um eine Vertragsstörung im herkömmlichen Sinn; man kann jedoch von einer Vor-Vertragsstörung sprechen, die entsprechend zu behandeln ist. An einer Willenserklärung, die aufgrund eines Irrtums nach den §§ 119, 120 BGB angefochten — vergleichbares gilt bei Nichtigkeit nach § 118 BGB — ist, soll der Erklärende nicht bedingungslos festgehalten werden. Er soll sich um den Preis der Haftung auf den Vertrauensschaden davon befreien können. Unabhängig vom Haftungsgrund — sei es der Vertrauens- oder Veranlassungsgedanke,[4] das Risikoprinzip,[5] das Einstehen-Müssen für den Wortbruch[6] oder gar die Anfechtungserklärung — beruhen alle Erklärungsversuche auf dem Umstand, daß das die Haftung tragende Moment der Sphäre des Erklärenden zuzurechnen ist. Dieser muß dann dem aktuell oder potentiell vertrauenden Erklärungsempfänger dessen Vertrauensschaden ersetzen — also vornehmlich entwertete Aufwendungen.[7]

---

[4] BGH NJW 1969, 1380; Larenz, Allgemeiner Teil, 1989, § 20 II, S. 386; Palandt / Heinrichs, § 122, Anm. 1 a; Soergel / Hefermehl, § 122, Rdnr. 1.

[5] Canaris, Vertrauenshaftung im deutschen Privatrecht, 1971, § 38, S. 481 und § 43 III, S. 532.

[6] Flume, Allgemeiner Teil II, 1975, § 10 5, S. 132.

[7] Vgl. oben 1. Teil C II 1.

Im gleichen Atemzug ist § 179 Abs. 2 BGB zu erwähnen. Er betrifft zwar den hier zu beschreibenden Fall nicht direkt, da Primäransprüche mangels Vertretungsmacht gar nicht entstehen. Seine Rechtsfolgen entsprechen aber aufgrund der vergleichbaren Wertungen denen des § 122 Abs. 1 BGB. Das zeigt sich deutlich, wenn es darum geht, § 179 Abs. 2 BGB mittels teleologischer Reduktion einschränkend auszulegen. Dies wird mit der Begründung befürwortet, daß eine Haftung nicht in Betracht käme, wenn der Mangel der Vertretungsmacht außerhalb jeder Erkenntnis- und Beurteilungsmöglichkeit lag.[8] Zutreffend ist dies abzulehnen, weil es auch dann eher Sache des Vertreters als des Dritten ist, den Schaden zu tragen: das Risiko liegt im Verantwortungsbereich des Vertreters.[9] Dieser hat für das enttäuschte Vertrauen einzustehen.

Besonders deutlich wird der Sphärengedanke in Kombination mit dem Aufwendungsersatz in drei etwas weniger geläufigen Vorschriften des Urheberrechts, in den §§ 41 Abs. 6, 42 Abs. 3 S. 1, 2 UrhG, § 35 Abs. 2 S. 1 VerlG. Nach § 42 Abs. 1 S. 1 UrhG kann der Urheber ein Nutzungsrecht gegenüber dem Inhaber zurückrufen, wenn das Werk seiner Überzeugung nicht mehr entspricht und ihm deshalb eine Verwertung nicht mehr zugemutet werden kann. Da dem Inhaber des Nutzungsrechts sein berechtigtes Vertrauen nachträglich wieder entzogen wird, muß der Urheber den Inhaber angemessen entschädigen. Nach § 42 Abs. 3 S. 2 UrhG ist als Mindestbetrag die Summe der Aufwendungen anzusehen, die der Inhaber vor dem Rückruf gemacht hat, soweit er noch keinen Nutzen daraus gezogen hat, sie also entwertet worden sind. § 35 Abs. 1 VerlG gestattet es dem Verfasser eines Werkes bis zum Beginn der Vervielfältigung vom Verlagsvertrag zurückzutreten, wenn sich Umstände ergeben, die beim Vertragsabschluß nicht vorauszusehen waren und den Verfasser bei Kenntnis der Sachlage und verständiger Würdigung des Falles von der Herausgabe des Werkes abgehalten hätten. Macht der Verfasser von diesem Recht Gebrauch, ist er nach § 35 Abs. 2 S. 1 VerlG zum Ersatz der entwerteten Aufwendungen verpflichtet.

Einigender Grundgedanke beider Vorschriften ist eine Sphärenfestlegung. Wegen der Höchstpersönlichkeit des Urheberrechtes soll es dem Urheber/Verfasser bei besonders wichtigen Gegebenheiten gestattet sein, die Veröffentlichung verhindern zu können. Da damit jedoch das berechtigte Vertrauen des Inhabers/ Verlegers enttäuscht wird, kann dieser Ersatz seiner entwerteten Aufwendungen verlangen; er soll ohne Verlust aus dem Geschäft herauskommen. Das ist angemessen, da die veränderten Umstände dem Risikobereich des Urhebers/Verfassers zuzurechnen sind.[10]

---

8 Flume, Allgemeiner Teil II, 1975, § 47 3 c, S. 807; Ostheim, AcP 169 (1969), 203, 208; Soergel / Leptien, § 179, Rdnr. 18.

9 Erman / Brox, § 179, Rdnr. 1; MünchKomm / Thiele, § 179, Rdnr. 3; RGRK / Steffen, § 179, Rdnr. 1.

10 Eine Parallele läßt sich zu den Konstellationen ziehen, in denen dem Arbeitgeber gestattet wird, einen dem Arbeitnehmer bereits gewährten Erholungsurlaub zu widerrufen

Eine andere Wertung liegt § 41 Abs. 6 UrhG zugrunde. Nach § 41 Abs. 1 UrhG kann der Urheber das Nutzungsrecht an seinem Werk zurückrufen, wenn der Inhaber dieses nicht oder unzureichend ausübt, dadurch berechtigte Interessen des Urhebers erheblich verletzt werden, und die nicht vertragsgemäße Ausübung des Nutzungsrechts nicht überwiegend auf Umständen beruht, deren Behebung dem Urheber zuzumuten ist. Macht der Urheber von seinem Rückrufsrecht Gebrauch, hat er den Betroffenen nach § 41 Abs. 6 UrhG zu entschädigen, soweit es der Billigkeit entspricht; vornehmlich geht es um entwertete Aufwendungen zur Vorbereitung oder Ausübung des Nutzungsrechts. Die Tatsache, daß die Billigkeit der Anknüpfungspunkt für den Ersatz ist, läßt sich mit der Überlegung rechtfertigen, daß der störende Umstand nicht der Sphäre des Urhebers, sondern der des Inhabers des Nutzungsrechtes oder der neutralen Zone zuzurechnen ist. Dieser soll daher im Grundsatz nicht auch noch zu entschädigen sein, sondern nur dann, wenn es der Billigkeit entspricht. Das wird im Prinzip zu bejahen sein, wenn der Grund für die nicht vertragsgemäße Ausübung des Nutzungsrechts der neutralen Zone zuzurechnen ist.

Eine Besonderheit stellt § 651 j BGB dar. Die Risiken einer Vertragsstörung wegen höherer Gewalt, also einem der neutralen Sphäre zuzuordnenden Umstand werden zwischen den Parteien aufgeteilt. Keine Vertragsseite soll Anspruch auf die volle Vertragsleistung haben, keiner soll gänzlich leer ausgehen. Der Reiseveranstalter verliert den Anspruch auf den vereinbarten Reisepreis, kann aber eine Entschädigung verlangen und ist darüberhinaus verpflichtet, die zur Abwicklung des Vertrages erforderlichen Maßnahmen durchzuführen. Der Reisende hat die Mangelhaftigkeit der Reise hinzunehmen, wird allerdings von seiner Leistungspflicht frei und hat den Veranstalter lediglich zu entschädigen. Die Mehrkosten der Rückbeförderung — das gebuchte Verkehrsmittel ist infolge Erdbebens nicht mehr funktionstauglich, der Ersatz teuerer — sind von den Beteiligten hälftig zu tragen. Hieran wird vollends deutlich, daß dieses Risiko weder einer Sphäre zuzuordnen ist, noch der Gedanke der Risikonähe eine Zuweisung rechtfertigen kann. Das Gesetz geht dann den Weg der Kostenteilung als Kompromißlösung.

Der Bundesgerichtshof hat die Rechtsfolge hälftiger Kostenteilung rechtsfortbildend auch auf Stornogebühren angewandt, die der Reiseveranstalter seinem Leistungsträger zu zahlen verpflichtet ist. Obwohl die §§ 651 j Abs. 2 S. 1 i. V. m. 651 e Abs. 3 S. 2 BGB nicht unmittelbar einschlägig seien, da die Stornogebühren nicht im Verhältnis zwischen Reiseveranstalter und Reisendem wurzelten, sei allein eine hälftige Kostentragung sach- und interessengerecht. Der Kündi-

oder den Arbeitnehmer gar aus dem bereits angetretenen Urlaub zurückzurufen. Die daraus resultierende Kostenersatzpflicht ist allgemein anerkannt; vgl. Lepke, DB 1990, 1131, 1137 m. weit. Nachw., der als Anspruchsgrundlage den zivilrechtlichen Aufopferungsanspruch heranziehen will, wie er in pr. ALR, Einleitung § 75 Ausdruck gefunden hat.

gungsanlaß — der Reaktorunfall in Tschernobyl im April 1986 — sei weder ausschließlich dem Risikobereich des Veranstalters noch dem des Reisenden zuzuweisen. Von der starren Kostenregelung in § 651 j BGB könne daher für diesen Fall abgewichen werden.[11]

b) Zusammenfallen von Lösungsrecht und Sekundäranspruch

Die zweite Fallkonstellation betrifft das gleichgerichtete Nebeneinander von Lösungsbefugnis und Geltendmachung von Sekundäransprüchen. Eine gesetzliche Regelung ist etwa in den §§ 642, 643 BGB enthalten. Ist der Besteller mit einer zur Werkherstellung erforderlichen Handlung säumig und daher in Annahmeverzug, kann der Unternehmer ihm eine Frist setzen und androhen, den Werkvertrag nach fruchtlosem Fristablauf zu kündigen. Daneben kann er eine Entschädigung verlangen, deren Höhe sich zwischen den Eckpunkten Vergütung und Verlust des Entgeltanspruchs bewegt. Da der Unternehmer nicht auf Kosten des Bestellers übervorteilt werden soll, sind ersparte Aufwendungen und anderweitiger Einsatz der Arbeitskraft anspruchsmindernd zu berücksichtigen. Er soll aber das erhalten, was er in das Geschäft investiert hat und als Gewinn erwirtschaftet hätte. Ausschlaggebend für diese Kompromißlösung ist einerseits, daß es sich bei der Mitwirkungshandlung nur um eine Obliegenheit handelt, es auf ein Verschulden somit nicht ankommt, daß andererseits aber die Nachlässigkeit im Risikobereich des Bestellers anzusiedeln ist.

Weiterhin ist auf die §§ 467 S. 2, 651 e Abs. 3 BGB hinzuweisen. Beide betreffen Sekundäransprüche infolge mangelhafter Leistung des anderen Vertragsteiles. Bei der Wandlung wird nicht danach gefragt, ob der Sachleistungsschuldner den Mangel verschuldet hat; es reicht aus, daß er ihn i. S. d § 462 BGB zu vertreten hat, weil die Mangelhaftigkeit dem Geschäftskreis des Verkäufers/Unternehmers eher zuzurechnen ist als dem des Sachleistungsgläubigers. § 467 S. 2 BGB gewährt dann beschränkten Ersatz der entwerteten Aufwendungen in Form von Vertragskosten.[12] Nach § 651 e BGB kann der Reisende den Vertrag kündigen, wenn ein Reisemangel vorliegt. Der Anspruch auf die Vergütung entfällt damit — insoweit hat die Kündigung ex tunc-Wirkung; an dessen Stelle tritt ein Entschädigungsanspruch nach § 651 e Abs. 3 BGB. Kernbestandteil für dessen Berechnung sind die bereits erbrachten mangelfreien Reiseleistungen,[13] die aus Sicht des Veranstalters entwertet wurden, weil ein Vergütungsanspruch

---

[11] BGH NJW 1990, 572, 573; kritisch zu dieser Vorgehensweise Tempel, NJW 1990, 821. Zur abweichenden Risikoverteilung, wenn durch den Eintritt höherer Gewalt die Reiseleistungen selbst mangelhaft werden vgl. BGH JZ 1990, 1129 (krit. dazu Teichmann, JZ 1990, 1117) und OLG Düsseldorf NJW-RR 1990, 252, 253.

[12] Näher oben 3. Teil B VI 1 b.

[13] Bartl, Reiserecht, 1981, Rdnr. 79; Eckert, Risikoverteilung im Pauschalreiserecht, 1988, S. 72; Tonner, Reisevertrag, 1986, § 651 e, Rdnr. 12.

nicht mehr besteht. Auch hier handelt es sich um einen den entwerteten Aufwendungen vergleichbaren Tatbestand.

Im gleichen Kontext steht auch § 2 Abs. 1 S. 1, 1. Alt. AbzG. Tritt der Verkäufer vom Abzahlungskauf zurück, was er nach § 1 Abs. 1 AbzG auch ohne Verschulden des Käufers kann, hat der Käufer die infolge des Vertrages gemachten Aufwendungen zu ersetzen. Darunter sind vor allem entwertete Aufwendungen zu verstehen.[14] Ob darunter sogar nicht nur entwertete Aufwendungen zu subsumieren sind — dem Aufbau des § 467 S. 2 BGB entsprechend —, braucht hier nicht entschieden zu werden.

4. Sekundäransprüche neben fortbestehendem Primäranspruch

Eine vierte Kategorie von Regelungen, die die Grundsätze der §§ 276 ff., 323 ff. BGB auflockern, sind Normen, die neben den fortbestehenden Primäranspruch treten und auf Schadens- oder Aufwendungsersatz oder Entschädigung gerichtet sind. Beispielhaft ist etwa § 642 BGB.

III. Folgerungen

Eine Quintessenz aus der Analyse der angeführten Normen ist unschwer zu ziehen. Sie besagt, daß es eine Regelung wie sie in den §§ 276 ff. i. V. m. 249 ff. BGB enthalten ist — voller Schadensersatz —, für den Bereich der nicht zu vertretenden Vertragsstörungen nicht geben kann. Der einigende Grundgedanke fehlt; die vertragliche Risiko- und Lastenverteilung, der Vertragstyp und das störende Ereignis verlangen nach unterschiedlichen, die jeweiligen Besonderheiten berücksichtigenden Rechtsfolgen. Dazu kann der Sphärengedanke, mit dem Verantwortungsbereiche jenseits des Vertreten-Müssens ermittelt werden, hilfreich oder richtungweisend sein. Er bildet jedoch kein allgemeingültiges Dogma als Pendant zum Alles-oder-Nichts bei verschuldeten Vertragshindernissen. Als zutreffend erscheint daher der Befund *Wiedemanns,*[15] daß eine Risiko- oder Verlustverteilung nach Gefahrenbereichen keinen Rechtssatz darstellt — sowohl auf der Voraussetzungs- wie der Rechtsfolgenseite —, aber als *Rechtsprinzip* anerkannt werden kann, das vor allem bei der Bewältigung nicht zu vertretender Leistungsstörungen herangezogen werden kann.[16] Wenn auch die einzelnen Normen als solche analogiefähig sind, lassen sich daraus nur begrenzt Aussagen in Richtung einer Gesamtanalogie gewinnen. Auch die Einzelanalogie ist in diesem

[14] Palandt / Putzo, § 2 AbzG, Anm. 3 c; Soergel / Hönn, § 2 AbzG, Rdnr. 15; vgl. auch oben 3. Teil B III 2 c aa.

[15] Soergel / Wiedemann, Vor § 323, Rdnr. 20.

[16] Zum Unterschied von Rechtssatz und Rechtsprinzip etwa Alexy, ARSP Beiheft 25 (1985), 13; Penski, JZ 1989, 105.

Bereich immer der Gefahr ausgesetzt, daß eine andere Norm entweder andere und engere Voraussetzungen oder abweichende Rechtsfolgen enthält. Es sei daher die Prognose gewagt, daß auch in der Zukunft für die nicht zu vertretenden Vertragsstörungen zwischen Verschulden und Zufall auf ein flexibles Zurechnungsmodell nicht verzichtet werden kann.

Darin kann auch die Rechtsfolge des Ersatzes entwerteter Aufwendungen untergebracht und fruchtbar gemacht werden. Breitere Bedeutung kann sie allerdings abstrakt nur auf der Basis des kleinsten gemeinsamen Nenners gewinnen. Dafür kommen zwei Anwendungsfelder in Betracht, die sich danach unterscheiden, in welcher Sphäre, welchem Verantwortungsbereich die Vertragsstörung anzusiedeln ist. Für Vertragsstörungen, die der neutralen, also keiner Partei unmittelbar zuzurechnenden Zone entstammen, vermag der Ersatz entwerteter Aufwendungen keine besondere Anziehungskraft auszuüben; hier scheint es am sachgerechtesten, jeden die Konsequenzen seiner eigenen Investitionsentscheidungen selbst tragen zu lassen und Lösungen auf der Primärebene zu favorisieren. Anders ist es dagegen, wenn die Leistungsstörung in den Verantwortungsbereich einer der beiden Vertragsparteien fällt; hier sind Ausgleichsregelungen auf der Sekundärebene vorstellbar. Dem soll im folgenden nachgegangen werden.

B. Anwendungsvorschläge

I. Lösung vom Vertrag aus wichtigem Grund gegen Ersatz des Vertrauensschadens

1. Herleitung

Zum einen sind Fälle denkbar, in denen Vertragsstörungen im Verantwortungsbereich des einen Teiles eintreten, die diesen zur Lösung von der vertraglichen Bindung berechtigen sollten. Mit der Zubilligung der entwerteten Aufwendungen für den anderen Vertragsteil wird dessen Interesse am Fortbestand des Vertrages berücksichtigt. Stichwortartig umschreiben kann man diese Konstellation für Umsatzgeschäfte mit *Rücktritt oder Erfüllungsverweigerung aus wichtigem Grund,* für Dauerschuldverhältnisse mit der *Kündigung aus wichtigem Grund.*

Es kann Umstände oder Vertragsstörungen geben, auch wenn sie im Verantwortungsbereich des Sach-, Dienst- oder Geldleistungsschuldners liegen, die die Verweigerung der Erfüllung oder die Lösung vom (Gesamt-)Vertrag rechtfertigen. Das können Gewissensentscheidungen — möglicherweise grundrechtlich abgesichert — sein, unvorhersehbare Ereignisse oder auch weniger bedeutende Gegebenheiten innerhalb oder außerhalb der Leistungsbeziehung. Insbesondere werden Zumutbarkeitserwägungen hier eine maßgebliche Rolle spielen (müssen).

Die Zuerkennung von Aufwendungsersatz für den anderen Vertragsteil erscheint als der „Preis" für das Lösungsrecht; die Freistellung von der Leistungspflicht wird damit erkauft. Mit dieser Möglichkeit wird einerseits dem berechtigten Begehren des sich vom Vertrag Befreienden Rechnung getragen, andererseits das Lösungsrecht nicht auf dem Umweg über den Schadensersatz faktisch wieder entwertet. Letzteres würde geschehen, wenn der andere Teil das Erfüllungsinteresse verlangen könnte. Es erschiene als Widerspruch, auf der Primärebene das Lösungsinteresse des einen Teiles anzuerkennen, diesen aber auf der Sekundärebene zum Ersatz des gesamten positiven Interesses zu verpflichten. Der Vertragspartner wird hinreichend geschützt, wenn er für sein enttäuschtes Vertrauen entschädigt wird. Er kann nur verlangen, ohne Verlust aus dem Geschäft wieder herauszukommen. Das wird durch die Zubilligung der entwerteten Aufwendungen — wenn erforderlich vermehrt um den entgangenen Gewinn aus einem im Vertrauen auf den bestehenden Vertrag unterlassenen anderem Geschäft und sonstigen bereits entstandenen oder noch entstehenden Kosten [1] — erreicht. Ober-

---

[1] Dazu oben 3. Teil B I 6.

grenze ist das Erfüllungsinteresse; eine Besserstellung als bei (hypothetischer) Vertragsdurchführung ist keinesfalls gerechtfertigt.[2]

Für die Kündigung aus wichtigem Grund besteht ein Konkurrenzverhältnis zu den §§ 626, 627 BGB, die bei Dauerschuldverhältnissen ein gesetzlich verankertes außerordentliches Kündigungsrecht enthalten. Es ist jedoch an enge Voraussetzungen geknüpft; insbesondere verlangt § 626 Abs. 1 BGB eine Gesamtabwägung der sich gegenüberstehenden Interessen unter dem Stichwort der Zumutbarkeit.[3] Wenn diesen verschärften Bedingungen Genüge getan ist, besteht das Kündigungsrecht, ohne daß zusätzlich ein Ersatz entwerteter Aufwendungen in Betracht kommt, wenn nicht § 628 Abs. 2 BGB eingreift.[4] Das bedeutet für den hier zu beschreibenden Fall einer Kündigung aus wichtigem Grund bei nicht zu vertretenden Vertragsstörungen oder Vertragsdurchführungshindernissen, daß die Intensität des wichtigen Grundes nicht bis an das in den §§ 626, 627 BGB beschriebene Gewicht heranreichen muß; vor allem eine Interessenabwägung ist in dieser Form nicht erforderlich. Damit werden die Voraussetzungen der geregelten Kündigungsform nicht unterlaufen, denn der Kündigende hat zusätzlich die entwerteten Aufwendungen seines Gegenüber zu ersetzen. Die mit dem Aufwendungsersatz kombinierte Kündigung wird besonders dann Bedeutung erlangen, wenn die Vertragsstörung im Risikobereich des Kündigenden liegt und die Anwendung der §§ 626, 627 BGB daher an Zumutbarkeitserwägungen scheitert.[5]

Formaljuristisch legitimiert werden könnte die vorgeschlagene Lösung mit der analogen Anwendung von Normen, die auf den Ersatz des negativen Interesses ausgerichtet sind und eine ähnliche Konstellation betreffen; in Betracht kommen etwa die §§ 122 Abs. 1, 1298 BGB; § 42 Abs. 3 S. 1, § 2 UrhG, 35 Abs. 2 S. 1 VerlG. Gegen ein solches Vorgehen ist jedoch einzuwenden, daß zwar die angestrebte Rechtsfolge erfaßt wird, ansonsten aber für die entscheidende Frage, wann ein Grund, eine Vertragsstörung hinreichend wichtig ist, wenig brauchbare Aussagen, die sich verallgemeinern lassen, daraus abgeleitet werden können. Sicher sagen läßt sich lediglich, daß ein bloßer Irrtum nicht ausreicht, da ansonsten das Anfechtungsrecht unterlaufen bzw. über Gebühr ausgedehnt würde. Entlehnbar ist allerdings der Gedanke des § 121 BGB, daß von der Lösungsbefugnis — ausgeformt als einseitiges Gestaltungsrecht — ohne schuldhaftes Zögern, also unverzüglich nach Kenntniserlangung Gebrauch gemacht werden muß. Das liegt

---

2 Die Tatsache, daß § 1298 BGB einen Rücktritt vom Verlöbnis aus wichtigem Grund zuläßt und dies nicht zum Aufwendungsersatz führt (§ 1298 Abs. 3 BGB) steht der Kumulation nicht entgegen, da sich diese Besonderheit aus der Höchstpersönlichkeit und dem speziellen Charakter des Eheversprechens erklärt.

3 Näher zum Hintergrund der außerordentlichen Kündigung oben 3. Teil B V 1.

4 Zum Verhältnis von § 628 Abs. 2 BGB und dem Ersatz entwerteter Aufwendungen oben 3. Teil B V 2 b.

5 Zu diesem die außerordentliche Kündigung in aller Regel ausschließenden Umstand vgl. BGHZ 24, 91, 95; BGH NJW 1984, 2091, 2092; MünchKomm / Schwerdtner, § 626, Rdnr. 32; Soergel / Kraft, § 626, Rdnr. 8.

nicht nur im Interesse des anderen Vertragsteiles, der Gewißheit haben muß, sondern in aller Regel auch im eigenen Interesse, weil dadurch die fortschreitende Entwertung der Aufwendungen verhindert wird und der Vertragspartner neue Geschäfte ins Auge fassen kann. Dieser Hintergrund liegt in ähnlicher Form auch dem § 626 Abs. 2 BGB zugrunde, der aber wegen seiner starren Fristenbindung zur entsprechenden Anwendung nicht so geeignet erscheint wie § 121 BGB. Eine weitergehende Analogie zu einzelnen Vorschriften drängt sich dagegen nicht auf. Zutreffender erscheint es daher zu sein, anhand der offengelegten Wertungen zu entscheiden und § 122 Abs. 1 BGB, § 42 Abs. 3 S. 1, 2 UrhG, § 35 Abs. 2 S.1 VerlG als Modell im Hinterkopf zu behalten.[6]

Die Voraussetzungen, die im Einzelfall die Annahme des wichtigen Grundes tragen können, lassen sich allgemeingültig nicht umschreiben. Tendenziell werden sie bei Dauerschuldverhältnissen geringer sein als bei einfachen Umsatzgeschäften; gleiches gilt für das Verhältnis von Gewissensentscheidungen und rein kommerziellen Überlegungen, die nur in extremen Ausnahmesituationen das Lösungsrecht legitimieren können, etwa wenn dem Leistenden ansonsten weniger als das Existenzminimum verbleiben würde. Der Schwerpunkt des zuzuordnenden Fallmaterials wird weniger rein objektiv meßbarer Natur sein, sondern mehr persönlichen Charakter haben. Das erschwert zwar die gerichtsverwertbare Feststellung, entbindet gleichwohl nicht von einer Berücksichtigung auch außerökonomischer Beweggründe. Die Tragweite des wichtigen Grundes braucht nicht bis zur Sittenwidrigkeit des § 138 BGB zu reichen, der ipso iure zur Nichtigkeit der Verträge führt. Diese äußerste Grenze wird auch nicht unterlaufen, da mit dem Aufwendungsersatz den berechtigten Interessen des anderen Teiles hinreichend Rechnung getragen wird.

2. Beispiele

Zur Illustration einige Beispiele aus dem Bereich sowohl der Umsatz- wie der Dauerschuldverhältnisse.

---

[6] So wohl auch Canaris, JuS 1989, 161, 165, der das hier auf anderem Wege gefundene Ergebnis aus einer Anwendung der Grundrechte im Privatrecht ableitet; zur Ausgangsthese von Canaris über das Verhältnis von Grundrechten und Privatrecht vgl. auch Canaris, JZ 1987, 933 mit Stellungnahmen von Ramm, JZ 1988, 489 und Wieser, JZ 1988, 493 und Erwiderung von Canaris, JZ 1988, 494. Die These von einer beschränkten Schutzwirkung der Grundrechte auch im Privatrecht über den Einfluß auf die Auslegung der zivilrechtlichen Generalklauseln hinaus hat sich in einem Urteil des BVerfG zu Art. 12 GG niedergeschlagen; vgl. BVerfG NJW 1990, 1469 m. Anm. Wiedemann, JZ 1990, 695.

a) Zukünftige Rechtsübertragung

A betreibt ein Taxen- und Busunternehmen in eigenen Betriebsräumen. Er veräußert das Taxenunternehmen an B und vermietet diesem seine Geschäftsräume für die Dauer von 10 Jahren. Gleichzeitig verpflichtet er sich, dem B beim Ende der Mietzeit auch das Busunternehmen zu veräußern; dieser zusätzlichen Verpflichtung steht keine Gegenleistung des B gegenüber. Nach Ablauf von 5 Jahren fällt die Frau des A wegen eines Herzinfarktes für die Mitarbeit im Busunternehmen aus; auch A selbst kann wegen eines Rückenleidens keinen Bus mehr fahren. Hinzukommen wirtschaftliche Schwierigkeiten. A bietet daraufhin dem B das Busunternehmen vorzeitig zum Kauf an, der aber mit dem Hinweis ablehnt, A sei erst nach Ablauf der Mietzeit zur Veräußerung verpflichtet und ihm gegenüber berechtigt. A schließt das Geschäft mit einem Dritten ab.[7]

Formal liegt eine nachträgliche, subjektive Unmöglichkeit vor; B könnte Schadensersatz wegen Nichterfüllung verlangen. Dies würde die berechtigten Interessen des A allerdings ignorieren. Zwar hat er sich einseitig verpflichtet und daher grundsätzlich für die Nichterfüllung einzustehen. Das kann jedoch nicht bedingungslos gelten. Beiden Vertragsparteien würde entsprochen, wenn man dem A ein Gestaltungsrecht auf einseitige Lösung vom Vorvertrag gegen Leistung des Vertrauensschadens an B zugestehen würde. Dem A würde nicht zugemutet, das Busunternehmen gegen die persönliche und wirtschaftliche Vernunft fortzuführen, B erlitte keinen Verlust und könnte möglicherweise den aus einem unterlassenen Geschäft entgangenen Gewinn abschöpfen. Obergrenze wäre immer das Erfüllungsinteresse.

b) Umsatzgeschäft — unvorhersehbares Ereignis

Zur Feier seines Dienstjubiläums beauftragt der Firmenchef ein Ausstattungsunternehmen mit der Dekoration der angemieteten Stadthalle. Kurz vor der Feier wird der Jubilar krank; das Fest muß ausfallen.

Auf Primärebene sollte dem Auftraggeber hier das Recht zugestanden werden, sich durch Rücktritt vom Werkvertrag aus wichtigem Grund — Krankheit — ex nunc lösen zu können. Diesem berechtigten Interesse muß sich auch der Dekorateur beugen. Es ist etwas anderes, ob jemand eine Vertragsstörung zu vertreten hat oder ob sich lediglich in der vom Gläubiger zu verantwortenden Verwendungszone veränderte Umstände ergeben. Dieser Umstand führt aber auf der Sekundärebene zur Schutzwürdigkeit des Dienstverpflichteten. Er kann zwar nicht sein Erfüllungsinteresse, wohl aber seinen Vertrauensschaden ersetzt verlangen, also vornehmlich entwertete Aufwendungen bis zur Obergrenze hypotheti-

---

[7] Der Fall ist nachgebildet und vereinfacht dem in BGH WM 1989, 445 mitgeteilten Sachverhalt.

scher Erfüllung. Einerseits wird damit der wichtige Grund ernstgenommen, andererseits dem Dekorateur ermöglicht, das Geschäft ohne Verlust abzuschließen.

c) Dauerschuldverhältnis — unvorhersehbarer Umstand (Internatsschul-Fälle)

Zwischen einem Internatsbetreiber und den Eltern war es zu einem Vertrag über die Aufnahme ihres Kindes in dem Internat des Klägers gekommen. Dieser war mit dreimonatiger Kündigungsfrist zum 31.1. und 31.7. jeden Jahres kündbar. Die Aufnahmebedingungen enthielten eine Klausel, nach der die Internatsgebühren bis zum nächstmöglichen Kündigungszeitpunkt weiterzuzahlen waren, wenn ein Schüler aus nicht vom Internat zu vertretenden Gründen dieses vorzeitig verließe; sie verringerten sich allerdings um 1/10. Nach einiger Zeit war abzusehen, daß der Schüler den Anforderungen des Internats entgegen den Erwartungen der Eltern in schulischer und persönlicher Hinsicht nicht gewachsen war; daher kündigten die Eltern den Vertrag fristlos. Dem widersprach der Betreiber und klagte auf Zahlung der um 1/10 gekürzten Monatsraten bis zum nächst zulässigen Kündigungstermin.[8]

Der Bundesgerichtshof sah die Fehleinschätzung der Eltern was die Internatstauglichkeit ihres Sohnes anging, nicht als wichtigen Grund an, der zur Kündigung i. S. d. § 626 BGB berechtige. Dies Risiko liege im *vertraglich übernommenen* Gefahrenbereich der Eltern; die Fortsetzung des Vertragsverhältnisses bis zum nächstmöglichen Kündigungstermin sei daher nicht in dem geforderten Sinne unzumutbar. Um gleichwohl eine Lösung der Eltern vom Internatsvertrag zu ermöglichen, beschritt der IX. Zivilsenat den Weg der ergänzenden Vertragsgestaltung; aufgrund einer umfassenden Interessenabwägung zwischen beiden Vertragsparteien und unter Berücksichtigung der Belange des Schülers entnahm er dem Vertrag ein zusätzliches ordentliches Kündigungsrecht für die Dauer des ersten Schuljahres zum Schluß des Schulhalbjahres.

Damit sind im Ergebnis die Interessen des Internatsbetreibers in den Hintergrund getreten. Der Bundesgerichtshof hat sie zwar ausdrücklich als beachtlich bezeichnet; gleichwohl haben sie im Ergebnis kaum Niederschlag gefunden. Die beschriebene Kompromißlösung räumt dem Elternrecht den Vorrang ein. Insoweit ist sie auch kaum zu kritisieren; es kann niemandem zugemutet werden, sein Kind wider besseres Wissen für längere Zeit auf einem (für es) ungeeigneten Internat zu belassen. Die Vertragsauflösung wurde den Eltern jedoch zu leicht gemacht.

Auf der ersten Prüfungsstufe ist nach einem wichtigen Grund i. S. d. §§ 626, 627 BGB zu fragen. Ein solcher wurde etwa bejaht bei konkreter Selbstmordge-

---

[8] Der Fall entspricht BGH NJW 1985, 2585; zur Kündigung von Internatsverträgen auch BGH NJW 1984, 2093; OLG Hamburg NJW 1984, 2107. Zur Kündigung eines Direktschulvertrages wegen Fehleinschätzung der eigenen intellekuellen Fähigkeiten und der Lern- und Arbeitsbereitschaft vgl. BGHZ 90, 280.

fährdung eines Schülers, der bereits einen Selbstmordversuch hinter sich hatte und sich entschieden weigerte, in das Internat zurückzukehren[9] — wer wollte dem widersprechen. Die weiteren Rechtsfolgen was die Vergütung angeht, ergeben sich dann aus § 628 BGB. Besteht ein derartiger Kündigungsanlaß nicht, ist auf einer zweiten Prüfungsstufe nach anderen Lösungsmöglichkeiten zu fragen. Dem Weg des Bundesgerichtshofes über eine ergänzende Vertragsgestaltung kann nicht gefolgt werden. Er überschreitet die Grenzen zulässiger richterlicher Rechtsfortbildung. Ein Gericht darf sich nicht an die Stelle der Vertragsparteien setzen und das Vertragsgleichgewicht in dieser Form neu bestimmen.

Als passendere Kompromißlösung — nur um eine solche kann es überhaupt gehen —, die beiden Seiten auch im Ergebnis Rechnung trägt, erscheint die Kombination von außerordentlicher Lösungsbefugnis um den Preis des Vertrauensschadens, die nicht aus einer Vertragsergänzung, sondern aus einer gesetzlichen Interessenbewertung hergeleitet wird. Die Eltern werden nicht gezwungen, an der Vertragsdurchführung festzuhalten und können das Schuldverhältnis fristlos kündigen. Der Internats- und Schulbetreiber muß sich damit abfinden und kann nicht Ersatz seines positiven Interesses verlangen. Er kann aber Ersatz für sein enttäuschtes Vertrauen einfordern, also insbesondere den Ersatz entwerteter Aufwendungen und den durch das Nichtaufnehmen eines anderen Schülers entgangenen Gewinn. Auch das gilt zeitlich befristet bis zum nächstmöglichen Kündigungstermin.[10]

---

9 BGH NJW 1984, 2091, 2092.

10 Von dem Bestreben, einen Interessenausgleich zwischen den Belangen des Schülers und denen des Privatschulbetreibers zu ermöglichen, ist auch das Urteil des KG NJW-RR 1989, 1075 ff. geprägt: Rücktritt noch vor Schulbeginn von einem für zwei Jahre ordentlich unkündbaren Ausbildungsvertrag gegen Zahlung eines Reugeldes.
Die Gegenüberstellung des Alles-oder-Nichts kennzeichnet dagegen ein Urteil des LAG Düsseldorf zum Aufeinanderprallen von Gewissensentscheidung und arbeitsvertraglichen Pflichten (LAG Düsseldorf AG 1989, 179; dazu Denniger / Hohm, AG 1989, 145). Der Konflikt hätte sich mit der hier vertretenen Kompromißlösung wenigstens entschärfen lassen. Das Urteil ist vom BAG auf die Revision des Klägers aufgehoben worden. Das BAG verschafft zwar der Gewissensentscheidung des einzelnen Arbeitnehmers einen gewissen Respekt. Für den Fall, daß sich in dem Unternehmen des Arbeitgebers keine anderweitige, zumutbare Beschäftigungsmöglichkeit finden läßt, hält es an der Maximallösung Kündigung jedoch fest (BAG JZ 1990, 139, 142 m. Anm. Mayer-Maly).

II. Aufwendungsersatz bei nicht vom Vertragspartner zu vertretenden, aber ihm zuzurechnenden Vertragsstörungen

1. Herleitung

In dieser Fallgruppe geht es nicht darum, ein Lösungsrecht mit dem Ersatz des Vertrauensschadens zu erkaufen, sondern um die Konstellation, daß Vertragsstörungen im Verantwortungsbereich des anderen Teiles auftreten und diese den Geschädigten zum Ersatz seiner entwerteten Aufwendungen berechtigen; dies kann neben oder anstelle des Primäranspruchs geschehen.

Ausschlaggebend ist der Gedanke, daß der Aufwendungsersatz gegenüber dem Schadensersatz wegen Nichterfüllung der typischerweise weniger gewichtige Rechtsbehelf ist. In die Vermögensrechte des Schuldners wird im Grundsatz weniger weit eingegriffen; dem Gläubiger bringt der Aufwendungsersatz in der Regel weniger. Wenn dem Schädiger nur ein geringerer Schuldvorwurf hinsichtlich seiner Verantwortlichkeit für die Vertragsstörung gemacht werden kann — er hat sie nicht im technischen Sinne zu vertreten —, rechtfertigt dies auch *Konsequenzen für die Rechtsfolgenseite*. Eine unreflektierte Übertragung des Alles-oder-Nichts-Prinzips aus dem Verschuldensrecht vernachlässigt den Umstand, daß es zwischen Zufall und Verschulden einen Bereich gibt, der derartig strikten Regelungen nicht zugänglich ist.[11] Während für die §§ 276 ff. BGB die Störungsart vom Schuldvorwurf in den Hintergrund gedrängt wird,[12] spielen Art und Zuordnungsbereich des Erfüllungshindernisses für die nicht zu vertretenden Leistungsstörungen eine maßgebliche Rolle. Der Schwerpunkt der Bewältigung dieser Kategorie liegt auf der Primärebene, weil sich über die Neubestimmung des Leistungs-Gegenleistungsverhältnisses flexible Lösungen finden lassen. Für die Sekundärebene ist genau dies auch mit dem Ersatz entwerteter Aufwendungen möglich.

Dafür muß der Verantwortungsbereich des in Anspruch genommenen Schuldners selbst differenziert betrachtet und in einzelne Sektoren zerlegt werden. Es muß unterschieden werden zwischen solchen Störungen, die nur am Rande liegen und solchen, die im Zentralbereich der zurechenbaren Gefahren anzusiedeln sind. Für erstere muß ein Ersatz entwerteter Aufwendungen von vornherein ausscheiden; hier bleibt es beim Wegfall oder der Störung der Geschäftsgrundlage, also auf der Primärebene. Für letztere ist dagegen die Zubilligung von Aufwendungen

---

11 Auflockerungen des Alles-oder-Nichts-Prinzips mittels einer Berücksichtigung des Grades der Verantwortlichkeit befürwortet neuerdings auch Lange, 40 Jahre Bundesrepublik Deutschland — 40 Jahre Rechtsentwicklung, 1990, S. 143, 156.

12 Daher wird von der Schuldrechtsreformkommission die Schaffung eines einheitlichen Störungstatbestandes für verschuldete Vertragsverletzungen angestrebt; vgl. Medicus, AcP 188 (1988), 168, 172.

zu erwägen, die zwar nicht das Erfüllungsinteresse schützen, aber es dem Gläubiger ermöglichen, seinen „positiven Verlust" auf den Vertragsteil, der dies zwar nicht zu vertreten, jedoch zu verantworten hat, abzuwälzen.

Vordringliche Hauptschwierigkeit ist die Einteilung des Gefahren- oder Risikobereichs in Sektoren, die die unterschiedlichen Beanspruchungen der Sekundärebene überhaupt erst ermöglichen. Das gilt vor allem, weil schon die Abgrenzung des Gesamt-Verantwortungsbereichs des Schuldners von der neutralen Zone Probleme aufwirft, die sich für eine weitergehende Sektorenbildung potenzieren. Zwar läßt sich heute sagen, daß Probleme der Aufwandserhöhung der Schuldner, Risiken der Verwendbarkeit der Gläubiger zu tragen hat.[13] Für den zwischen diesen Zonen liegenden Kernbereich läßt sich dagegen eine derartig gesicherte abstrakte Aussage nicht treffen.[14] Eine inhaltliche, materielle Umschreibung der dafür erforderlichen Voraussetzungen ist nicht möglich. Es muß damit sein Bewenden haben, daß die Vereinbarungen zwischen den Vertragsparteien und der Vertragstyp sowohl den Verantwortungsbereich als auch den Grad an Verantwortlichkeit bestimmen, der unterhalb des Vertreten-Müssens zum Ersatz der entwerteten Aufwendungen führen kann. Zusätzliche Anhaltspunkte können sich daraus gewinnen lassen, ob das Leistungshindernis in der beherrschbaren Einflußsphäre des Schuldners zu suchen ist oder nicht; auch Vorhersehbarkeit und Vermeidbarkeit können im Einzelfall eine Rolle spielen. Das gilt für den Aufwendungsersatz eher als für die Absteckung des gesamten Verantwortungsbereiches, da es um Rechtsfolgen auf Sekundärebene für einen unterhalb des Verschuldens liegenden Vorwurf geht.

2. Beispiele

Als Beispiel mögen etwa folgende Fälle aus dem Reisevertragsrecht dienen. Beim Reisevertrag trägt der Veranstalter die Vergütungsgefahr, wenn schlechte Witterung die Einhaltung der vorgesehenen Reiseroute unmöglich macht.[15] Ersatz entwerteter Aufwendungen kann der Reisende keinesfalls verlangen. Anders ist aber der Fall zu beurteilen, daß der Brand eines Kreuzfahrtschiffes zum Abbruch der Reise zwingt. Hat der Veranstalter, bzw. seine Erfüllungsgehilfen diesen nicht zu vertreten, kommt neben dem Entfallen des Vergütungsanspruchs auch der Ersatz wertlos gewordenen Aufwands (Reisekosten, Visagebühren — jeweils soweit nicht schon durch den Reisepreis abgegolten —, besondere Reisekleidung) in Betracht. Der Reisemangel liegt im Einflußbereich des Veranstalters, auch wenn ihm kein Fahrlässigkeitsvorwurf gemacht werden kann; er ist näher am

---

13 Wiedemann, Festschrift Rechtsw. Fak. Köln, 1988, S. 367, 383; Willoweit, JuS 1988, 833, 836.

14 Nach Wiedemann erreichen die Kerngruppen des Wegfalls der Geschäftsgrundlage „eine andere Dimension juristischer Schwierigkeit und bedürfen nicht selten eines salomonischen Urteils"; vgl. Wiedemann, Festschrift Rechtsw. Fak. Köln, 1988, S. 367, 386.

15 Vgl. nur BGHZ 77, 320, 323.

Risiko als der Reisende. Das rechtfertigt nicht nur das (Teil-)Entfallen des Primäranspruchs, sondern auch eine Verlustübernahme auf der Sekundärebene. Der Bundesgerichtshof erreicht dasselbe Ergebnis über § 651 f Abs. 1 BGB in Verbindung mit einer dem Reisenden günstigen Beweislastverteilung.[16] Ihm ist jedoch entgegenzuhalten, daß er sowohl für den Bereich des Vertreten-Müssens i. S. d. §§ 276 ff. BGB wie den Bereich des Verantwortens aufgrund einer Risikozuweisung einheitliche Wertungen aufzustellen versucht, die es so nicht gibt. Das zeigt sich im Ergebnis deutlich daran, daß der Reisende auch eine Entschädigung für nutzlos aufgewendete Reisezeit erhält, obwohl dem Veranstalter ein Verschuldensvorwurf gerade nicht gemacht werden kann. Die Berücksichtigung dieses Umstandes einerseits und andererseits der Tatsache, daß sich ein Risiko des gesteigerten Einflußbereiches des Reiseveranstalters verwirklicht hat, legt eher eine Mittellösung der vorgeschlagenen Art und Weise nahe: der Reisende erhält auf der Sekundärebene Ersatz für seine entwerteten Aufwendungen, kann jedoch kein positives Interesse geltend machen.

---

[16] BGHZ 100, 185, 187; Tonner, AcP 189 (1989), 122, 138 diagnostiziert eine generelle erhebliche Reduzierung der Anforderungen an das Verschulden als Anspruchsvoraussetzung im Reisevertragsrecht.

C. Zwischenergebnis

Zwei primäre Anwendungsfälle des Aufwendungsersatzes kommen als Reaktion auf nicht i. S. d. §§ 276 ff. BGB zu vertretende Vertragsstörungen in Betracht. Zum einen kann ein Gestaltungsrecht auf Lösung vom Vertrag aus wichtigem Grund mit dem Ersatz entwerteten Aufwands erkauft werden. Zum anderen ist die Sanktion des Aufwendungsersatzes möglich als Konsequenz eines nicht zu vertretenden, gleichwohl aber höherrangig zu verantwortenden Vertragshindernisses. In beiden Bereichen erscheint der Ersatz entwerteter Aufwendungen als selbständige Rechtsfolge, die den Bedürfnissen beider Seiten hinreichend Rechnung trägt.

5. Teil

Umfang des Aufwendungsersatzes

Die entwerteten Aufwendungen hat der Schuldner nicht in unbegrenztem Ausmaß zu ersetzen; die Disposition des Gläubigers über die Schadenshöhe ist nur eingeschränkt auf den Schuldner = Schädiger zu verlagern. Dogmatisch einzuordnen sind diese Fragen bei der haftungsausfüllenden Kausalität. Zu unterscheiden sind zwei Arten von Grenzziehungen: eine zeitliche und eine sachliche.

A. Zeitliche Begrenzung

Die maßgebliche Zeitspanne wird im Grundsatz von den Eckpunkten des Vertragsschlusses und der Pflichtverletzung markiert. Über diesen eindeutigen Zentralbereich hinaus werden die jeweiligen Randzonen unscharf.

Das gilt zunächst für den Zeitpunkt der *Pflichtverletzung*. Diese wird dem Leistungsgläubiger oftmals erst nach einiger Zeit bekannt werden. Dann muß entscheidend sein, wann der Gläubiger von der Vertragsuntreue wußte oder hätte wissen müssen, da er bis dahin von seinem Vertrauen berechtigt Gebrauch gemacht hat. § 166 BGB ist — analog — anwendbar; die Regeln über die Zugangsvereitelung oder Zugangsverzögerung gelten entsprechend; ebenso ist auf die §§ 377, 378 HGB zur Feststellung der Fahrlässigkeit zurückzugreifen.

Die Pflichtverletzung muß sich weiterhin nicht in einem einzigen Moment abspielen, sondern kann sich über einen bestimmten Zeitraum entwickeln. Deutlich ist dies etwa bei der Erfüllungsverweigerung, wenn die Änderung der Vertragsbedingungen vom Schuldner mit dem Ziel erstrebt wird, den Gläubiger selbst zum Abgehen vom Vertrag zu provozieren oder dessen Weigerung, der Neubestimmung zuzustimmen, als Rücktritts- oder Kündigungsgrund vorzuschieben.[1] Maßgeblich muß dann sein, wann die Vertrauensgrundlage aus der Sicht des Gläubigers entfallen ist oder wann er zumindest damit rechnen mußte, daß eine bevorstehende Nicht- oder Schlechterfüllung zur Entwertung der Aufwendungen führen würde. Allgemeingültige Aussagen lassen sich hier kaum sinnvoll abgeben; es kommt ganz auf die Einzelfallumstände an.

---

[1] Vgl. RGZ 96, 341, 342; RG WarnR 1910, 52, Nr. 50; RG JW 1912, 387; BGH NJW 1958, 177; BGH MDR 1968, 915; BGH NJW 1984, 48, 49.

Randverschiebungen gibt es auch hinsichtlich des *Vertragsschlusses*. Der Grundsatz ist aber vorweg zu betonen, daß das Vertrauen erst auf der Erfüllungszusage beim Vertragsschluß aufbaut; vorher getätigter Aufwand geht auf eigenes Risiko. Ein anders zu beurteilender Fall liegt dann vor, wenn sich die Vertragsverhandlungen über einen längeren Zeitraum erstrecken. Werden schon in diesem Stadium Aufwendungen gemacht, die sich später als nutzlos erweisen, kann ein Ersatz in Betracht kommen, wenn beispielsweise die Verhandlungen inhaltlich abgeschlossen waren und nur noch ein formeller Akt fehlte oder wenn dem anderen Teil zu verstehen gegeben wurde, er könne mit seinen Investitionen beginnen.

Das Terrain ist hier relativ gesichert, denn es kann auf die Grundsätze zum Abbruch der Vertragsverhandlungen bei der culpa in contrahendo zurückgegriffen werden.[2] Zu fragen ist, ob beim Abbruch der Verhandlungen — das Fehlen eines triftigen Grundes unterstellt — die geltend gemachten Aufwendungen zu ersetzen gewesen wären. Ist das zu bejahen, muß bei der Entwertung durch eine Vertragsuntreue des Schuldners Gleiches gelten, da der Grad der Pflichtverletzung nach Vertragsschluß typisiert schwerer wiegt als die Verweigerung des Vertragsschlusses. Außerdem hängt die zeitliche Abfolge oftmals von Zufällen ab, die für den Ersatz nicht ausschlaggebend sein können. Wenn das einfache BGB-Modell von Angebot und Annahme in den §§ 145 ff. BGB den tatsächlichen Gegebenheiten bei umfangreichen und sich länger hinziehenden Verhandlungen nicht mehr entspricht, muß dem mit Vertrauensschutz über die culpa in contrahendo[3] oder auch über den Vertrag selbst abgeholfen werden.[4]

Beispiel: Der Inhaber einer Fahrschule verhandelt mit einem Interessenten über dessen Aufnahme in den Betrieb und die gleichzeitige Gründung einer GmbH. Schafft dieser sich daraufhin bereits ein entsprechend umgerüstetes Fahrzeug an, auf dem er den Fahrunterricht erteilen will, obwohl wesentliche Teile des Vertrages noch nicht ausgehandelt sind, geht die Investition auf eigenes Risiko; kommt es nicht zur Gesellschaftsgründung und findet der Interessent auch sonst keine adäquate Beschäftigung als Fahrlehrer, kann er die Kosten für das Fahrzeug gleichwohl nicht ersetzt verlangen. Anders dagegen, wenn die Aufnahmeverhandlungen abgeschlossen sind, der Inhalt des Gesellschaftsvertrages feststeht und es nur noch an der nach § 2 Abs. 1 GmbHG erforderlichen

---

2 Vgl. dazu BGH WM 1969, 595; BGH WM 1972, 772; BGH WM 1976, 923; BGH WM 1981, 787; BGH NJW 1984, 866; BGH ZIP 1988, 89, 90; BGH WM 1989, 685, 686; OLG Düsseldorf NJW-RR 1988, 988; eingehend Küpper, Scheitern von Vertragsverhandlungen als Fallgruppe der culpa in contrahendo, 1988, S. 173.

3 Schlechtriem, BGH EWiR § 145 BGB 1/89, 443, 444.

4 Außer acht gelassen werden können bei diesem Vergleich insoweit Überlegungen beim Abbruch von Vertragsverhandlungen, nach denen Inhalt und Zweck der verletzten Verhaltenspflicht dem Ersatz aus culpa in contrahendo nicht entgegenstehen dürfen. Für vertragliche Ansprüche stellen sich diese Fragen an anderer Stelle (vgl. dazu unten 5. Teil B II 2).

Beurkundung fehlt. Ein Abbruch ohne triftigen Grund verpflichtet dann zum Ersatz der nutzlosen Aufwendungen aus culpa in contrahendo. Gleiches müßte gelten, wenn sich der ehemalige Alleininhaber der Fahrschule nach Beurkundung des Gesellschaftsvertrages gegen dessen Durchführung sperren würde. Wenn sich ein Erfüllungsinteresse nicht hinreichend sicher feststellen ließe, könnte der geschädigte Vertragspartner die Kosten für das Fahrzeug, soweit sie entwertet worden sind (also etwa abzüglich des Wiederverkaufswertes), zumindest aber die Kosten für die Umrüstung als Schulungsfahrzeug, zur Grundlage seines Schadens machen.[5]

[5] Als weiteres Beispiel eignet sich BGH WM 1989, 685; dazu oben 3. Teil B I 5 a aa.

B. Sachliche Begrenzung

I. Entwertung

Zunächst können nur die Aufwendungen ersetzt verlangt werden, die infolge der Vertragsverletzung tatsächlich entwertet worden sind; insbesondere die Teilentwertung wird in diesem Bereich eine Rolle spielen. Die Probleme, die sich bei der Bemessung der Entschädigung für vereitelte Urlaubszeit in § 651 f Abs. 2 BGB oder bei einer Gebrauchsverhinderung auf der Basis der Kommerzialisierungsthese ergeben, treten hier nicht auf, da die Aufwendungen selbst materieller Natur sind. Gleichwohl wird es vor allem Aufgabe der Rechtsprechung sein, anhand von Einzelfällen abstrahierbare Kriterien zu entwickeln.

An der Kausalität fehlt es, wenn die Entwertung nicht durch die Vertragsverletzung, sondern infolge eines anderen Ereignisses eintritt. Von dem zweigeteilten Haftungsbegründungstatbestand — Hervorrufen und Enttäuschen eines berechtigten Vertrauens — ist dann nur ein Teil durch den Schädiger verwirklicht worden.

Das Ausmaß der Entwertung bestimmen die Gerichte nach Maßgabe des § 287 ZPO. Eine Entwertung ist beispielsweise schon zu verneinen, wenn der Gläubiger mit den Aufwendungen bereits Nutzungen erwirtschaftet hat; insoweit ist der Gedanke des § 42 Abs. 3 S. 2, 2. Halbs. UrhG zu verallgemeinern. Der Betrag der gezogenen Nutzungen ist von den geltend gemachten Aufwendungen abzusetzen.

Der Schuldner kann dem Gläubiger außerdem entgegenhalten, daß er ein ihm zumutbares und mögliches Deckungsgeschäft schuldhaft unterlassen hat. Hätte dieses die Entwertung verhindert, ist es dem Gläubiger verwehrt, seine Aufwendungen dem Schadensersatz zugrunde zu legen: er hat gegen seine Schadensminderungspflicht verstoßen. Kann die Entwertung der Aufwendungen durch die Veräußerung des Gegenstandes, auf den sie sich bezogen haben, ganz oder teilweise verhindert werden (Bergsteigerausrüstung für Urlaub), so muß der Gläubiger sich den Weiterverkaufswert auf seinen Ersatzanspruch anrechnen lassen.[1] Die Berücksichtigung einzelner Umstände muß sich von der Maxime leiten lassen, daß der Geschädigte so gestellt werden muß, als sei ein Vertragsschluß nicht erfolgt — nicht schlechter, aber auch nicht besser.

---

[1] Andeutungsweise OLG Düsseldorf NJW-RR 1988, 652, 653. Zur gleichen Vorgehensweise im Rahmen des Ersatzes entwerteter Aufwendungen bei § 839 BGB vgl. BGHZ 106, 323, 335.

II. Allgemeine Kausalitätskriterien

1. Adäquanz

Zur Einschränkung der logisch-naturwissenschaftlichen Äquivalenzlehre wird in einem ersten Schritt auf das gegen Ende des 19. Jahrhunderts erstmals beschriebene Merkmal der Adäquanz zurückgegriffen. Der zurechenbare Ursachenzusammenhang wird nach der heute gängigen Formel nur dann unterbrochen, wenn das Ereignis nicht im allgemeinen, sondern nur unter besonders eigenartigen, unwahrscheinlichen, und nach dem gewöhnlichen Lauf der Dinge außer Acht zu lassenden Umständen geeignet war, einen Erfolg der eingetretenen Art herbeizuführen.[2] Anders ausgedrückt: es wird ein Urteil über die statistische Wahrscheinlichkeit eines Schadens abgegeben, ohne daß es auf Prozentzahlen ankäme: das Sieb ist vielmehr ausgesprochen durchlässig; ausgeschlossen werden nur völlig abseits liegende, irrationale Ursachenketten.[3]

Bei der Frage nach der Ersatzfähigkeit bestimmter entwerteter Aufwendungen stellt die Adäquanzlehre kein taugliches Kriterium dar. Daß eine Pflichtverletzung grundsätzlich Aufwendungen entwerten kann, ist ein Allgemeinplatz; die Adäquanzlehre geht insoweit über Aussagen der Äquivalenztheorie nicht hinaus. Gleiches gilt für die einzelnen Fallgruppen entwerteter Aufwendungen und deren Berücksichtigung. Darüber hinaus ist die Wahrscheinlichkeit im Lichte eines objektiven Durchschnittsbeobachters der falsche Anknüpfungspunkt: die Konzeption des Vertrauensschutzes verträgt sich insoweit nicht mit rein objektiven Wertungen; es kommt auch auf die Sicht des Vertrauenden an, die für die Adäquanz jedoch keine Rolle spielt.

2. Schutzzweck der (Vertrags-)Norm

Ein zweites Korrektiv zur Feststellung des Ursachenzusammenhangs ist die Lehre vom Schutzzweck der Norm. Der Schwerpunkt ihrer Anwendung lag zu Anfang im Deliktsrecht — § 823 Abs. 2 BGB. Sie hat mittlererweile jedoch auch im Vertragsrecht Bedeutung erlangt.[4] Von unterschiedlichen Ausprägungen im einzelnen abgesehen, wird im Kern die Frage gestellt, ob der geltend gemachte

---

[2] Vgl. RGZ 50, 219, 222 erstmals seit der Geltung des BGB; BGHZ 3, 261, 265; 7, 198, 204; 57, 137, 141; 57, 245, 255; BGH NJW 1976, 1143, 1144; BGH NJW 1986, 1329, 1331; BGH NJW 1990, 2882, 2883.

[3] Die Schadenswahrscheinlichkeit von weniger als 0, 01 Prozent bei Impfungen führte nicht zur Verneinung der Adäquanz; vgl. BGHZ 18, 286. Diese weite Fassung hat zu Kritik an der Adäquanzlehre und zu der Forderung geführt, ausschließlich auf wertende Gesichtspunkte abzustellen; vgl. Esser / Schmidt, Schuldrecht I, 1984, § 33 II, S. 529; MünchKomm / Grunsky, Vor § 249, Rdnr. 42.

[4] So ausdrücklich der BGH in WM 1990, 808, 809.

Schaden aus der Verletzung eines Rechtsgutes entstanden ist, zu dessen Zweck das Gesetz erlassen bzw. die Vertragspflicht installiert wurde.[5]

Der Gedanke des Vertrauensschutzes bestimmt hier die Lösung. Im Schutzbereich der verletzten Vertragspflicht liegen nur die Aufwendungen, die *im Zusammenhang mit einem Vertrauen* auf die Vertragsdurchführung getätigt wurden. Der Zusammenhang darf nicht nur zeitlicher Natur sein, sondern es muß eine *sachliche* Verknüpfung bestehen: der Vertragsschluß veranlaßt den Gläubiger, sachlich begründete Aufwendungen zu tätigen. Danach scheiden solche Aufwendungen aus, die nur aus Anlaß des Vertragsschlusses vorgenommen wurden.[6] Lädt der Geschäftsführer eines Unternehmens aus Freude über einen gelungenen Geschäftsabschluß maßgeblich am Zustandekommen beteiligte Mitarbeiter zu einer Feier ein und wird der Vertrag später nicht durchgeführt, so können die Kosten der Feier nicht mit der Begründung ersetzt verlangt werden, daß sie entwertet worden seien. Es fehlt die inhaltliche Verbindung; ein derart loser Zusammenhang reicht nicht aus.

Einen Grenzfall bilden die *General-*, *Verwaltungs-* oder *Betriebskosten*. Grundsätzlich haben diese mit dem konkreten Vertrag nichts zu tun; sie fallen unabhängig davon an. Daraus folgt, daß ihre Entwertung vom Schutzbereich der verletzten Vertragspflicht nicht erfaßt wird.[7] Anders dagegen, wenn sich eine funktionelle Verbindung ausnahmsweise herstellen läßt; dann ist ein Ersatz auch dieser Kosten möglich.[8] Im voraus erbrachte Gemeinschaftskosten für die Nutzung einer Mietwohnung sind beispielsweise ersatzfähig, wenn der Vermieter vertragsbrüchig den Einzug verhindert oder den Zugang zu von allen Mietern gemeinschaftlich genutzten Räumen (z. B. Waschküche) schuldhaft verweigert. Die Kontrollfrage muß jeweils lauten, ob die Aufwendungen auch ohne den einzelnen Vertragsschluß angefallen wären oder nicht.

Die Beantwortung der Frage nach dem Schutzzweck der (Vertrags-)Norm läßt sich durch eine Fallgruppenbildung erleichtern. Aufwendungen im Vertrauen auf die Vertragsdurchführung lassen sich in drei Kategorien einteilen:

— Aufwendungen zu Vorbereitung und Abschluß des Vertrages;

— Aufwendungen zur Durchführung des Vertragsprogramms;

— Aufwendungen zur Verwertung der Leistung.[9]

---

5 Vgl. BGHZ 27, 137, 140; 50, 200, 201; BGH NJW 1968, 2375; OLG Stuttgart NJW 1984, 1904; OLG Karlsruhe NJW-RR 1987, 912, 913; LG Saarbrücken NJW 1984, 2632, 2634; Huber, Festschrift für Wahl, 1973, S. 301, 312; Schack, JZ 1986, 305, 306.

6 Im gleichen Sinn die Regelung in § 1298 Abs. 1 S. 1 BGB (in Erwartung der Ehe) und in § 2 Abs. 1 S. 1 AbzG (infolge des Vertrages gemachte Aufwendungen).

7 So für die vergleichbare Regelung in § 2 Abs.1 S. 1 AbzG MünchKomm / Westermann, § 2 AbzG, Rdnr. 10; Soergel / Hönn, § 2 AbzG, Rdnr. 15.

8 Zur Berücksichtigung von Betriebskosten im Rahmen des positiven Interesses BGH WM 1989, 1259, 1260.

Die Fallgruppenbildung ist kein Selbstzweck; sie soll dazu beitragen, einzelfallunabhängig verläßliche Prognosen abgeben zu können. Die Grenzen zwischen den Bereichen sind daher nicht eindeutig zu ziehen. Während der Schwerpunkt der ersatzfähigen Aufwendungen in der zweiten Fallgruppe zu finden sein wird, ist für die beiden anderen die zeitliche Komponente besonders zu beachten.

III. Besondere Bemessungskriterien

Wurde der Zusammenhang zwischen Aufwendung und Vertragsschluß in hinreichender Weise festgestellt, ist die Aussagefähigkeit der Schutzzwecklehre erschöpft. Die Frage, welche Aufwendungen im einzelnen geltend gemacht werden können, kann sie nicht beantworten. Eine Antwort ist jedoch vonnöten: als letzte Grenze etwa vor dem „pathologischen Verschwender", wenn auch der Verlusteinwand nicht weiterhilft oder aber das Erfüllungsinteresse zu hoch ist. Dann bedarf der Schuldner = Vertragsbrüchiger eines zusätzlichen Schutzes.

Aus dieser Zielrichtung folgt, daß weder der Grad des Verschuldens, noch der Charakter der verletzten Vertragspflicht, noch das Ausmaß des Vertrauens geeignet sind, den Dispositionsschutz in den richtigen Bahnen zu halten, da sie rein subjektive Kriterien sind. Gefragt ist jedoch ein *gemischt objektiv-subjektiver Maßstab,* der einerseits eine effektive Kontrolle ermöglicht, andererseits aber die konkrete Situation aus der Sicht des Aufwenders mitberücksichtigt.

1. Die Herausforderungsfälle

Gesicherte Anhaltspunkte für den Umfang der zu ersetzenden Aufwendungen könnten sich aus der Rechtsprechung zu den sogenannten Herausforderungsfällen ergeben. Damit wird eine Fallgruppe angesprochen, die ihren primären Anwendungsbereich im Deliktsrecht hat. Der Schaden vor allem an Körper und Gesundheit des Verletzten entsteht durch dessen eigenes Verhalten. Der Zurechnungszusammenhang zu Lasten des Inanspruchgenommenen wird gleichwohl nicht unterbrochen, wenn dieser verschuldet eine Gefahrenlage geschaffen und dadurch den Geschädigten zu seinem Verhalten herausgefordert hat. Eine normative Korrektur im Sinne einer Verhältnismäßigkeitsprüfung wird ergänzend vorgenommen, wenn geprüft wird, ob sich der Verletzte herausgefordert fühlen durfte.[10] Für die bekannten Verfolgungsfälle kann man plastisch die Formel aufstellen, daß der

9 Vgl. Soergel / Wiedemann, § 325, Rdnr. 53.

10 BGH NJW 1964, 1363, 1364; BGH JZ 1967, 639, 640 jeweils noch tastend; gesicherter dann BGHZ 57, 25, 28; 63, 189, 191; BGH NJW 1980, 223, 224; BGH NJW 1981, 570, 571; BGH NJW 1990, 2885; dazu v. Caemmerer, DAR 1970, 283, 291; Larenz, Festschrift für Honig, 1970, S. 79, 87; Zimmermann, JZ 1980, 10, 12, der die bloße Veranlassung als ausreichend ansieht.

Zurechnungszusammenhang dann vorliegt, wenn das Verfolgungsinteresse das Verfolgungsrisiko übersteigt.[11]

Die Parallele zu Fällen von Aufwendungsersatz liegt darin, daß ein Verhalten des Schädigers einen Willensentschluß des Geschädigten nach sich zieht: die Flucht stimuliert zur Verfolgung, das Erfüllungsversprechen regt zur Vornahme von Aufwendungen an. Damit ist aber gleichzeitig ein gravierender Unterschied angesprochen. Während der Verfolger dem Flüchtenden typischerweise nachsetzt, weil er dazu verpflichtet ist (z. B. Polizeibeamter) oder in Notwehr oder Nothife i. S. d. § 32 StGB handelt, fehlt dieses Moment, wenn Aufwendungen im Vertrauen auf die Vertragsdurchführung getätigt werden. Die Motivation dazu liegt allein auf Seiten des Gläubigers, und es ist insoweit unerheblich, ob sie rechtlich anerkennenswert ist oder nicht.

Hinzukommt, daß in den Herausforderungsfällen das haftungsbegründende Verhalten des Schädigers das Tätigwerden des Verletzten auslöst, die Typik des Deliktsrechts also beibehalten wird. Beim Ersatz entwerteter Aufwendungen wird die Investitionsentscheidung dagegen durch das — rechtmäßige — Versprechen des Schuldners hervorgerufen, den Vertrag zu erfüllen. Die haftungsbegründende Vertragsuntreue folgt erst danach und führt zur Entwertung des Kostenaufwands. Letztlich ist einzuwenden, daß auch in den Herausforderungsfällen keine Einzelkriterien aufgestellt wurden, nach denen Folgeschäden zu beurteilen wären. In der praktischen Fallösung würden sich die Grundsätze der Herausforderung also als wenig hilfreich erweisen.

Aus den Herausforderungsfällen ist für die konkrete Bemessung des Aufwendungsersatzes daher kein Ertrag abzuleiten.

2. Gesetzliche Regelungen für den Ersatz von Aufwendungen

Ein anderer Anknüpfungspunkt zur Konkretisierung des Ersatzumfangs könnte in gesetzlichen Regelungen zum Aufwendungsersatz liegen. Solche finden sich im Zivilrecht in so vielfältiger Art und Weise, daß zunächst eine Systematisierung vorzunehmen ist.

a) Aufwendungen zur Ausgleichung einer Pflichtverletzung

Ein Teil der Regelungen betrifft Aufwendungen, die zur Ausgleichung einer Pflichtverletzung gemacht werden. Angesprochen sind:

— § 249 S. 2 BGB (der zur Herstellung erforderliche Geldbetrag);

---

[11] Sieg, BB 1988, 1609, 1611.

— § 304 BGB (Ersatz bestimmter Mehraufwendungen infolge des Gläubigerverzuges);
— § 476 a S. 1 BGB (zur Nachbesserung erforderliche Aufwendungen);
— § 526 S. 2 BGB (Ersatz der durch die Vollziehung der Auflage entstandenen Aufwendungen);
— § 538 Abs. 2 BGB (zur Mängelbeseitigung erforderliche Aufwendungen);
— § 633 Abs. 2 S. 2 BGB (Verweis auf § 476 a BGB);
— § 633 Abs. 3 BGB (zur Mängelbeseitigung erforderliche Aufwendungen);
— § 651 Abs. 3 S. 1 BGB (zur Mängelbeseitigung erforderliche Aufwendungen).

Der Inhalt dieser Normen weist zwei typische Aspekte auf, die miteinander zusammenhängen. Infolge der Pflichtverletzung einer Vertragspartei entstehen einer anderen Aufwendungen, die zu ersetzen sind. Der Umfang wird objektiv bestimmt.[12] Das ist folgerichtig, da eindeutig feststellbar ist, was zur Schadensbeseitigung notwendig ist. Ein Entscheidungsspielraum des Gläubigers ist zumindest im Ansatz nicht erforderlich. Beide Aspekte sprechen gegen eine Übertragung auf den Ersatz entwerteter Aufwendungen, da einerseits die Interessen des Gläubigers (mit-)zu berücksichtigen sind, und andererseits eben nicht die Pflichtverletzung den Aufwandsprozeß in Gang gesetzt hat; Vertrauen spielt insoweit keine Rolle. Auch hieran zeigt sich, daß die beiden großen Gruppen von eigennützigen Aufwendungen auf unterschiedlichen Vorstellungen aufbauen.[13]

b) Fremdnützige Aufwendungen

Eine andere Gruppe von Aufwendungsersatzansprüchen knüpft an die Durchführung bestimmter Tätigkeiten an:

— § 670 BGB u. U. i. V. m. §§ 27 Abs. 3, 675, 683 S. 1, 1835 Abs. 1, 2, 1978 Abs. 1 S. 1, 1991 Abs. 1 BGB (Aufwendungen, die der Beauftragte den Umständen nach für erforderlich halten darf);
— § 693 BGB (Aufwendungen, die der Verwahrer den Umständen nach für erforderlich halten darf);

---

[12] Vgl. zu § 249 S. 2 BGB: BGHZ 54, 82, 85; 61, 346, 349; BGH NJW 1985, 793, 794.
Zu § 304 BGB: RGZ 45, 300, 302; Palandt / Heinrichs, § 304, Anm. 2.
Zu § 476 a S. 1 BGB: BGH NJW 1979, 2095; Palandt / Putzo, § 476 a, Anm. 3 a.
Zu § 633 Abs. 3 BGB: BGHZ 46, 242, 245; OLG Frankfurt NJW-RR 1988, 918; MünchKomm / Soergel, § 633, Rdnr. 149.

[13] Vgl. zur Unterscheidung oben 1. Teil C I.

— § 970 BGB (Aufwendungen, die der Finder zu bestimmten Zwecken den Umständen nach für erforderlich halten darf);

— § 1643 BGB (Aufwendungen der Eltern bei Ausübung der Personen- oder Vermögenssorge, die sie den Umständen nach für erforderlich halten dürfen);

— § 2124 Abs. 2 BGB (Aufwendungen zur Erhaltung von Erbschaftsgegenständen, die der Vorerbe den Umständen nach für erforderlich halten darf);

— § 110 Abs. 1 HGB (Aufwendungen in Gesellschaftsangelegenheiten, die der Gesellschafter den Umständen nach für erforderlich halten darf);

— § 396 Abs. 2 HGB i. V. m. § 670 BGB (Aufwendungen, die der Kommissionär den Umständen nach für erforderlich halten darf);

— § 420 Abs. 1 HGB (Aufwendungen auf das Gut, die der Lagerhalter den Umständen nach für erforderlich halten durfte).

Kennzeichnend für diese Fallgruppe von Aufwendungsersatzansprüchen ist, daß die Kosten zur Führung eines Geschäfts anfallen. Sie werden hervorgerufen durch die Übernahme der jeweiligen Tätigkeit. Im Gegensatz zu der vorstehend beschriebenen Gruppe wird die Bemessung nicht objektiv, sondern gemischt objektiv-subjektiv vorgenommen.[14] Objektiv, weil nur die erforderlichen Aufwendungen ersetzt werden; subjektiv, weil auf die ex ante-Sicht des Aufwenders abgestellt wird. Insoweit ist die Situation mit der der entwerteten Aufwendungen vergleichbar. An die Stelle der tatsächlichen Geschäftsführung tritt die rechtsgeschäftliche Erklärung des späteren Vertragsverletzers. Durch das subjektive Moment würde dem Vertrauensgedanken Rechnung getragen; grundsätzlich maßgebend wäre die Sicht des Gläubigers. Der Schuldner würde hinreichend geschützt, da ein objektives Merkmal die Abwälzung übermäßiger Kosten verbieten würde; auch der „pathologische Verschwender“ würde keine Gefahr darstellen, die zu einer Ausuferung der Ersatzpflicht führen könnte.

Zu beachten ist aber, daß die Geschäfte in den angeführten Fällen — mindestens auch — im Interesse eines anderen abgewickelt werden: der Beauftragte handelt im Interesse des Auftraggebers, der Vorerbe in dem des Nacherben, der Kommissionär in dem des Kommittenten. Das spiegelt sich wider im Gebrauch des Begriffes „erforderlich“. Die später entwerteten Aufwendungen werden jedoch ausschließlich im Eigeninteresse vom Gläubiger getätigt. Aus seiner Sicht ist die Erforderlichkeit der Aufwendungen unerheblich. Maßgeblich ist vielmehr, ob der Aufwand im Sinne einer Kosten-Nutzen-Analyse *angemessen* ist. Hierin kommt das Eigeninteresse besser zum Ausdruck.

---

14 Vgl. zu § 670 BGB: RGZ 149, 205, 207; BGHZ 95, 375, 388; 98, 235, 240; BGH NJW-RR 1988, 745, 746; Soergel / Mühl, § 670, Rdnr. 5; MünchKomm / Seiler, § 683, Rdnr. 16.
Zu § 693 BGB: MünchKomm / Hüffer, § 693, Rdnr. 1; Soergel / Mühl, § 693, Rdnr. 1.
Zu § 1835 BGB: Soergel / Damrau, § 1835, Rdnr. 3.
Zu § 110 HGB: HGB-Großkommentar / Ulmer, § 110, Rdnr. 14.

Dies kann die Dispositionsfreiheit des Vertrauenden jedoch nur in extremen Ausnahmesituationen einschränken. Grundsätzlich obliegt es allein dem Aufwender, den aus seiner Sicht angemessenen Umfang seiner Investitionen zu bestimmen.[15] Insoweit ist die Freiheit hier größer als bei Aufwendungen, die im Gefolge einer Pflichtverletzung erforderlich werden. Dementsprechend stellt auch § 1298 Abs. 2 BGB darauf ab, ob die Aufwendungen den Umständen nach angemessen waren. Gleiches bestimmt § 651 f Abs. 2 BGB für die Entschädigung wegen nutzlos aufgewendeter Urlaubszeit. Die Angemessenheit des Aufwendungseinsatzes hebt ebenfalls § 39 BauGB hervor, wenn infolge einer Änderung, Ergänzung oder Aufhebung eines Bebauungsplanes Aufwendungen an Wert verlieren, die im berechtigten Vertrauen auf den Bestand eines rechtsverbindlichen Bebauungsplanes entstanden sind.

Anderes folgt nicht aus § 2 Abs. 1 S. 1 AbzG. Dort heißt es zwar lediglich, daß Ersatz „für die infolge des Vertrages gemachten Aufwendungen" zu gewähren ist; eine weitere sachliche Eingrenzung findet sich im Wortlaut nicht. Da ein Vollersatz aller kausalen Aufwendungen den Abzahlungsverkäufer über Gebühr entlasten würde, hat die Rechtsprechung sich nicht gescheut, den gemischt objektiv-subjektiven Maßstab des § 670 BGB in die Regelung hinein zu projezieren.[16] Die Ergebnisse sind sachgerecht. Gleiches gilt für § 35 Abs. 2 S. 1 VerlG, der ebenfalls keine inhaltliche Begrenzung vorschreibt und dementsprechend ergänzt wird; Richtschnur ist auch hier die Angemessenheit der Aufwendungen.[17]

Hingewiesen werden kann letztlich auf § 10 Nr. 7 b AGBG. Danach ist in Allgemeinen Geschäftsbedingungen eine Klausel unwirksam, nach der der Verwender bei Rücktritt oder Kündigung durch eine Vertragspartei einen unangemessen hohen Aufwendungsersatz verlangen kann. Von der Bestimmung werden auch frustrierte Aufwendungen erfaßt.[18] Zwar können individualvertraglich weitergehende Ersatzmöglichkeiten festgelegt werden, was bis zu einer Garantieübernahme reichen kann. Im Umkehrschluß folgt aber aus § 10 Nr. 7 AGBG, daß das gesetzliche Leitbild für die Vertragsauflösung infolge Rücktritts oder Kündigung von einer angemessenen Kostenüberwälzung ausgeht. Dieser Gedanke ist zu verallgemeinern und auf jeglichen Ersatz entwerteter Aufwendungen zu übertragen.

---

15 Kritisch zum Luxusargument in der Rechtsprechung zum Gebrauchsentgang auch Medicus, NJW 1989, 1889, 1894.

16 BGH WM 1959, 1038; BGH WM 1972, 970; zust. MünchKomm / Westermann, § 2 AbzG, Rdnr. 11; Soergel / Hönn, § 2 AbzG, Rdnr. 15.

17 Bappert / Maunz / Schricker, Verlagsrecht, 1984, § 35, Rdnr. 9; Leiss, Verlagsgesetz, 1973, § 35, Anm. 14, 36.

18 Das wird zwar so ausdrücklich nicht gesagt; wenn aber auf § 467 S. 2 BGB, § 2 Abs. 1 S. 1 AbzG die Regelung des AGBG angewandt wird, wird die Erstreckung auf entwertete Aufwendungen unbewußt bejaht; vgl. Löwe / v. Westphalen / Trinkner, AGBG, § 10 Nr. 7, Rdnr. 25; Ulmer / Brandner / Hensen, AGBG, § 10 Nr. 7, Rdnr. 13; Wolf / Horn / Lindacher, AGBG, § 10 Nr. 7, Rdnr. 19.

Zu ersetzen sind also die entwerteten Aufwendungen, die der Gläubiger den Umständen nach für angemessen halten durfte. Maßgeblich ist einmal die Sicht des Gläubigers und seine Zielsetzung; nur in Ausnahmefällen ist korrigierend auf eine Kosten-Nutzen-Relation zurückzugreifen und damit die Angemessenheit zu überprüfen. Im Zweifel gebührt dem Bewertungsinteresse des Gläubigers und seinem (unternehmerischen) Ermessen der Vorrang. Damit wird kein neues Kriterium in die Rechtsordnung eingeführt, sondern auf Bekanntem aufgebaut.

Der Anspruch ist grundsätzlich gerichtet auf Geldersatz (§ 249 BGB). Stattdessen kann Freistellung von Zahlungsverpflichtungen verlangt werden, wenn der Gläubiger die Aufwendungen in Erfüllung einer mit einem Dritten bestehenden Verpflichtung zu erbringen hätte. Klarstellend sei hinzugefügt, daß auf diesen Anspruch die §§ 256, 257 BGB nicht anwendbar sind.[19]

3. Zusätzliche Ersatzabstufungen?

Hans Stoll schlägt vor, den Umfang des Aufwendungsersatzes von Abstufungen innerhalb des Vertrauensschutzes abhängig zu machen. Am umfänglichsten sei der Vertrauensschutz bezogen auf die gläubigereigene, bereits erbrachte Leistung: diese könne in jedem Fall zurückgefordert werden. Für die weitergehenden Aufwendungen will er zwischen solchen, die zur Durchführung des Ersatzes notwendig sind und solchen Gläubigerdispositionen, die auf der Vertragserfüllung aufbauen, unterscheiden. Während letztere in keinem Fall ersatzfähig sein sollen, soll es für erstere darauf ankommen, ob die Schuldnerleistung materieller — dann kein Aufwendungsersatz, da das Kalkulationsrisiko der Gläubiger selbst tragen müsse — oder immaterieller Natur ist — dann Aufwendungsersatz, da der Gläubiger finanziell gar nicht kalkuliert habe.[20]

Diese Differenzierung ist zur Eingruppierung der verschiedenen Aufwendungsarten hilfreich. Für eine Abstufung des Ersatzumfangs eignet sie sich dagegen nur beschränkt. Zuzustimmen ist ihr, soweit die Leistung des Gläubigers selbst stets in vollem Umfang zurückverlangt werden kann.[21] Ebenfalls zutreffend ist der Ansatz, zwischen materiellen und immateriellen Schuldnerleistungen zu unterscheiden; das ist jedoch nur der halbe Weg, denn bereits für den Fall, daß ein positives Interesse nicht festgestellt werden kann, ist Raum für den Aufwendungsersatz. Die Überbürdung des Kalkulationsrisikos wird mit dem Verlusteinwand verhindert.[22]

Abzulehnen ist dagegen der vollständige Ausschluß des Ersatzes von Aufwendungen, die an die Vertragserfüllung anknüpfen. Für den geschädigten Gläubiger

---

19 Vgl. oben 1. Teil A.

20 Hans Stoll, JZ 1987, 517, 519.

21 Vgl. oben 3. Teil B I 5 a cc und b.

22 Vgl. im einzelnen oben 3. Teil B I 5 a bb.

macht es keinen Unterschied, welche Aufwendungen entwertet werden; ob zur Vertragsdurchführung oder zur Verwertung der Leistung angefallene. Sein Vertrauen ist jeweils gleichartig ausgeprägt. Aus seiner Sicht ist eine Differenzierung unangebracht. Das gilt aber auch für den Schuldner. Wenn ein zeitlicher und sachlicher Zusammenhang mit dem Vertrag besteht,[23] braucht kein weiteres Näheverhältnis zum Gläubigeraufwand vorzuliegen. Auch eine Kenntnis des Schuldners vom Umfang der Dispositionen ist nicht erforderlich; das gilt sowohl für die Vertragsdurchführungskosten — bei einer Holschuld etwa entscheidet der Gläubiger über die Transportart und damit über die Kosten — als auch bei weitergehendem Aufwand. Der Schuldner wird damit nicht übermäßig belastet, denn er ist durch den Verlusteinwand geschützt; er braucht nie mehr als das Erfüllungsinteresse zu leisten. Auch Aufwendungen zur Verwertung der Leistung gehören damit im Grundsatz zu den ersatzfähigen Kosten. Im Einzelfall ist hier besonders auf den Vertrauensbezug, den sachlichen Zusammenhang und die Entwertung zu achten.

[23] Dazu soeben oben 5. Teil A und B II 2.

C. Zwischenergebnis

Der Ersatz entwerteter Aufwendungen erfaßt grundsätzlich den Zeitraum zwischen Vertragsschluß und Kenntnis von der Pflichtverletzung. Ausnahmsweise können auch vorvertragliche Aufwendungen ersatzfähig sein, wenn sie bei einer vergleichbaren Konstellation von der culpa in contrahendo — Fallgruppe des Abbruchs von Vertragsverhandlungen — erfaßt würden. Inhaltlich ist erforderlich, daß die Aufwendungen in einem sachlichen Zusammenhang mit dem Vertrag entstanden und durch die Pflichtverletzung tatsächlich entwertet worden sind. Zum Schutz des Schuldners vor überzogenen Forderungen muß der Aufwand darüber hinaus aus der ex ante-Sicht des Gläubigers den Umständen nach angemessen gewesen sein; dabei steht, von Ausnahmefällen abgesehen, dem Vertrauenden eine weitgehende Beurteilungsfreiheit zu.

Schluß

Der Ersatz entwerteter Aufwendungen ist kein selbständiger Rechtsbehelf. Er läßt sich als besondere Form des Schadensersatzes vielmehr in den §§ 249 ff. BGB unterbringen. Das bedeutet, daß es einen allgemeinen Aufwendungsersatzanspruch nicht gibt und ein solcher auch nicht wünschenswert wäre, da die Bezüge zu den einzelnen Rechtsbehelfen verloren gingen, die maßgebend dafür sind, wann entwertete Aufwendungen ersetzend oder ergänzend dem Schädiger auferlegt werden dürfen. Mit dieser Positionsbestimmung sind naturgemäß Auswirkungen auf das System der Rechtsbehelfe verbunden:

— Dem Schadensersatz wegen Nichterfüllung und einzelnen Begleitschäden werden vor allem bei nicht materiellem (primärem oder sekundärem) Vertragszweck breitere Anwendungsmöglichkeiten geschaffen.

— Das Gewicht des Rücktritts und der Wandlung bei zu vertretender Fehlerhaftigkeit des Vertragsobjektes wird nachdrücklich verstärkt.

Weichenstellend ist die Abgrenzung der verschiedenen Aufwendungsarten. Als entwertete Aufwendungen sind nur solche anzusehen, die im Vertrauen auf die korrekte Vertragsdurchführung entstanden sind und die auch bei ordnungsgemäßer Erfüllung angefallen wären. Legt der Gläubiger diese Kosten seinem Ersatzanspruch zugrunde, will er so gestellt werden, als wenn er nicht vertraut hätte, als sei vom Vertrag nie die Rede gewesen (negatives Interesse). Negatives Interesse wird in der Regel von Rechtsbehelfen gewährt, die an Pflichtverletzungen im Stadium der Vertragsanbahnung anknüpfen. Damit ist jedoch für den Vertrauensschaden das Ende der Fahnenstange noch nicht erreicht: der Vertrauensschutz verliert nach Vertragsschluß nicht seine Funktion, muß sich aber der vertraglichen Zielrichtung „Erfüllung" unterordnen, da die Vertragsverletzung nicht in einen Glücksfall für den Gläubiger umschlagen darf. Inhalt von Rechtsbehelfen bei Vertragsstörungen, die sich am Erfüllungsinteresse orientieren, können entwertete Aufwendungen daher nur ausnahmsweise sein. Voraussetzung ist, daß ein monetarisierbares positives Interesse

— nicht besteht (immaterieller Sekundärzweck des Geschädigten);

— nicht oder nur unter unverhältnismäßigem Aufwand festgestellt werden kann;

— nicht in prozessual ausreichender Art und Weise bewiesen werden kann.

Für Aufwendungsersatz ist daher anstelle oder neben entgangenem Gewinn kein Raum, wenn dessen Höhe unschwer zu ermitteln ist. Das Regel-Ausnahme-Verhältnis gilt zum einen nicht, wenn dem Geschädigten infolge der Vertragsstörung bereits konkrete Vermögenseinbußen entstanden sind oder in Zukunft notwendig noch entstehen werden und zum anderen dann nicht, wenn die Entwertung der Investitionen auch nicht durch ein tatsächlich vorgenommenes und korrekt durchgeführtes Deckungsgeschäft verhindert werden konnte. In beiden Fällen geht es nicht um die rechnerische Herstellung eines hypothetischen Vermögenszustandes; diese Arten positiven Interesses stehen dem kumulativen Ersatz der entwerteten Aufwendungen nicht entgegen.

Da bei sonstigen Deckungsgeschäften im Regelfall die Entwertung verhindert wird, reduziert sich das Wahlrecht im wesentlichen auf die sich gegenseitig ausschließende Geltendmachung des entgangenen Gewinns und den Ersatz entwerteter Aufwendungen; alle weiteren Schadensposten können kumuliert werden. Die bloße Hilfsfunktion des Aufwendungsersatzes ist de facto damit nicht unerheblich eingeschränkt und der Anwendungsbereich weitergehend, als es die rechtliche Ausgangslage erwarten läßt. Der Schädiger wird durch den Verlusteinwand hinreichend geschützt, der sich allerdings nicht auf die gläubigereigene Leistung erstreckt, die insoweit den Mindestschaden darstellt.

Das gilt für den Schadensersatz wegen Nichterfüllung, entsprechende Begleitschäden, die Vertragsanpassung und den Schadensersatz wegen pflichtwidrig herbeigeführter Kündigung. Neben Rechtsbehelfen, die wie der Rücktritt und die Wandlung selbst ein sachbezogenes negatives Interesse verwirklichen, ist der Ersatz dagegen nicht an besondere Kautelen gebunden, sondern ergänzend zuzulassen; für die Wandlung trifft dies außerhalb des § 467 S. 2 BGB, der einen auf Vertragskosten beschränkten Ersatz entwerteter Aufwendungen beinhaltet, nur im Zusammenhang mit der positiven Vertragsverletzung zu, also bei Verschulden im Sinne der §§ 276 ff. BGB.

Im Bereich der nicht zu vertretenden Vertragsstörungen verselbständigt sich der Aufwendungsersatz zusehends und wächst zu einem eigenständigen Rechtsbehelf heran, mit dem in Sondersituationen ein Mittelweg zwischen dem Erfüllungsinteresse und der Versagung jeden Ersatzes möglich erscheint. Er kann einmal dazu dienen, daß sich die das Vertragshindernis zu verantwortende Partei trotzdem aus wichtigem Grund um den Preis des Vertrauensschadens von der kontraktlichen Bindung befreien kann. In der zweiten Fallgruppe wird einer gesteigerten Verantwortlichkeit des Schädigers für die Vertragsstörung, die aber unterhalb des Vertreten-Müssens liegt, Rechnung getragen, wenn er zum Ersatz entwerteter Aufwendungen verpflichtet wird.

Der Ersatzumfang wird von einer zeitlichen und einer sachlichen Grenze bestimmt. Zeitlich ist grundsätzlich die Spanne zwischen Vertragsschluß und (möglicher) Kenntniserlangung des Gläubigers von der Pflichtverletzung maßgebend. Aufwendungen, die im Vorfeld des Vertragsschlusses, jedoch mit Rücksicht auf die bevorstehende Verpflichtung angefallen sind, können dem Schadensersatzverlangen zugrunde gelegt werden, wenn sie aus culpa in contrahendo zu ersetzen wären, wenn der Vertrag gleichwohl nicht zustande gekommen wäre. Darüber hinaus ist erforderlich, daß der Aufwand in einem sachlichen Zusammenhang mit dem Vertrag steht und aus der Sicht des Aufwenders den Umständen nach angemessen war. Bei dieser Beurteilung ist der Dispositionsfreiheit des Vertrauenden grundsätzlich Vorrang zu gewähren und nur in extremen Fällen korrigierend einzugreifen.

Literaturverzeichnis

Alexy, Robert: Rechtsregeln und Rechtsprinzipien, ARSP Beiheft 25 (1985), 13.

Allfeld, Philipp: Das Verlagsrecht, 2. Auflage München 1929.

Anderson, Ronald A.: Uniform Commercial Code, Volume 4, Third Edition, Rochester-San Francisco 1983, Volume 4 Cumulative Supplement, Rochester-San Francisco 1986 (zit.: Anderson, UCC).

Anschütz, August / *v. Bölderndorff,* Frhr.: Kommentar zum Allgemeinen Deutschen Handelsgesetzbuche, 3. Band, Erlangen 1874 (zit.: Anschütz, ADHGB).

Bappert, Walter / *Maunz,* Theodor / *Schricker,* Gerhard: Verlagsrecht, 2. Auflage München 1984.

Bartl, Harald: Reiserecht, 2. Auflage Bonn 1981.

Basedow, Jürgen: Die Reform des deutschen Kaufrechts, Köln 1988.

Baumbach, Adolf / *Lauterbach,* Wolfgang / *Albers,* Jan / *Hartmann,* Peter: Zivilprozeßordnung, 47. Auflage München 1989.

Baur, Fritz: Einige Bemerkungen zum Stand des Schadensausgleichsrechts, in: Festschrift für Ludwig Raiser, Tübingen 1974, S. 119.

Bengelsdorf, Peter: Schadensersatz bei Nichtantritt der Arbeit, BB 1989, 2390.

Berger-Delhey, Ulf: Die Kündigung vor Dienstantritt, DB 1989, 380.

Beuthien, Volker: Zweckerreichung und Zweckstörung im Schuldverhältnis, Tübingen 1969.

Blumenwitz, Dieter: Einführung in das Anglo-Amerikanische Recht, 3. Auflage München 1987.

Böckel, Fritz: Die Schadensersatzpflicht des Auftraggebers gegenüber dem Beauftragten, AcP 96 (1905), 376.

Bötticher, Eduard: Schadensersatz für entgangene Gebrauchsvorteile, VersR 1966, 301.

Brandenburg, Hans Friedrich: Die teleologische Reduktion, Göttingen 1983.

Braschos, Franz-Joseph: Der Ersatz immaterieller Schäden im Vertragsrecht, Köln-Berlin-Bonn-München 1979.

Brems, Werner: Anmerkung zur Entscheidung des KG vom 6.1.1983 (15 U 3162/82 — BB 1984, 811), BB 1984, 1453.

Brinker, Jürgen: Die Dogmatik zum Vermögensschadensersatz, Berlin 1982.

Burger, Thomas: Die Haftung des Reiseveranstalters für nutzlos aufgewendete Urlaubszeit, NJW 1980, 1249.

Bydlinski, Franz: Juristische Methodenlehre und Rechtsbegriff, Wien-New York 1982.

v. Caemmerer, Ernst: Die Bedeutung des Schutzbereichs einer Rechtsnorm für die Geltendmachung von Schadensersatzansprüchen aus Verkehrsunfällen, DAR 1970, 283.

Canaris, Claus-Wilhelm: Anmerkung zur Entscheidung des BAG vom 10.5.1971 (3 AZR 126/70 — AP Nr. 6 zu § 628 BGB), AP Nr. 6 zu § 628 BGB.

— Die Festellung von Lücken im Gesetz, 2. Auflage Berlin 1983.

— Grundrechtswirkungen und Verhältnismäßigkeitsprinzip in der richterlichen Anwendung und Fortbildung des Privatrechts, JuS 1989, 161.

— Zur Problematik von Privatrecht und verfassungsrechtlichem Übermaßverbot, JZ 1988, 499.

— Verstöße gegen das verfassungsrechtliche Übermaßverbot im Recht der Geschäftsfähigkeit und im Schadensersatzrecht, JZ 1987, 993.

— Die Vertrauenshaftung im deutschen Privatrecht, München 1971.

Cooter, Robert / *Eisenberg,* Melvin Aron: Damages for Breach of Contract, 73 Calif. L. Rev. 1432 (1985).

Corbin, Arthur Linton: Cases on the Law of Contracts, Third Edition St. Paul, Minnesota 1947.

— Corbin on Contracts, Volume 5, St. Paul, Minnesota 1964.

van den Daele, Wolfgang: Probleme des gegenseitigen Vertrages, Hamburg 1968.

David, René / *Grasmann,* Günther: Einführung in die großen Rechtssysteme der Gegenwart, 2. deutsche Auflage München 1988.

Denninger, Erhard / *Hohm,* Karl-Heinz: Arbeitsverweigerung aus Gewissensgründen. Eine grundrechtliche Untersuchung, AG 1989, 145.

Derleder, Peter: Zu den Sanktionen des Eigentumsvorbehalts bei Leistungsstörungen auf der Käuferseite, ZHR 139 (1975), 20.

Dernburg, Heinrich: Lehrbuch des Preußischen Privatrechts und der Privatrechtsnormen des Reichs, II. Band, 5. Auflage Halle a. S. 1894.

Deutsch, Erwin: Haftungsrecht, 1. Band, Köln - Berlin - Bonn - München 1976.

Doerry, Jürgen: Anmerkung zur Entscheidung des BGH vom 15. 3. 1990 (VII ZR 311/88); EWiR § 633 BGB 2/90, 979.

Eckert, Hans-Werner: Die Risikoverteilung im Pauschalreiserecht, Neuwied 1988.

Eckstein, Ernst: Der Untergang der Obligation durch Unmöglichkeit, Leistungserschwerung und verwandte Umstände und das Schicksal der Gegenleistung, ArchBürgR 37 (1912), 390.

Einbeck, Friedrich: Anmerkung zur Entscheidung des KG vom 6.1.1983 (15 U 3162/82 — BB 1984, 811), BB 1984, 812.

Eisenberg, Melvin Aron: The Responsive Model of Contract Law, 36 Stan. L. Rev. 1107 (1984).

Emmerich, Volker: Das Recht der Leistungsstörungen, 2. Auflage München 1986.

Enneccerus, Ludwig: Lehrbuch des Bürgerlichen Rechts, I. Band, II. Abteilung, 4. und 5. Auflage Marburg 1910.

Erman, Walter (früh. Hrsg.): Handkommentar zum Bürgerlichen Gesetzbuch, 1. Band, 8. Auflage Münster 1989 (zit.: Erman / Bearbeiter).

Esser, Josef: Schuldrecht, Band 1, 3. Auflage Karlsruhe 1968.

Esser, Josef / *Schmidt*, Eike: Schuldrecht, Band I, 6. Auflage Heidelberg 1984.

Evangelou, Georg / *Muscheler*, Karlheinz: Anmerkung zur Entscheidung des OLG Hamm vom 1.12.1986 (5 U 107/86 — BB 1989, 1438), BB 1989, 1439.

Farnsworth, E. Allan: Legal Remedies for Breach of Contract, 70 Colum. L. Rev. 1145 (1970).

Fikentscher, Wolfgang: Schuldrecht, 7. Auflage Berlin-New York 1985.

Flessner, Axel: Geldersatz für Gebrauchsentgang, JZ 1987, 271.

Flessner, Axel / *Kadner*, Thomas: Neue Widersprüche zum Gebrauchsentgang — BGHZ 99, 182 und BGHZ 101, 325, JuS 1989, 879.

Flume, Werner: Allgemeiner Teil des Bürgerlichen Rechts, 2. Band, 2. Auflage Berlin-Heidelberg-New York 1975 (zit.: Flume, Allgemeiner Teil II).

Förster, Franz / *Eccius*, M. E.: Preußisches Privatrecht, I. Band, 7. Auflage Berlin 1896.

Fromm, Friedrich Karl / *Nordemann*, Wilhelm: Urheberrecht, 7. Auflage Stuttgart-Berlin-Köln-Mainz 1988.

Fuller, Lon L. / *Eisenberg*, Melvin Aron: Basic Contract Law, Fourth Edition St. Paul, Minnesota 1981.

Fuller, Lon L. / *Perdue*, William R.: The Reliance Interest in Contract Damages, 46 Yale L. J. 52 und 373 (1936).

Gamillscheg, Franz: Arbeitsrecht, Band I, 7. Auflage München 1987.

v. Gamm, Otto Friedrich: Urheberrechtsgesetz, München 1968.

Gemeinschaftskommentar zum Kündigungsschutzgesetz und zu sonstigen kündigungsschutzrechtlichen Vorschriften, 3. Auflage Neuwied 1989 (zit.: GK-KR / Bearbeiter).

Gessert, Thomas: Schadensersatz nach Kündigung, Frankfurt-Bern-New York 1987.

Gillig, Franz-Peter: Nichterfüllung und Sachmängelgewährleistung, Tübingen 1984.

Grunsky, Wolfgang: Anmerkung zur Entscheidung des BGH vom 22.11.1988 (VI ZR 126/88 — BGHZ 106, 28), JZ 1989, 345.

— Anmerkung zur Entscheidung des BGH vom 24.10.1989 (VI ZR 263/88), EWiR § 249 BGB 1/90, 21.

Hansen, Wilhelm Matthias: Normativer Schadensbegriff und Schadensberechnung, Karlsruhe 1977.

Hay, Peter: Einführung in das amerikanische Recht, 2. Auflage Darmstadt 1987 (zit.: Hay, Amerikanisches Recht).

Heck, Philipp: Grundriß des Schuldrechts, Tübingen 1929.

Herholz, Felix: Das Schuldverhältnis als konstante Rahmenbeziehung, AcP 130 (1929), 257.

Herrmann, Hans-Georg: Die Rechtsnatur des Rücktrittsverhältnisses, Jura 1986, 241.

Herrmann, Harald: Vertragsanpassung, Jura 1988, 505.

Herschel, Wilhelm: Anmerkung zur Entscheidung des RG vom 13.11.1940 (II 45/40 — DR 1941, 637), DR 1941, 639.

Hölder, E.: Zur Lehre von der Haftung für Verzug, Unmöglichkeit und Unvermögen, Das Recht 1911, 673.

Hoffmans, Helmut: Anmerkung zur Entscheidung des BAG vom 14.9.1984 (7 AZR 11/82 — BAG AP Nr. 10 zu § 276 Vertragsbruch), AP Nr. 10 zu § 276 Vertragsbruch.

Hohloch, Gerhard: Allgemeines Schadensrecht, in: Gutachten und Vorschläge zur Überarbeitung des Schuldrechts, Band I, Köln 1981, S. 375 (zit.: Hohloch, Gutachten I).

Honsell, Heinrich: Culpa in contrahendo, positive Vertragsverletzung und § 463 BGB, JR 1976, 361.

Huber, Ulrich: Die Haftung des Rücktrittsgläubigers beim gesetzlichen Rücktritt und des Käufers bei der Wandlung, JZ 1987, 649.

— Zur Haftung des Verkäufers wegen positiver Vertragsverletzung, AcP 177 (1977), 281.

— Leistungsstörungen, in: Gutachten und Vorschläge zur Überarbeitung des Schuldrechts, Band I, Köln 1981, S. 647 (zit.: Huber, Gutachten I).

— Rücktritt vom Vertrag und Ersatz des Verzugsschadens, JZ 1984, 409.

— Der Uncitral-Entwurf eines Übereinkommens über internationale Warenkaufverträge, RabelsZ 43 (1979), 413.

— Verschulden, Gefährdung und Adäquanz, in: Festschrift für Eduard Wahl, Heidelberg 1973, S. 301.

Hübner, Heinz: Allgemeiner Teil des Bürgerlichen Gesetzbuches, Berlin-New York 1985 (zit.: Hübner, Allgemeiner Teil).

Jahr, Günther: Schadensersatz wegen deliktischer Nutzungsentziehung — zu Grundlagen des Rechtsgüterschutzes und des Schadensersatzrechts, AcP 183 (1983), 725.

Jakobs, Horst Heinrich / *Schubert*, Werner: Die Beratung des Bürgerlichen Gesetzbuchs, Recht der Schuldverhältnisse I, Berlin-New York 1978.

Jauernig, Othmar (Hrsg.): Bürgerliches Gesetzbuch, 5. Auflage München 1990 (zit.: Jauernig / Bearbeiter).

Junker, Abbo: Die Rechte des Verfassers bei Verzug des Verlegers, GRUR 1988, 793.

Kaiser: Ueber den Zweck und die Begründung der Wandelungsklage beim Kauf (actio redhibitoria) unter Hinweis auf die Kaufklage (actio emti) nach dem Allgemeinen Landrecht, GruchBeitr 17 (1873), 43.

Kaufmann, Colin Kelly: Corbin on Contracts, Supplement 1984, Part 2, St. Paul, Minnesota 1984 (zit.: Kaufmann, Contracts).

Keuk, Brigitte: Vermögensschaden und Interesse, Bonn 1972.

Keyssner, Hugo: Allgemeines Deutsches Handelsgesetzbuch, Stuttgart 1878.

Kloock, Josef / *Sieben*, Günter / *Schildbach*, Thomas: Kosten- und Leistungsrechnung, 4. Auflage Düsseldorf 1987.

Köhler, Helmut: Unmöglichkeit und Geschäftsgrundlage bei Zweckstörungen im Schuldverhältnis, München 1971.

Köndgen, Johannes: Ökonomische Aspekte des Schadensproblems, AcP 177 (1977), 1.

Koller, Ingo: Die Risikozurechnung bei Vertragsstörungen in Austauschverträgen, München 1977.

Krückmann, Paul: Unmöglichkeit und Unmöglichkeitsprozeß; zugleich eine Kritik der Entwürfe Rußlands, Ungarns und der Schweiz, AcP 101 (1907), 1.

Küntzel: Ein Versuch zur Rettung der §§ 155, 156 A. L. R. Theil I. Titel 11, GruchBeitr 21 (1877), 96.

Küpper, Wolfgang: Das Scheitern von Vertragsverhandlungen als Fallgruppe der culpa in contrahendo, Berlin 1988.

Küppers, Karsten: Verdorbene Genüsse und vereitelte Aufwendungen im Schadensersatzrecht, Karlsruhe 1976.

— Zauberformel Frustrationslehre, VersR 1976, 604.

Lange, Hermann: Schadensersatz, 2. Auflage Tübingen 1990.

— Schadensersatz — Richterrecht oder Gesetzesreform, in: 40 Jahre Bundesrepublik Deutschland — 40 Jahre Rechtsentwicklung, Tübingen 1990, S. 143.

Larenz, Karl: Zur Abgrenzung des Vermögensschadens vom ideellen Schaden, VersR 1963, 312.

— Nutzlos gewordene Aufwendungen als erstattungsfähige Schäden, in: Festgabe für Karl Oftinger, Zürich 1969, S. 151.

— Lehrbuch des Schuldrechts, I. Band, 14. Auflage München 1987, II. Band, 1. Halbband, 13. Auflage München 1986 (zit.: Larenz, Schuldrecht I, bzw. II/1).

— Methodenlehre der Rechtswissenschaft, 5. Auflage Berlin-Heidelberg-New York 1983.

— Zum heutigen Stand der Lehre von der objektiven Zurechnung im Schadensersatzrecht, in: Festschrift für Richard M. Honig, Göttingen 1970, S. 79.

— Allgemeiner Teil des Deutschen Bürgerlichen Rechts, 7. Auflage München 1989 (zit.: Larenz, Allgemeiner Teil).

Leiss, Ludwig: Verlagsgesetz, Berlin-New York 1973.

Lepke, Achim: Die nachträgliche Änderung bereits erteilten Erholungsurlaubs, DB 1990, 1131.

Leser, Hans G.: Der Rücktritt vom Vertrag, Tübingen 1975.

Lieb, Manfred: Anmerkung zur Entscheidung des BAG vom 9.5.1975 (3 AZR 352/75 — BAGE 27, 137), AP Nr. 8 zu § 628 BGB.

— Gewährleistung beim reinen Finanzierungsleasing, DB 1988, 2495.

— Personalkosten als Schaden, in: Festschrift für Ernst Steindorff, Berlin-New York 1990, S. 705.

— Vertragsaufhebung oder Geldersatz — Überlegungen über die Rechtsfolgen der culpa in contrahendo, in: Festschrift Rechtswissenschaftliche Fakultät Köln, Köln-Berlin-Bonn-München 1988, S. 251.

Lindacher, Walter F.: Definität und Revisibilität der Gläubigerentscheidungen nach § 326 BGB, JZ 1980, 48.

Löwe, Walter: Gebrauchsmöglichkeit einer Sache als selbständiger Vermögenswert, NJW 1964, 701.

— Schadensersatz bei Nutzungsentgang von Kraftfahrzeugen?, VersR 1963, 307.

Löwe, Walter / *v. Westphalen,* Friedrich / *Trinkner,* Reinhold: Großkommentar zum AGB-Gesetz, Band II, 2. Auflage Heidelberg 1983.

Loewenheim, Ulrich: Besprechung von Martin Tolk: Der Frustrierungsgedanke und die Kommerzialisierung immaterieller Schäden, Berlin 1977, AcP 179 (1979), 174.

Lutz, I. (Hrsg.): Protokolle der Kommission zur Berathung eines allgemeinen deutschen Handelsgesetzbuches, III. Theil, Würzburg 1858 (zit.: Lutz, Protokolle zum ADHGB).

Magnus, Ulrich: Schaden und Ersatz, Tübingen 1987.

Mayer-Maly, Theo: Anmerkung zur Entscheidung des BAG vom 24.5.1989 (2 AZR 285/88 — JZ 1990, 139), JZ 1990, 142.

Meder, Stephan, Schadensersatz als Enttäuschungsverarbeitung, Berlin 1989.

Medicus, Dieter: Das Luxusargument im Schadensersatzrecht, NJW 1989, 1889.

— Bürgerliches Recht, 14. Auflage Köln-Berlin-Bonn-München 1989.

— Zum Stand der Überarbeitung des Schuldrechts, AcP 188 (1988), 168.

— Verschulden bei Vertragsverhandlungen, in: Gutachten und Vorschläge zur Überarbeitung des Schuldrechts, Band I, Köln 1981, S. 479 (zit.: Medicus, Gutachten I).

Meincke, Jens Peter: Besprechung von Hans-Bernhard Rengier: Die Abgrenzung des positiven Interesses vom negativen Vertragsinteresse und vom Integritätsinteresse, Berlin 1977, AcP 179 (1979), 170.

Mertens, Hans-Joachim: Der Begriff des Vermögensschadens im Bürgerlichen Recht, Stuttgart-Berlin-Köln-Mainz 1967.

Mestmäcker, Ernst-Joachim / *Schulze,* Erich: Kommentar zum deutschen Urheberrecht (Loseblattsammlung — Stand Juli 1990), Frankfurt am Main.

Mitglieder des Bundesgerichtshofes (Hrsg.): Das Bürgerliche Gesetzbuch mit besonderer Berücksichtigung der Rechtsprechung des Reichsgerichts und des Bundesgerichtshofes, Band I, 2. Teil (§§ 241-432), 11. Auflage Berlin 1960, Band I (§§ 1-240), 12. Auflage Berlin-New York 1982, Band II, 1. Teil (§§ 241-413), 12. Auflage Berlin-New York 1976, Band II, 2. Teil (§§ 414-610), 12. Auflage Berlin-New York 1978 (zit.: RGRK / Bearbeiter; soweit nicht auf die jeweils neueste Auflage hingewiesen werden soll, sind Auflage und Erscheinungsjahr angegeben).

Mommsen, Friedrich: Zur Lehre vom Interesse, Braunschweig 1855.

Motive zum Entwurfe eines Bürgerlichen Gesetzbuches für das Deutsche Reich, Band II, Berlin-Leipzig 1888, Band III, Berlin-Leipzig 1888, Band IV, Berlin-Leipzig 1888 (zit.: Motive, Band).

Müller, Klaus: Der Anspruch auf Aufwendungsersatz im Rahmen von Schuldverhältnissen, JZ 1968, 769.

Müller, Walter: Schadensersatz auf Grund verdorbenen Urlaubs, Berlin 1986.

Muscheler, Karlheinz: Der Ersatz von Vertragskosten beim gesetzlichen Rücktritt, NJW 1985, 2686.

— Wandelung, gesetzlicher Rücktritt und negatives Interesse, AcP 187 (1987), 343.

Musielak, Hans-Joachim: Grundkurs BGB, München 1986.

Natzel, Benno: Anmerkung zur Entscheidung des BAG vom 11.8.1987 (8 AZR 93/85 — AP Nr. 1 zu § 16 BBiG), AP Nr. 1 zu § 16 BBiG.

Nicklisch, Fritz: Die Ausfüllung von Vertragslücken durch das Schiedsgericht, RIW 1989, 15.

Niederländer, Hubert: Rückforderung der Kaufsache und Schadensersatz, in: Festschrift für Eduard Wahl, Heidelberg 1973, S. 243.

Nordstrom, Robert J.: Handbook of the Law of Sales, St. Paul, Minnesota 1970.

Oertmann, Paul: Anmerkung zur Entscheidung des RG vom 15.3.1933 (V 450/32 — JW 1933, 2641), JW 1933, 2641.

— Bürgerliches Gesetzbuch, II. Buch, 1. Abteilung, 5. Auflage Berlin 1928.

Ossenbühl, Fritz: Anmerkung zur Entscheidung des BGH vom 26.1.1989 (III ZR 194/87 — BGHZ 106, 323), JZ 1989, 1125.

— Anmerkung zu den Entscheidungen des BGH vom 21.12.1989 (III ZR 49/88 — BGHZ 110, 1 und III ZR 118/88 — JZ 1990, 645), JZ 1990, 649.

Ostheim, Rolf: Probleme bei der Vertretung durch Geschäftsunfähige, AcP 169 (1969), 193.

Ott, Claus / *Schäfer,* Hans-Bernd: Schmerzensgeld bei Körperverletzungen — Eine ökonomische Analyse, JZ 1990, 563.

Otte, Gerhard: Nebenfolgen der Wandlung, Jura 1988, 594.

Palandt, Otto (Begr.): Bürgerliches Gesetzbuch, 50. Auflage München 1991 (zit.: Palandt / Bearbeiter).

Peczenik, Aleksander: Grundlagen der juristischen Argumentation, Wien-New York 1983.

Penski, Ulrich: Rechtsgrundsätze und Rechtsregeln, JZ 1989, 105.

Picker, Eduard: Fristlose Kündigung und Unmöglichkeit, Annahmeverzug und Vergütungsgefahr im Dienstvertragsrecht, JZ 1985, 641 und 693.

Planck, Gottlieb (Begr.): Kommentar zum BGB, II. Band, 1. Hälfte, 4. Auflage Berlin-Leipzig 1914, II. Band, 2. Hälfte, 4. Auflage Berlin-Leipzig 1928 (zit.: Planck / Bearbeiter).

Popp, Gerfried Josef: Schadensersatz und Vertragsstrafe bei Arbeitsvertragsbruch, NZA 1988, 455.

Protokolle der Commission zur Berathung eines allgemeinen deutschen Handelsgesetz-Buches, Protokolle DXLVIII-DLXXXIX, Nürnberg 1861 (zit.: Protokolle zum ADHGB).

Protokolle der Kommission für die zweite Lesung des Entwurfs des Bürgerlichen Gesetzbuchs, Band I, Berlin 1897, Band IV, Berlin 1897, Band VI, Berlin 1899 (zit.: Protokolle, Band).

Rabel, Ernst: Das Recht des Warenkaufs, 1. Band, Berlin 1957 (unveränderter Neudruck der Ausgabe von 1936).

— Der sogenannte Vertrauensschaden im schweizerischen Recht, ZSR 27 (1908), 291 und 325.

Ramm, Thilo: Drittwirkung und Übermaßverbot, JZ 1988, 489.

Rebmann, Kurt / *Säcker*, Franz-Jürgen (Hrsg.): Münchener Kommentar zum Bürgerlichen Gesetzbuch, Band 2, München 1979, Band 1, 2. Auflage München 1984, Band 2, 2. Auflage München 1985, Band 3, 1. Halbband, 2. Auflage München 1988 (zit.: MünchKomm / Bearbeiter; soweit nicht auf die jeweils neueste Auflage hingewiesen werden soll, sind Auflage und Erscheinungsjahr angegeben).

Reinicke, Dietrich / *Tiedtke*, Klaus: Kaufrecht, 4. Auflage Neuwied - Frankfurt 1989.

Rengier, Hans-Bernhard: Die Abgrenzung des positiven Interesses vom negativen Vertragsinteresse und vom Integritätsinteresse, Berlin 1977.

Rietzler: Zur Begrenzung des negativen Vertragsinteresses, DJZ 1912, 1176.

Roussos, Kleanthis: Kostenerstattungsansprüche des Käufers nach der Wandlung, BB 1986, 10.

Schack, Haimo: Der Schutzzweck als Mittel der Haftungsbegrenzung im Vertragsrecht, JZ 1986, 305.

Schiemann, Gottfried: Argumente und Prinzipien bei der Fortbildung des Schadensrechts, München 1981.

Schlechtriem, Peter H.: Anmerkung zur Entscheidung des BGH vom 22.2.1989 (VIII ZR 4/88 — WM 1989, 685), EWiR § 145 BGB 1/89, 443.

— Schuldrechtsreform, Heidelberg 1987.

Schlund, G. H.: Anmerkung zur Entscheidung des BGH vom 22.11.1988 (VI ZR 126/88 — BGHZ 106, 28), JR 1989, 238.

Schöller: Nochmals der Schadensersatz wegen Nichterfüllung bei gegenseitigen Verträgen nach dem BGB, GruchBeitr 45 (1901), 511.

Schricker, Gerhard: Urheberrecht, München 1987.

Schubert, W.: Anmerkung zur Entscheidung des BGH vom 21.12.1984 (V ZR 206/83 — NJW 1985, 2697), JR 1985, 413.

Schulze, Reiner: Das abgebrannte Ferienhaus, JuS 1989, 471.

Schwerdtner, Peter: Der Dachziegelfall, Jura 1985, 102.

Sieg, Karl: Neuere Entwicklungen der Kausalitätsproblematik im Recht der unerlaubten Handlungen, BB 1988, 1609.

Soergel, Hans Theodor (Begr.): Bürgerliches Gesetzbuch, Band 2, 10. Auflage Stuttgart-Berlin-Köln-Mainz 1967, Band 2/1, 11. Auflage Stuttgart-Berlin-Köln-Mainz 1986, Band 2/2, 11. Auflage Stuttgart-Berlin-Köln-Mainz 1986, Band 3, 11. Auflage Stuttgart-Berlin-Köln-Mainz 1980, Band 1, 12. Auflage Stuttgart-Berlin-Köln-Mainz 1988, Band 2, 12. Auflage Stuttgart-Berlin-Köln-Mainz 1990, Band 8, 12. Auflage Stuttgart-Berlin-Köln-Mainz 1987 (zit.: Soergel / Bearbeiter; soweit nicht auf die jeweils neueste Auflage hingewiesen werden soll, sind Auflage und Erscheinungsjahr angegeben).

v. Spiegel, Hans Ulrich: Zum Verhältnis zwischen Rücktritt und Schadensersatz wegen Verzugs, MDR 1985, 114.

Squillante, Alphonse M. / *Fonseca,* John R.: The Law of Modern Commercial Practises, Volume 1, Revised Edition Rochester - San Francisco 1980, Cumulative Supplement Rochester - San Francisco 1987.

Stark, Emil W.: Zur Frage der Schädigungen ohne Vermögensnachteile, in: Festschrift für Max Keller, Zürich 1989, S. 311.

Staub, Hermann (Begr.): Handelsgesetzbuch — Großkommentar, Vierter Band, 3. Auflage Berlin 1970, 12. Lieferung (§§ 105 - 113) 4. Auflage Berlin - New York 1989 (zit.: HGB-Großkommentar / Bearbeiter).

Staub, Hermann (Begr.): Kommentar zum Handelsgesetzbuch, Dritter Band, 12./13. Auflage Berlin - Leipzig 1926, Vierter Band, 14. Auflage Berlin - Leipzig 1933 (zit.: Staub / Bearbeiter).

v. Staudinger, Julius (Begr.): Kommentar zum Bürgerlichen Gesetzbuch, II. Buch, 1. Teil (§§ 241 - 432), 9. Auflage München - Berlin - Leipzig 1930, II. Buch, Teil 1 c (§§ 249 - 327), 10./11. Auflage Berlin 1967, I. Buch (§§ 90 - 240), 12. Auflage Berlin 1980, II. Buch (§§ 243 - 254), 12. Auflage Berlin 1983, II. Buch (§§ 255 - 327), 12. Auflage Berlin 1979, II. Buch (§§ 433 - 580 a), 12. Auflage Berlin 1978, II. Buch (§§ 535 - 580 a), 12. Auflage, 2. Bearbeitung Berlin 1981, II. Buch (§§ 620 - 630), 12. Auflage Berlin 1979, II. Buch (§§ 651 a - 651 k), 12. Auflage Berlin 1983 (zit.: Staudinger / Bearbeiter; soweit nicht auf die jeweils neueste Auflage hingewiesen werden soll, sind Auflage und Erscheinungsjahr angegeben).

Steindorff, Ernst: Anmerkung zur Entscheidung des BGH vom 25.3.1964 (VIII ZR 280/ 62 — JZ 1964, 420), JZ 1964, 423.

— Abstrakte und konkrete Schadensberechnung, AcP 158 (1959/60), 431.

Stoll, Hans: Anmerkung zur Entscheidung des BGH vom 15.12.1970 (VI ZR 120/69 — BGHZ 55, 146), JZ 1971, 593.

— Anmerkung zur Entscheidung des BGH vom 10.10.1974 (VII ZR 231/73 — BGHZ 63, 98), JZ 1975, 252.

— Anmerkung zur Entscheidung des BGH vom 18.9.1975 (III ZR 139/73 — BGHZ 65, 170), JZ 1976, 281.

— Anmerkung zur Entscheidung des BGH vom 21.4.1978 (V ZR 235/77 — BGHZ 71, 234), JZ 1978, 797.

— Anmerkung zur Entscheidung des BGH vom 20.11.1984 (IVa ZR 104/83 — BGHZ 93, 23), JZ 1985, 384.

— Anmerkung zur Entscheidung des BGH vom 10.12.1986 (VIII ZR 349/85 — BGHZ 99, 182), JZ 1987, 517.

— Haftungsfolgen fehlerhafter Erklärungen bei Vertragsschluß, in: Festschrift für Stefan Riesenfeld, Heidelberg 1983, S. 275.

— Die bei Nichterfüllung nutzlosen Aufwendungen des Gläubigers als Maßstab der Interessenbewertung. Eine rechtsvergleichende Studie zum Vertragsrecht, in: Festschrift für Konrad Duden, München 1977, S. 641.

— Tatbestände und Funktionen der Haftung für culpa in contrahendo, in: Festschrift für Ernst v. Caemmerer, Tübingen 1978, S. 435.

Stoll, Heinrich: Rücktritt und Schadensersatz, AcP 131 (1929), 141.

Streck, Edgar: Anmerkung zur Entscheidung des OLG Oldenburg vom 29.6.1977 (OLG Oldenburg 2 U 276/75 — JZ 1979, 398), JZ 1979, 398.

Ströfer, Joachim: Schadensersatz und Kommerzialisierung, Berlin 1982.

Strohal, E.: Zur Beurtheilung des Rechtes der Schuldverhältnisse nach der zweiten Lesung des Entwurfs eines bürgerlichen Gesetzbuchs für das Deutsche Reich, JherJb 33 (1894), 361.

Stürner, Rolf: Die Rezeption des U.S.-amerikanischen Rechts in der Bundesrepublik Deutschland, in: Festschrift für Kurt Rebmann, München 1989, S. 839.

Teichmann, Arndt: Die Haftung für „Mängel" und „höhere Gewalt" im Reiserecht, JZ 1990, 1117.

Tempel, Otto: Stornokosten bei Kündigung des Reisevertrages wegen höherer Gewalt?, NJW 1990, 821.

Thiele, Wolfgang: Die Aufwendungen des Verletzten zur Schadensabwehr und das Schadensersatzrecht, in: Festschrift für Wilhelm Felgenträger, Göttingen 1969, S. 393.

Thomas, Heinz / *Putzo,* Hans: Zivilprozeßordnung, 16. Auflage München 1990.

Titze, Heinrich: Die Unmöglichkeit der Leistung nach deutschem bürgerlichen Recht, Leipzig 1900.

Todt, Günther: Die Schadensersatzansprüche des Käufers, Mieters und Werkbestellers bei Lieferung eines mangelhaften Vertragsobjektes, BB 1971, 680.

— Die Schadensersatzansprüche des Käufers, Mieters und Werkbestellers aus Sachmängeln, Heidelberg 1970.

Tolk, Martin: Der Frustrierungsgedanke und die Kommerzialisierung immaterieller Schäden, Berlin 1977.

Tonner, Klaus: Die Entwicklung des Reisevertragsrechts durch Rechtsprechung, Gesetzgebung und Verbandsverhandlungen, AcP 189 (1989), 122.

— Der Reisevertrag, 2. Auflage Neuwied 1986.

Treitel, Guenther H.: International Encyclopedia of Comparative Law, Volume VII, Chapter 16, Tübingen - The Hague - Paris 1976.

v. Tuhr, Andreas: Besprechung von Hans-Albrecht Fischer: Der Schaden nach dem BGB, Jena 1903, KritVJSchr 47 (1906), 63.

— Der Allgemeine Teil des Deutschen Bürgerlichen Rechts, Erster Band, Berlin 1910 (zit.: v. Tuhr, Allgemeiner Teil).

Ulmer, Eugen: Urheber- und Verlagsrecht, 3. Auflage Berlin - Heidelberg - New York 1980.

Ulmer, Peter / *Brandner,* Hans Erich / *Hensen,* Horst-Diether / *Schmidt,* Harry: AGB-Gesetz, 6. Auflage Köln 1990.

Walter, Gerhard: Kaufrecht, Tübingen 1987.

Wassermann, Rudolf (Hrsg.): Kommentar zum Bürgerlichen Gesetzbuch (Reihe Alternativkommentare), Band 2 (§§ 241 - 432), Neuwied - Darmstadt 1980, Band 3 (§§ 433 - 853), Neuwied - Darmstadt 1979 (zit.: AK / Bearbeiter).

Weimar, Robert: Der Ersatz der eigenen Arbeitskraft im Schadensersatzrecht, NJW 1989, 3246.

Weiß, Thomas: Die Haftung des Arbeitgebers aus § 628 II BGB, JuS 1985, 593.

Weitnauer, Hermann: Besprechung von Hans G. Leser: Der Rücktritt vom Vertrag, Tübingen 1975, RabelsZ 41 (1977), 584.

Werber, Manfred: Nutzungsausfall und persönliche Nutzungsbereitschaft, AcP 173 (1973), 158.

White, James J. / *Summers*, Robert S.: Handbook of the Law under the Uniform Commercial Code, Second Edition St. Paul, Minnesota 1980 (zit.: White / Summers, Uniform Commercial Code).

Wiedemann, Herbert: Anmerkung zur Entscheidung des BVerfG vom 7.2.1990 (1 BvR 26/84 — NJW 1990, 1469), JZ 1990, 695.

— Das System der Leistungsstörungen im deutschen Vertragsrecht, in: Festschrift Rechtswissenschaftliche Fakultät Köln, Köln-Berlin-Bonn-München 1988, S. 367.

— Thesen zum Schadenersatz wegen Nichterfüllung, in: Festschrift für Heinz Hübner, Berlin-New York 1984, S. 719.

Wiese, Günther: Verbot der Benachteiligung wegen des Geschlechts bei der Begründung eines Arbeitsverhältnisses — BAG Betr 1989, 2279, JuS 1990, 357.

Wieser, Eberhard: Verstößt § 105 BGB gegen das verfassungsrechtliche Übermaßverbot?, JZ 1988, 493.

Wilhelm, Reinhard: Ersatz von Bearbeitungskosten im Schadensfalle, WM 1988, 281.

Wilkens, Klaus: Kosten- und Leistungsrechnung, 6. Auflage München-Wien 1988.

Williston, Samuel: A Treatise on the Law of Contracts, Volume 11, Third Edition Mount Kisco, N. Y. 1968 (zit.: Williston / Bearbeiter, Contracts).

Willoweit, Dietmar: Störungen sekundärer Vertragszwecke, JuS 1988, 833.

Wolf, Ernst: Rücktritt, Vertretenmüssen und Verschulden, AcP 153 (1954), 97.

Wolf, Manfred: Neue Literatur zum Synallagma, JurA 1969, 119.

Wolf, Manfred / *Horn*, Norbert / *Lindacher*, Walter F.: AGB-Gesetz, 2. Auflage München 1989.

Wolff, Max: Über den Umfang des Wandelungsanspruchs, GruchBeitr 48 (1904), 503.

Wunner, Sven Erik: Die Rechtsnatur der Rückgewährpflichten bei Rücktritt und auflösender Bedingung mit Rückwirkungsklausel, AcP 168 (1968), 425.

— Zielkonflikte bei der Anwendung des § 286 I BGB neben dem Rücktritt, NJW 1985, 825.

Zeitz, Dietmar: Schadensersatz bei Nutzungsentgang an Gebrauchsgegenständen, Frankfurt 1978.

Zeuner, Albrecht: Schadensbegriff und Ersatz von Vermögensschäden, AcP 163 (1963), 380.

Zimmermann, Reinhard: Herausforderungsformel und Haftung für fremde Willensbetätigungen nach § 823 I BGB, JZ 1980, 10.

Zweigert, Konrad / *Kötz*, Hein: Einführung in die Rechtsvergleichung, Band I, 2. Auflage Tübingen 1984.

FSC
www.fsc.org
MIX
Papier | Fördert gute Waldnutzung
FSC® C083411

Kolibri 360 GmbH
Ferdinand-Jühlke-Straße 7
99095 Erfurt, Deutschland
produktsicherheit@kolibri360.de

Druck:
CPI Druckdienstleistungen GmbH
im Auftrag der
Kolibri 360 GmbH
Ferdinand-Jühlke-Str. 7
99095 Erfurt